应用型本科系列规划教材

网络创业与创业管理

主　编　余　勃

副主编　史亚洲　吴玥弢

西北工业大学出版社

西　安

【内容简介】 本书以大学生网络创业为主线,分为上、中、下三篇。上篇是创业总论,包括创业基础知识、创业环境分析、创业团队构建、商业模式。中篇是网络创业,包括网络营销产品的选择、网络店铺的开办、网络店铺的基本运营、网络店铺的新媒体营销。下篇是创业管理,包括创业计划书、创业融资、创业企业竞争战略、创业企业成长管理、新企业创立的法律法规。

本书既可作为高等院校电子商务专业课程的教材,也可作为大学生创新创业项目孵化的指导书。

图书在版编目(CIP)数据

网络创业与创业管理 / 余勃主编. — 西安 : 西北工业大学出版社,2021.4(2025.1重印)
ISBN 978 - 7 - 5612 - 7362 - 3

Ⅰ.①网… Ⅱ.①余… Ⅲ.①电子商务-高等学校-教材 Ⅳ.①F713.36

中国版本图书馆 CIP 数据核字(2021)第 067193 号

WANGLUO CHUANGYE YU CHUANGYE GUANLI
网 络 创 业 与 创 业 管 理

责任编辑:陈 瑶		策划编辑:蒋民昌	
责任校对:李文乾 呼延天慧		装帧设计:董晓伟	

出版发行:西北工业大学出版社
通信地址:西安市友谊西路 127 号　　　邮编:710072
电　　话:(029)88491757,88493844
网　　址:www.nwpup.com
印 刷 者:陕西瑞升印务有限公司
开　　本:787 mm×1 092 mm　　　1/16
印　　张:14.125
字　　数:370 千字
版　　次:2021 年 4 月第 1 版　　　2025 年 1 月第 4 次印刷
定　　价:65.00 元

前　　言

为进一步提高应用型本科高等教育的教学水平,促进应用型人才的培养工作,提升学生的实践能力和创新能力,提高应用型本科教材的建设和管理水平,西安航空学院与国内其他高校、科研院所、企业进行深入探讨和研究,编写了"应用型本科系列规划教材"系列用书,包括《航空安全管理学》共计 30 种。本系列教材的出版,将对基于生产实际,符合市场人才的培养工作起到积极的促进作用。

中国"互联网＋"大学生创新创业大赛从 2015 年至今已经举办了五届。五届大赛的成功举办点燃了大学生网络创业的热情。当代大学生的整个成长过程伴随着互联网的迅速发展,或者说互联网本身就是他们学习生活的一部分。

教育部在《关于大力推进高等学校创新创业教育和大学生自主创业工作的意见》中指出:"突出专业特色,创新创业类课程的设置要与专业课程体系有机融合,创新创业实践活动要与专业实践教学有效衔接,积极推进人才培养模式、教学内容和课程体系改革。加强创新创业教育教材建设,借鉴国外成功经验,编写适用和有特色的高质量教材。"随着"创业基础"纳入本科必修课程,创业教育类教材建设开始走与专业教育相融合的道路。把创业知识与专业知识相结合,突出专业实践特色,是教材编写的初衷。本书作为电子商务专业教育课程的配套教材主要支撑电子商务专业知识和终身学习两项毕业要求,突出电子商务应用体系建设的实践能力训练。

本书理论与实践相结合。上篇和下篇以创业管理理论为主,中篇以网络创业实务为主。每章均有实训指导和习题。

本书由余勃主编。具体分工如下:余勃编写第 4 章第 3 节、第 5 章、第 6 章和第 8～13 章,史亚洲编写第 7 章,吴玥彧编写第 1～3 章、第 4 章 1、2 节。

本书在编写过程中得到了电子商务专业校企合作企业——陕西若水生态科技有限公司的支持和帮助。

由于水平有限,书中不足之处,敬请专家、读者批评指正,以利于对本书的修订。

编　者
2020 年 6 月

目　　录

上篇 创业总论

第一章　创业基础知识

【案例导入】

俞敏洪与新东方传奇

新东方在美国上市,造就了俞敏洪这个新的亿万富翁。有人说他是中国最成功的老师,有人说他是一个纯粹的商人,把这两个角色结合在一起,俞敏洪这条路走得并不轻松。

2006年9月7日,新东方教育科技集团在美国纽交所上市,首日收盘于20.88美元。新东方董事长、持有公司31.18%股权(4 400万股)的俞敏洪资产一跃超过10亿元,成为中国最富有的老师。作为国内最大的英语培训机构,新东方声名赫赫。十几年来,它帮助数以万计的年轻人实现了出国梦,众多学子借此改变了自己的命运。有人评价说,"在中国,任何一个企业都不可能像新东方这样,站在几十万青年命运的转折点上,站在东西方交流的转折点上,对中国社会进步发挥如此直接而重大的作用。"这样的赞誉现在看来也许并不为过,但对于创办新东方的俞敏洪来说,当初却根本没有这样的"雄才大略"。

失意的80年代

俞敏洪的授课风格被学生们总结为"激励型",他常常用到的一个例子就是自己的经历。1978年,俞敏洪高考失利后回到家里喂猪种地。由于知识基础薄弱等原因,俞敏洪第一次高考失败,英语才得了33分;第二年又考了一次,英语得了55分,依然是名落孙山。那时俞敏洪并没有远大的志向,作为一个农民的孩子,离开农村到城市生活就是他的梦想,而高考在当时是离开农村的唯一出路。尽管生活条件比较艰苦,俞敏洪仍在微弱的煤油灯下坚持学习。1979年,县里办了一个外语补习班,俞敏洪挤了进去,这是他第一次学习外语。住在30人一间的大房子里,俞敏洪的感觉就像进了天堂:可以一整天都用来学习了,可以在电灯下读书了。到了第二年春节,俞敏洪在班里的成绩已经进入前几名。功夫不负有心人,1980年,俞敏洪坚持了三年后,最终考进了北京大学(简称"北大")西语系。在北大,俞敏洪是全班唯一从农村来的学生,开始不会讲普通话,其间从A班调到较差的C班。大三的一场肺结核又使俞敏洪休学一年,人也变得更加瘦削。

1985年,俞敏洪毕业后留在北大成了一名教师。接下来是两年平淡的生活。随后中国出现的留学热潮,让俞敏洪也萌生了出国的想法。1988年,俞敏洪托福考了高分,但就在他全力以赴为出国而奋斗时,美国对中国紧缩留学政策。此后两年,中国赴美留学人数大减,再加上他在北大学习成绩并不算优秀,赴美留学的梦想在努力了三年半后破灭,同时还花光了他所有的积蓄。为了谋生,俞敏洪到校外兼课教书,后来又约几个同学一块儿出去办托福班,挣出国的学费。1990年秋天,俞敏洪的如意算盘被打碎了,由于打着学校的名头私自办学,北京大学在校园广播、有线电视和著名的三角地橱窗里宣布了对俞敏洪的处分决定。对此,俞敏洪没有任何思想准备。

被迫下海

1991 年,俞敏洪被迫辞去了北京大学英语教师的职务,命运和前途似乎都到了暗无天日的地步。但正是这些磨难使他找到了新的机会。虽然留学失败,但俞敏洪却对出国考试和出国流程了如指掌,对培训行业也越来越熟悉。离开北大后,俞敏洪开始在一个叫东方大学的民办学校办培训班,学校出牌子,他上交 15% 的管理费。这一年他 29 岁,他的目标是挣一笔学费,摆脱生活的窘境,然后像他的同学和朋友一样到美国留学。卢跃刚在他的《东方马车》一书中生动描述了俞敏洪这段创业经历:他在中关村第二小学租了间平房当教室,外面支一个桌子,放一把椅子,"东方大学英语培训部"正式成立。第一天,来了两个学生,看"东方大学英语培训部"那么大的牌子,只有俞敏洪夫妻俩,破桌子,破椅子,破平房,登记册干干净净,人影都没有,学生满脸狐疑。俞敏洪见状,赶紧推销自己,像是江湖术士,凭着三寸不烂之舌,活说死说,让两个学生留下钱。夫妻俩正高兴着呢,两个学生又回来了。他们心里不踏实,把钱又要回了……

尽管困难重重,但拼死拼活干了一段时间后,俞敏洪的培训班渐渐有了起色。眼看着培训班越来越火,俞敏洪渐渐萌生了自己办班的念头。1993 年,在一间 10 平方米透风、漏雨的小平房里,俞敏洪创办了北京新东方学校。俞敏洪说,最初成立新东方,只是为了使自己能够活下去,为了每天能多挣一点钱。作为一个男人,快到三十而立的年龄,连一本自己喜欢的书都买不起,连为老婆买条像样的裙子都做不到,自己都觉得没脸活在世界上。当时他曾对自己说:只要能赚到 10 万元,就一辈子什么也不干了。到今天,新东方已成为中国最大的私立教育服务机构,在全国拥有 25 所学校、111 个学习中心和 13 个书店,大约有 1 700 名教师,分布在 24 个城市。目前累计已有 300 万名学生参与新东方培训,仅今年就有 87.2 万名。外语培训和考试辅导课程在新东方营收中所占比例高达 89%,是该公司最主要的营收来源和增长动力。

俞敏洪说:"新东方走到今天,不在我的意料之中,因为最初只是为了糊口,招几个学生办个小小的补习班而已。新东方到了今天,我们就有了更多的期待,希望能够用自己的行为和思想,为中国学生做更多的事,为中国教育做更多的事,为中国未来做更多的事。"新东方为何能从竞争激烈的英语培训市场脱颖而出,俞敏洪说自己最成功的决策,就是把那帮比他出息的海外朋友请了回来。"任何一个人办了新东方都情有可原,但我就不能原谅。因为我在同学眼里是最没出息的人。我的成功给他们带来了信心,结果他们就回来了。"1995 年底,积累了一小笔财富的俞敏洪飞到北美,这里曾是他魂牵梦绕的地方,当年就是为了凑留学的费用,他丢掉了在北大的教师职位。在加拿大,曾经同为北大教师的徐小平听了俞敏洪的创业经历怦然心动,毅然决定回国和俞敏洪一起创业。在美国,看到那么多中国留学生碰到俞敏洪都会叫一声"俞老师",已在美国贝尔实验室工作的同学王强也深受刺激。1996 年,王强终于下定决心回国。

在俞敏洪的鼓动下,昔日好友徐小平、王强、包凡一、钱永强陆陆续续从海外赶回,加盟了新东方。经过在海外多年的打拼,这些海归身上都积聚起了巨大的能量。这批从世界各地汇聚到新东方的个性桀骜不驯的人,把世界先进的理念、先进的文化、先进的教学方法带进了新东方。俞敏洪笑言自己是"一只土鳖带着一群海龟奋斗"。如何将这些有个性的人团结到一起,并让每个人都保持活力和激情,是俞敏洪首先要面对的问题。俞敏洪说,在新东方,没有任何人把我当领导看,没有任何人会因为我犯了错误而放过我。在无数场合下,我都难堪到了无地自容的地步,我无数次后悔把这些精英人物召集到新东方来,又无数次因为新东方有这么一大批出色的人才而骄傲。因为这些人的到来,我明显地进步了,新东方明显地进步了。没有他们,我到今天可能还是个目光短浅的个体户,没有他们,新东方到今天还可能是一个名不见经传的培训学校。

像所有处于快速成长期的民营企业一样,新东方也遇到了一次次人事危机。2001年8月,新东方创业三位元老之一的王强决定出走。卢跃刚在他的《东方马车》一书中详细描述了这段事实:"在场的人都清楚,新东方可能正沿着一个大家十分熟悉的道路向下滑行,可能面临一个私营企业由于决策失误、理念不合、利益纷争而导致的内部分裂,有可能出现盛极而衰、灰飞烟灭的庸俗结局。"庆幸的是,在俞敏洪的极力挽留之下,王强最终没有离开。新东方的"内乱"没有就此结束。2003年,北京新东方学校另一位副校长、著名 TSE(英语口语测试)教学专家杜子华离开了管理层。2004年,新东方的另外两位干将——江博和胡敏也低调离开新东方。

2006年新东方在美国纽交所上市后,俞敏洪身价已逾10亿元,其他董事会成员徐小平、包凡一、钱永强身价也将上亿。以后,在资本力量的左右下,这个"一只土鳖带着一群海龟奋斗"的故事能否顺利延续呢?

新东方精神

如今,新东方已经成为无数人梦想的发源地和实现梦想的场所。成千上万人通过在新东方艰苦的学习,圆了自己的留学梦。新东方精神到底是什么? 俞敏洪说,"新东方精神对我而言,是我生命中一连串铭心刻骨的故事:是在被北大处分后无泪的痛苦,是在被美国大学拒收后无尽的绝望,是在被其他培训机构恐吓后浑身的颤抖,是在被医生抢救过来后撕心裂肺的哭喊;新东方精神对我而言,更是在痛苦之后决不回头的努力,在绝望之后坚韧不拔的追求,在颤抖之后不屈不挠的勇气,在哭喊之后重新积聚的力量。"俞敏洪认为,人活着需要有一种感觉,新东方之所以被很多人接受,也是因为新东方有一种感觉存在,凡是到新东方来过的人,都在新东方感觉到了一种活力、一种顽强和一种豁达。

资料来源:成静卫."商人"教师俞敏洪[N].中国证券报,2006-09-18(A14).

新东方教育科技集团如今拥有50余所新东方学校,已成为中国出国考试培训、国内考试培训、基础英语、中学英语、少儿英语、多语种培训等领域颇具规模的教育培训基地。

新东方教育产业基金于2018年5月注册成立,目标是在教育行业中培养一批像新东方这样的龙头企业,推动教育产业和泛教育文化产业的融合发展。同时,新东方成立坐标学院,以发现并培育改变教育产业格局的未来商业精英为使命,为创业者提供一个交流学习的平台。

2018年5月9日,"2018中国品牌价值百强榜"发布,新东方位列第47。

2019年11月,胡润研究院发布《2019胡润百学·教育企业家榜》,新东方的俞敏洪财富上涨29%,以155亿元位列第三。

第一节　创业的内涵

【学习目标】

1. 对创业者与企业家概念的理解;

2. 对创业概念的理解;

3. 对创业特点的理解。

21世纪是创业英雄辈出的时代,在我们身边,马云、马化腾、刘强东……这些名满天下的创业者正激励着中国年青人满怀激情地投入到新一轮的刨业浪潮中。这一轮创业浪潮正值中华民族复兴的伟大时刻,也是中国社会近千年最伟大的变革时期,中国的创业者正在书写中国商业文明甚至是世界商业文明史上最华丽的篇章。

创业课成为商学院的最火爆的课程,它点燃了年青人的激情。自2014年9月,李克强总理在夏季达沃斯论坛发出"大众创业、万众创新"的号召以来,国内的很多创业活动都有大量的大学生参与其中,形成了"大众创业、万众创新"的良好势态。当前,我们需要快速普及创业教育以适应时代发展的需要。创业需要冷静地分析与系统地思考,必备的创业知识可以让大学生在创业中少走弯路,这是创业教育的任务。中国的创业教育既可以借鉴国外的先进理念和模式,也需要与本土实践相结合。中国的国情决定了必须走一条中国创业者自己的道路,要提出新的商业理念,打造新的商业模式,这绝非一朝一夕之力可以达到,这些在实践与理论方面的探索,正期待新时代的大学生去完成。

一、创业的含义

创业是人类社会发展过程中产生的一种普遍现象,在历史发展进程中长期存在。从原始商业文明中的易货贸易到丝绸之路,再到大航海时代;从部落联盟到奴隶社会、封建社会的王朝更迭,再到资本主义工业生产方式下公司的崛起,人类社会生活每一个进步都渗透着创业的元素。在每一次人类社会面临难以调解的巨大矛盾时,创业者们都在尝试寻找新的方式或开发新的途径去化解矛盾。相对于人类的无限欲望,有限的资源总是给创业者留下想象的空间,让他们创新资源整合的方式。

要了解什么是创业,首先要明白什么是创业者。资本主义商业文明的兴起让企业家群体被社会关注。人们通过观察企业家活动,了解商业领域的创业活动。企业家一词源于法语"entreprendre",最初的含义是"承担"。16世纪时,这个词意为参与军事征战的人。法国经济学家萨伊,最先对企业家做了定义:"把经济资源从生产率较低、产量较小的领域,转到生产率较高、产量更大的领域的人是企业家。"爱尔兰经济学家理查德·坎蒂隆在其专著《商业性质概论》中,把每一个从事经济行为的人都称之为企业家,他认为在市场上这个群体要承担不确定的风险。英国的经济学家马歇尔在《经济学原理》中指出:"企业家们属于敢于冒险和承担风险的有高度技能的职业阶层。"在英文中创业者和企业家为同一词,意为在没有拥有多少资源的情况下,锐意创新,发掘并实现潜在机会的价值的个体。

从创业者一词的演化看,创业是一种开拓进取的冒险活动。

在古汉语中,创业一词有其独特指向。第一是指创办事业(《汉语成语词典》);第二是指开创基业(《辞海》),比如"君子创业垂统(把基业留传下去,多指皇位的承袭),为可继也"——《孟子·梁惠王下》,"先帝创业未半,而中道崩殂"——《出师表》。

创业是一个发现与捕获机会,并由此创造出新颖的产品或服务,实现其潜在价值的工程。通常所说的"创业",顾名思义就是创建新企业(startup)。不过,现在"创业"这个词已有很大的延伸,创业可以发生在各种企业和组织的各个阶段,包括新企业或老企业,大企业或小企业,私人、非营利组织或公共部门等。

在现代商业领域,科尔(Cole)提出:把创业定义为发起,维持和发展以利润为导向的企业的有目的性的行为。韦伯(Weber)提出:创业是指接管和组织一个经济体的某个部分,并且以自己可以承受的经济风险通过交易案来满足人们的需求,目的是为了创造价值。史蒂文森(Stevenson)等提出:创业是一个人,不管是独立的还是在一个组织内部,追踪和捕捉机会的过程,这一过程与当时控制的资源无关。这就是说,创业致力于理解创造新事物(新产品、新市场、新生产过程或原材料,组织现有技术的新方法)的机会,新事物如何出现并被特定个体发现或创造,这些人如何运用各种方法去利用和开发它们,然后产生各种结果。

从广义的角度理解,创业是人类一切带有开拓意义的社会变革活动。它涉及的领域非常广阔,包括政治、经济、军事和文化艺术事业,比如新中国成立、改革开放等。从狭义的角度(商业活动)理解,创业是企业家开展的以创造财富为目标的社会活动。

本书将创业定义为企业家创造价值的过程。在这个过程中,企业家或团队在资源有限条件下,通过组织创新活动去创造价值和谋求发展,来不断满足人类社会的愿望和需求。该定义包括以下重要信息:企业家是创业行动中的关键要素,没有企业家就不会有创业;创业是一种创新活动;创业的目的是为了创造价值,就必须具备有组织的努力和行动;创业是一个活动过程,是一系列的决策和行动过程。

二、创业的特点

1. 机会导向

机会,是指在有利的时间和环境下,给人提供有力动机。创业活动以发现和识别机会为起点。创业是在不局限于所拥有资源的前提下,识别机会、利用机会、开发机会并产生经济成果的行为,或者将好的创意迅速变成现实。

2. 整合资源

整合资源就是要优化资源配置,就是要有进有退、有取有舍,获得整体的最优。创业活动中要对不同来源、不同层次、不同结构、不同内容的资源进行识别与选择、汲取与配置、激活和有机融合,使其具有较强的柔性、条理性、系统性和价值性,以进行资源配置,这是一个复杂的动态过程。

3. 创业是创造

莫里斯等人把创业活动的本质归纳为 7 种创造活动。①财富的创造:创业包含了为了获得利润进行生产的风险承担;②企业的创造:创业体现了一项从前没有过的新企业的创新;③创新的创造:创业包含了使已有生产方式或是产品过时的资源独特组合;④变革的创造:创业包含了为了抓住环境中的机会而进行的创造性的变革,包括对个人生涯、方法、技能等的调整、修正、修改等;⑤雇佣的创造:创业包含了对生产要素(包括劳动力)的雇佣、管理和发展等;⑥价值的创造:创业是为了开发没有开启的市场机会,为顾客创造价值的过程;⑦增长的创造:创业被定义为销售、收入、资产和雇佣的增长,一种正向的、强烈的导向。价值创造是创造活动的核心,它是企业生产、供应满足目标客户需要的产品或服务的一系列业务活动,围绕社会需求导向。企业管理活动是创造价值的活动,不仅创造物理价值,还要寻找商品或服务市场增加值的形成,同时也要满足社会价值的创造。

4. 超前行动

创业是一种思维超前的行动。创业要成功,创业者必须未雨绸缪,以长远的眼光,对未来早作谋划,抓住机会及早行动。二战后,美国贝尔实验室成功地研制出世界上第一个晶体管放大装置,可以将音频信号放大上百倍。当时美国西方电器公司将其用于助听器。然而,具有远见卓识的日本索尼公司的创始人盛田昭夫敏锐地预见到晶体管的意义重大。他力排众议,买下生产专利。索尼公司于 1957 年成功地研制出世界上第一台能装在衣袋里的袖珍式晶体管收音机。首批生产的 200 万台产品一经投放市场,就出现了爆炸性的销售效果。索尼公司由此而名扬全球。

5. 创业需要创新

创新从哲学上说是人的实践行为,是人类对于发现的再创造,是对于物质世界矛盾的利用再创造。人类通过对物质世界的再创造,制造新的矛盾关系,形成新的物质形态。创业活动在哲学上与创新是一致的。企业家创造价值的前提是解决人类社会面临的某种矛盾。在内容上,创业与创新都有一个共同的核心——"新"。创新活动是产品的结构、性能和外部特征的变革,或者是造型设计、内容的表现形式和手段的创造,或者是内容的丰富和完善。有价值的创业活动都从创新入手。

第二节　创业的意义

【学习目标】
1. 了解创业对社会与国家经济发展的意义;
2. 了解创业对个人财富积累的意义;
3. 了解创业对精神财富创造的意义。

创业的意义在于推动社会经济发展与实现创业者个人的自我价值两个层面:通过创业行为可以帮助解决社会经济发展中的各种矛盾与问题,为社会创造物质财富,也可以让创业者获得精神财富。

一、社会与国家的经济发展

在全球创业观察(Global Entrepreneurship Monitor,GEM)对 42 个国家创业状况的研究中,发现在主要的 7 大工业国中,创业活动水平与该国的年经济增长是高度相关的。因此,从全球角度来看,可以得出这样一个结论,创业对社会经济发展起着至关重要的作用。"创建新企业"即从无到有地创建出全新的企业组织,既包括创业者独立地创建一个新企业,也包括一个已经存在的公司创建一个在管理上保持独立性的企业。美国在 20 世纪 50 年代以来的创业活动主要就是"创建新企业",这成为美国经济发展的主要原动力。特别是 20 世纪的最后 10 年,美国经济在创业经济的带动下,又迎来一个黄金 10 年,在这期间美国经济高增长率和低失业率并存。1992 — 1997 年美国经济年增长率为 2.6%,1999 年为 4%,同时失业率由 1991 年的 6.7% 降到 1998 年的 4.5%。1977 — 1980 年,列入《财富》500 强的企业削减了 300 万个职位,而从 1970 — 1980 年,新企业为美国提供了大约 2 000 万个新的工作岗位;仅硅谷自 1992 年以来,创造了 20 万个就业机会。1997 年美国新建公司 3 500 家,风险投资额增长 54%,企业市值超过 4 500 亿美元。小企业和创业者每年创造了 70% 以上就业机会和 70% 以上的新产品和服务。

党的十八届五中全会明确提出,我国经济发展进入新常态,关键是要实现发展动力由主要依靠要素投入转向创新驱动。随着我国经济发展步入新常态,经济增速进入换挡期,原来的持续要素投入难以维持,技术追赶的空间逐步缩小,前期改革开放带来的资源配置红利效应逐渐减弱,必须以更具魄力的改革来放开更多的市场领域和创造更多的投资机会,使创业创新获得更加广阔的天地。

李克强总理在 2015 年政府工作报告中指出,打造大众创业、万众创新和增加公共产品、公共服务"双引擎",推动中国经济发展调速不减势、量增质更优,实现中国经济提质增效升级。李克强总理较早提到"大众创业、万众创新"是在 2014 年 9 月 10 日的夏季达沃斯论坛开幕式上,他发表讲话称,要借改革创新的"东风",推动中国经济科学发展,在 960 万平方千米土地上掀起"大众创业""草根创业"的新浪潮,形成"万众创新""人人创新"的新态势。随后他多次对大众创新创业做出重要指示,强调要将此作为新常态下经济发展的新引擎。2015 年 1 月,正在深圳考察的李克强总理来到柴火创客空间,体验各位年轻"创客"的创意产品。总理现场评价说:"创客充分展示了大众创业、万众创新的活力。这种活力和创造,将会成为中国经济未来增长的不熄引擎。"创客空间提供场地和基本的工具,不同年龄、不同行业的人们因为兴趣聚集到一起,分享彼此的想法,并一起动手,将想法变成现实。在北京、上海等大城市,创客的数量庞大,并有着成熟的活动空间。

我国人口众多,各类企业及个体工商户遍布,蕴藏着无穷的创造力。要大力鼓励草根创业创新,鼓励支持利用闲置厂房等多种场所、孵化基地等多种平台、风险投资等多种融资渠道开展创业创新,努力形成小企业"铺天盖地",大型企业"顶天立地"的格局。

二、个人财富积累

世界上,"挣钱"(通过价值创造赢得利润)比"分钱"(对既有财富的再分配)有价值得多,前者能达到的财富规模远非后者所能比;前者也远比后者更能培养和增强一个人的能力,最终形成财富的递增效应。瑞士银行对富翁的定义:净资产(包括自住房)超过 100 万美元。在其《全球财富报告》中有三个重要特点:

其一,2010 年,大约有 2 420 万人可称为百万富翁,占全球人口的 0.5%,控制着 69.2 万亿美元资产,相当于全球总量的 1/3 还多。其中,有 41% 的百万富翁生活在美国,10% 在日本,3% 在中国。美国高富翁比例是与其高创业比例高度正相关的。

其二,财富金字塔顶端是 81 000 位资产超过 5 000 万美元的富翁,最顶端的 1 000 名富翁,其资产超过 10 亿美元。全球最富的 1% 的成年人控制着全世界 43% 的资产,最富的 10% 的成年人拥有 83% 的资产,而底层 50% 的成年人只拥有 2% 的资产。由此可见,如果不通过创业,积累财富的规模是非常难的。

其三,在 2000 — 2010 年,财富对创造财富的人特别青睐,这可以称之为创造并保持财富的黄金时期。这一时期,全球财富增长了 72%,如今,需要 10 亿美元才能登上《福布斯》全美最富 400 人榜,而在 1995 年,只需要 4.18 亿美元。这反映了进入 21 世纪以来,随着网络时代的普及和知识经济的到来,创业愈来愈活跃。

资料:2019 年胡润全球富豪榜发布,马云成全球华人首富

2019 年全球财富榜显示,马云以 2 600 亿人民币成为全球华人首富,上升 4 位到第 22 位;马化腾和许家印紧随其后。值得注意的是,中国目前有三大超级财富创造者:马云、马化腾和许家印,都是白手起家。从行业看,科技行业在 2019 年新增的十亿美金富豪数量最多,是全球十亿美金富豪的主要财富来源。从财富来看,科技行业的财富总额占整张榜单总财富的 16.

7％,远远领先于其他行业,其次是投资行业,占 11.4％。在富豪榜里,65％的人是白手起家,35％来自于继承财富。中国白手起家的十亿美金富豪数量居世界首位。

三、精神财富创造

自我实现是创业者的精神支柱。创业对于一个人的意义不仅仅是金钱和财富,也不仅仅是权力、地位和声誉,而是理念的改变、精神层面的提升和生活方式的改变。从马斯洛的需要层次理论看,自我实现是创业者拥有的一种本能、冲动和自我意识。对自由的渴望、不喜欢被束缚也是人类的本性。创业者对自由的渴望在于有一个充分表达和实现自己意志和理想的空间。

创业也是创业者培养自身企业家精神的过程。"企业"这两个字可以理解为,人通过做实业活动而在精神上站立起来。这不仅是中文的拆字解文,也是英文中"企业家精神"的内在含义。创业过程更有助于形成健康人格。可以说企业家真正的财富,并不是货币积累,而是企业家精神!

资料:企业家洛克菲勒

美国著名实业家、慈善家洛克菲勒自小生活贫寒,后来靠石油投资立业致富。鼎盛时期,他的财富曾经达到美国国民财富的 1/47。20 世纪初美国经济大萧条时期,联邦政府曾经向他借过钱。可他并没有因此而改变自己的平民生活本色:出差与旅行中他总是选择坐经济舱,住一般旅馆。他的儿子则选择坐头等舱、住豪华旅馆。这种反差让人奇怪,于是有人问他这是为什么,他的回答是:"因为他的父亲是个富人,而我的父亲是个穷人。"

乔治·吉尔德在其著作《重获企业精神》中指出:"真正的经济不是计量经济学的经济,而是企业家的经济。"乔治·吉尔德认为,财富的真正来源其实是企业家的观念流(flow of ideas)和精神景象(mindscape),他对财富可进行重新分配的观点进行批判,认为这种物质主义的迷信"愚昧可笑"。在学习曲线中历练出来的企业,或者一往无前,或者充满反叛,或者意志坚强,或者崇尚创新,这都构成了比传统社会经验和学术教条更为鲜活与直接财富创造格局。理解社会与经济的发展需要从企业家个性的维度去看待,才能够理解事物发展的必然性和偶然性。

世界经济论坛创始人施瓦布表示,未来中国经济将继续保持 7％以上的增速,改革创新将成为驱动中国经济发展的力量,要使创新真正发挥驱动力,应重视培育企业家精神。

习近平总书记指出:"市场活力来自于人,特别是来自于企业家,来自于企业家精神。"关于企业家精神,仁者见仁、智者见智,但不外乎以下内涵:它是一种艰苦奋斗的创业精神,自强不息、顽强拼搏、迎难而上、百折不挠;它是一种勇于开拓的创新精神,敢于"吃螃蟹"、勇于引领潮流、依靠创新创造赢得市场;它是一种精益求精的工匠精神,对质量严格要求、对制造一丝不苟、对完美孜孜追求;它是一种敢于担当的责任意识,致富思源、义利兼顾、自觉履行社会责任,是爱国敬业、守法诚信、回报社会的典范。

经济学家张维迎认为,一个国家和地区经济是否发展,人们的生活水平是否提高,社会是否和谐,关键的一点是看这个国家和地区的企业家精神能否得到有效激发,企业家是否在从事创造财富的工作。过去 40 多年,我国之所以能取得举世瞩目的经济成就,最重要的原因之一是改革开放激活了中国人的企业家精神,大量的农村劳动力转移到城市和工厂,让潜在的企业家变成了现实的财富创造者。未来中国经济社会的发展,最关键的仍是发挥企业家的作用。

第三节　创业的一般过程

【学习目标】

1. 对创业一般过程的理解；
2. 对蒂蒙斯创业过程模型的理解；
3. 掌握创业关键要素。

广义的创业过程通常包括一项有市场价值的商业机会从最初的构思到形成新创企业，以及新创企业的成长管理过程。狭义的创业过程往往只是指新企业的创建。通常讲的创业过程指广义上的含义，由于新企业的成长过程中创业活动的特殊性，与一般的企业管理有较大的差异，因此，一般从新创企业的成长角度分析创业过程。

在创业的不同阶段，新创企业的发展面临的内外部环境都是不一样的。每一阶段创业者根据新创企业的发展情况进行正确决策，推动企业向前发展。完整的创业过程按时间顺序可以划分为三个阶段：创业启动期、创业成长期、创业成熟期。

一、创业的一般过程

1. 创业启动期

创业启动期的主要工作是产生创业意识、识别市场机会及商业模式的设计。创业者需要从纷繁复杂的市场信息中搜索有意义的信息，把大脑中模糊的概念变成行动方案。创业者跨越创意阶段的标志是创业方向和目标市场的大致确定。创业方向与目标市场的确定来自于创业机会的识别。发现和评估新的市场机会，具体包括对市场机会的创新性、实际价值、风险与回报、个人能力和目标、市场竞争等方面的综合分析。为了使创业机会能够成为现实，创业者需要开始寻找合适的合作伙伴，吸收外部的各种资源，构建可行的商业模式。待企业的创业机会基本明确，企业已经有了一个处于初级阶段的产品，可以初步投入市场，企业也组建成功，拥有一个分工较明确的管理队伍，组织结构初步形成。在企业搭建好之后，创业者就要规划必要的竞争策略来应对市场压力，同时创业者之前所设想的商业模式也初步接受市场的检验。

在这个阶段，创业者需主要从事以下具体工作：①验证其创意企业的可行性并评估风险；②确定产品或服务的市场定位；③确定企业组织管理模式并组建管理团队；④筹集资本以及准备企业注册设立事宜等；⑤根据试销情况进一步完善产品或服务，确定市场营销管理模式；⑥形成管理体系，扩充管理团队；⑦撰写商业计划书。

2. 创业成长期

经过启动期之后，企业初步摆脱了生存问题，开始考虑盈利问题，创业机会的潜在价值得到进一步的开发，企业的资源也较之前充裕多了。由于企业的发展，团队成员也对企业的未来更加充满信心。随着企业的发展，创业者将面临迅速增长的管理事务，创业者需要考虑将组织制度规范化。这一阶段创业者的主要挑战是企业的下一步发展规划，创业者开始有意识地从公司战略的层面思考企业发展目标，同时旧的商业模式也需要进一步调整，如果管理团队的能力无法满足战略需要，则需要吸收新的团队成员。创业者不仅立足于原有的创业机会，也试图开发相关产品和相关项目。这一阶段的企业拥有的资源较为丰富，运营风险程度比之前的发展阶段大大降低,企业的管理制度基本到位,并且可能成为风险投资热衷的投资对象。

在这个阶段,创业者主要从事以下具体工作:①据市场开发情况,尽快确定相对成熟的市场营销模式;②适应不断扩张的市场规模和生产规模的需要,进一步完善企业管理,并考虑企业系列产品的开发或进行新产品的开发;③根据企业的实际情况,及时调整企业的经营战略,筹集运营资本等。

3.创业成熟期

随着企业逐步发展壮大,企业开始步入成熟期,企业的核心产品已在市场上占有较大份额,盈利额剧增。成熟期的企业组织结构非常完善,甚至可能出现组织创新的惰性和障碍。原来的创业机会也步入了成熟阶段。为了保持企业的竞争力和创业的活力,创业者需要积极拓展新的发展渠道。尽管企业正如日中天,蓬勃发展,但经营中存在的潜在风险和管理者可能的失当举措仍会导致企业衰退。对于企业来讲,在这一阶段筹集资金的最佳方法之一是通过发行股票上市。成功上市得到的资金一方面可为企业发展增添后劲,使企业拓宽运营范围和规模,另一方面也可为风险投资的退出创造条件。

在这个阶段,创业者主要从事以下具体工作:①根据销售情况,扩大产品和服务的影响力;②对组织结构的适当变革以增强活力和适用性;③控制好现金流;④创业精神的保持。

二、蒂蒙斯创业过程模型

蒂蒙斯创业过程模型(见图1-1)简洁明了,高度提炼出创业的关键要素:商业机会、创业团队、资源,这三个要素是任何创业活动不可或缺的。商业机会是创业过程的核心驱动力;创业团队是创业过程的主导者;各类资源是创业成功的必要保障。没有机会,创业活动就成了盲目的行动,根本谈不上创造价值;机会普遍存在,没有创业者识别和开发机会,创业活动也不可能发生。合适的创业者把握住合适的机会,还需要有资源,没有资源,机会就无法被开发和利用。

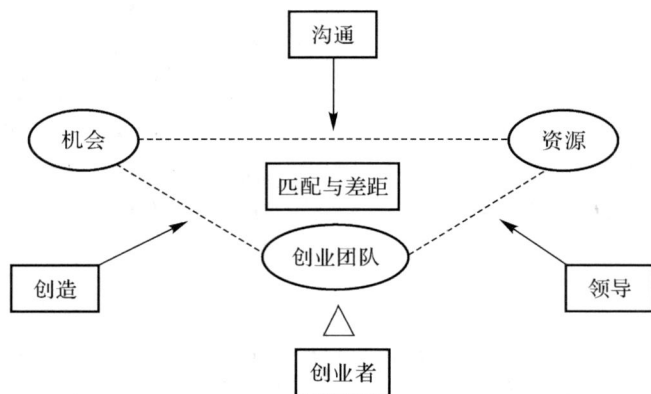

图1-1 蒂蒙斯创业过程模型

该模型突出了要素之间匹配的思想。对创业者来说,不论是机会还是团队或是资源,都没有好和差之分,重要的是匹配和平衡。机会和创业者之间要匹配,机会与资源之间也需要匹配,机会、创业者、资源之间的平衡和协调是创业成功的基本保证,这些道理很简单也很重要。

该模型具有动态特征。随着创业过程的展开,其重点也相应发生变化。创业过程实际上是在三项要素相互之间的作用下,由不平衡向平衡方向发展的过程。

三、创业的关键要素

1. 创业机会

如何发现真正具有商业价值和市场潜力的机会,进而寻找与机会相匹配的发展模式,需要谨慎而独到的眼光,这是创业成功的基石。

现实中的创意纷繁复杂,呈现出各种各样的表现方式,它们都带有较大的不确定性,不可预知其市场的前景,要转化为新创企业的创业机会还存在很大的差距,有的甚至从诞生之日起就注定只能永远停留在构思阶段。创业机会和创意在很多方面都非常接近——来源广泛、创新性强、带有不确定性。但是,创业机会拥有大多数创意所不具备的一个重要特征:能满足顾客的某种需求,因而具有市场价值。这一特征使得一项真正有价值的商业机会得以从众多创意中脱颖而出,成为创业者关注的焦点。

投资创业要善于抓住机会,把握每个稍纵即逝的创业机会,等于成功了一半。那么,怎样从众多的机会中寻找利己的创业机会,如何对创业机会进行评估,是创业者首先需要了解的问题。创业机会首先来自于创意,通过统计调查,我们发现机会产生创意的途径有以下几点。

(1)从市场中发现机会。市场缺失常给人带来困扰,有困扰就迫切希望得到解决。如果能提供解决的办法,实际上就是找到了机会。例如,没有时间买菜,就产生了送菜公司。这些都是从"负面"寻找机会的例子。消费者使用商品时常有不少困扰发生,如果能够针对这些购买商品时所感受到的不便,制造或提供给消费者更多的商品的附加价值,就是创业的机会所在。市场越不完善,相关知识和信息的缺口不对称或不协调就越大,机会也就越充裕。对于创业者来说,其所面对的挑战就是能否识别隐藏于经常自相矛盾的数据、信号和市场的嘈杂与混乱之中的机会。有经验的企业家可以在其他人很少或没有看到机会的地方或者太晚看到的地方辨识并进一步创造一种机会。

(2)从顾客的不满中发现机会。一个很好的创业机会也许就隐藏于顾客的抱怨或建议之中。如果顾客认为其需求没有得到满足或没有很好地得到满足,他们往往会基于对自己需求的认识,提出各种各样的抱怨和建议。有些抱怨、建议可能是很简单的、非正式的形式,有些建议可能是十分正式且具体的,并有十分详尽的资料和说明来为其建议提供支持。双门冰箱的开发设计就是听取顾客的抱怨。总之,只要顾客提出抱怨和建议,无论采取什么方式,创业者都应当耐心地听取并做出积极的响应,这也许是一个非常好的商业机会。

(3)从法规变化和专利公告中寻找机会。法规变化常常会带来商机,特别是社会与政治变革能产生很多创业良机。随着社会价值的改变,消费形态的演变,消费者成本意识的提高,都会产生不少创业机会,诸如个性商品的出现,知识商品被尊重,商品品质不容出错与以量定价的量贩商的兴起。专利公告中也蕴藏机会,要注意市场上的信息。如索尼公司看出电晶体管的潜力,积极向贝尔实验室购得晶体管制造技术,进而制造出晶体管收音机与录音机,席卷大部分市场,正是得益于这一点。

(4)从偶然和意外中感悟机会。索尼公司董事长盛田昭夫喜欢一边打网球,一边听音乐。因此,他必须在球场上装麦克风、扬声器及唱盘。他想总该有较好的方法来解决这个麻烦。随身听就是在这种需求下产生的,这是索尼公司有史以来最具有明星效应和利润型的产品。

2. 创业团队

任何新企业的创业者团队都是其人力资源的一个关键组成部分。一流的创业团队能够带来大量的知识、经验、技能和对公司的承诺。此外,创业团队规模越大,团队成员的经验越是各不相同(原则是要求互补性),新创企业成功的可能性就越高,尤其是新企业存活下来的概率就越大,其成长也越快。但是,无论多么优秀的团队,也不可能提供所有必需的资源和所有形式的信息。新创企业经常需要公司外部专家的服务,如律师、会计或工程师。如果新创企业在获得财务资源和建立顾客基础方面是成功的,那么超越创业团队而对员工所产生的额外人力资源需要可能就变得十分明显。

从创业的整体发展过程来看,由于价值观、发展理念的不同,原来的团队成员可能会发生矛盾和争执,甚至导致团队的分崩离析,因此创业团队成员往往处于不断调整的状态之中。团队成员的调整是否有利,一方面要看这种调整的方向是否有利于企业的竞争优势重构,是否有利于下一步战略的执行;另一方面,也要看这一调整的过程是否顺利。如果调整方向是正确的,在团队成员调整过程中发生倾轧,甚至引起企业的分裂,就会对企业造成极大损害。

3. 创业资源

资源是创业成长的重要基础。在创业过程中,如果没有足够的创业资源,即使出现了较多好的、大的创业机会,创业者也难以迅速抓住这个机会,而有价值的机会往往是转瞬即逝的。优秀的创业者需要了解创业资源的重要作用,不断开发和积累创业资源。同时,创业者还需要善于借助企业内外部的力量对各种创业资源进行组织和整合,这样才能实现机会的有效开发以及战略规划的有效执行。

创业资源的含义在现有的研究讨论中非常丰富,在这里我们将创业资源定义为创业过程中,新创企业所需要的各种生产要素和支持条件。按照资源对企业成长的作用将其分为两大类:直接参与企业日常生产、经营活动的资源,称为要素资源;虽然未直接参与企业生产,但是其存在极大地提高了企业运营有效性的资源,则称为环境资源。

创业者获取创业资源的最终目的是为了组织这些资源来开发创业机会。无论是要素资源还是环境资源,无论它们是否直接参与企业的生产,它们的存在都会对创业绩效产生积极的影响。因此,创业者应当积极吸收各类创业资源,同时借助资源整合工具,将其转化为企业的竞争优势。

4. 商业模式

创业者瞄准某一个机会之后,需要进一步构建与之相适应的商业模式。机会不能脱离必要的商业模式的支撑而独立存在,成功的商业模式是一座桥梁,富有市场潜在价值的商业机会将通过这一桥梁走向真正意义上的企业。缺乏良好的商业模式,机会就不能实现真正意义上的市场价值。

通过商业模式的构想,创业者能够全面思考组织创建中的诸多问题,对整个创业活动进行理性分析和定位。很多创业者在创立企业的时候,并没有对商业模式进行详细完备的设定,创业者的动力往往来自创业热情以及对于目标市场的模糊设想。这样的创业活动带有很大的不确定性,创业者所追逐的创业机会可能确有持续的成长力,创业者会获得成功,但是很多情况下,市场环境的变化以及创业活动的实际推进过程与创业者的事先假设存在很大的落差,盲目的创业活动很容易陷入困境。因此,在创业活动的准备工作中缺乏商业模式设定环节会加大创业失败的风险。

但是,即使创业者设置了商业模式,不清晰或是方向错误的商业模式对创业过程也具有较大的破坏性。一旦发现所涉及的商业模式存在失误,创业者应当尽快从错误的商业模式中走出来,调整发展方向,尽快明确具备可行性的商业模式。

因此,从某种意义上来说,商业模式就是企业创立之前的战略规划书,当然,这一战略规划在企业创立之后仍然扮演重要角色。

第四节 创业管理概述

【学习目标】

1. 对创业管理概念的理解;
2. 对创业管理与传统管理区别的理解;
3. 掌握创业管理特点。

成功创业离不开创业管理,创业活动中人的协调、资源的整合利用、组织的有效运行、风险的回避、正确的决策、计划目标的达成都要靠管理活动实现。

一、创业管理的概念

德鲁克认为:"创业需要与现行管理方式不同的管理。但和现行的管理方式一样,创业也需要系统、有组织、有目标的管理。"传统管理理论从职能和绩效角度实现企业的正常运行,创业管理是对传统管理的重构和再造。

创业可看作是一种管理过程,一个不同于现有的稳定发展的企业的管理过程。创业管理是对于创业相关的诸多活动进行管理,主要是指白手起家、基本上依靠自有资金,使新创企业开始赚钱并进入良性循环的管理方式。

二、创业管理的特点

创业管理是企业产生过程以及孵化发展期的企业管理活动,它体现了企业在初创阶段具有的管理特点及业务运作规律。

1. 创业管理是以生存为第一目标的管理方式

在创业阶段,生存是第一位的,一切围绕生存运作,一切危及企业生存的做法都应避免。最忌讳的是在创业阶段提出不切实际的扩张目标。盈利是企业生存的唯一方式,是创业管理的首要目标。在创业阶段,把盈利作为创业生存阶段追求的唯一目标,是因为只有开始持续地盈利,才能证明新创企业探索到了可靠的商业模式,从而才有追加投资的价值。

2. 创业管理的核心是创造价值

创业管理的核心一是生存,二是发展。生存与发展的重要依托都是为客户创造价值。以价值创造为核心的创业管理作为一种管理方法,即使在成熟的大型企业、非营利组织或政府机构中,都是不可或缺的。创业是一个由不同要素组成的过程,其价值的创造性体现在:强调开端的艰辛和困难;突出过程的开拓和创新意义;侧重于在前人的基础上有新的成就和贡献。

3. 创业管理是一种动态管理

创业是一个在复杂多变的环境中开展的管理活动,涉及技术、生产、营销、物流、人力资源、财务、金融等多方面问题。在不确定的环境中的管理没有固定不变的模式可以遵循,只能随着企业的成长与发展,在每一个阶段及时地调整管理方法。

4. 创业管理是企业家亲自参与大多数细节的管理

创业管理是一种企业家亲自参与运作几乎所有事宜的管理,并且有强有力的领导权。这里的企业家就是创业家,与经理不同。经历过创业的企业家大都有过这样的体验:直接向顾客推销产品、与供应商谈判销售折扣、到车间追踪顾客急需的订单、跑过银行、催收账款、策划过新产品方案、制订工资计划,或许还被经销商欺骗过、被顾客当面训斥过等。由于对经营过程的许多细节都非常了解,在企业出现问题时,创业家才能迅速做出判断,并提出改进建议,才使得生意越做越好。

5. 创业管理是团队式的管理

创业时期的企业没有专职人员,一般都是身兼数职,工作界限模糊。尽管可能有正式的部门结构,但通常不会严格按正式组织结构和组织方式运作,组织架构动态化、扁平化。典型的情形是,虽然有名义上的分工,但企业运作起来是"哪儿急哪儿去"。这种看似"混乱"的方式,实际是一种高效、有序的状态。每个人都清楚组织的目标和自己应当如何为组织的目标服务,没有人计较得失,没有人计较越权或者越级,互相之间只有角色的划分,没有职位的区别。这种运作方式将培养出团队精神、奉献精神和忠诚。即使将来事业发展了,组织规范化了,这种精神仍在,并进而发展成为企业的文化。在创业阶段培养出来的这种团队协作精神为未来事业的发展奠定了良好的成功基础。

6. 管理机制服从于快速决策

由于创业企业很弱小,必须对市场的微小波动非常敏感,并快速反应。因此,这一时期应围绕如何对企业内部及外部市场信息做出敏捷反应等问题来确定经营管理机制。小企业赖以生存的法宝是迅速获取市场信息,并迅速做出决策,将时间作为一种重要经营资源充分加以利用。这是创业企业管理的一个显著特点。

三、创业管理与传统管理的区别

传统的管理模式是以制造业为基础发展和完善的。效率、效益、效果始终是传统管理关注的焦点,企业通过利用人、财、物、信息、时间等各种资源去组织生产经营。创业管理是在新经济中发展起来的,在这个时期智力创造价值大于传统体力劳动创造价值,资本对企业成长的影响力已经让位于人力资源,人力资本参与企业剩余价值分配打破了资本决定企业剩余价值分配的原则。传统管理的组织框架在新经济背景下发生了巨大变化,为了适应快速变化的环境,企业金字塔式的管理层级正在通过压缩管理中间层使其逐渐扁平化,将识别机会、快速决策、团队合作这些管理特征融入到创业管理中。综上所述,创业管理融入了新经济发展的要求,对传统管理进行了改造。传统管理与创业管理区别见表1-1。

表 1 - 1 传统管理与创业管理的区别

	传统管理	创业管理
理论基础	大工业、规范的组织结构	新经济背景下灵敏的组织结构
研究对象	成熟企业	新创企业
关注焦点	效率、效果、效益	机会与价值创造
工具方法	计划、组织、领导与控制	团队、合作、创新与冒险
前提假设	环境相对稳定	环境不断变化
理论范式	过去是未来最好的预测	未来和过去是完全不同的
管理措施	规则、制度体系、激励	创业精神、成功需要

资料来源:梁巧转,赵文红.创业管理[M].北京:北京大学出版社,2007.

实 训

【实训指导】

训练项目1.1:走访大学生创业者,了解他们对"创业"内涵的理解,写一篇访谈。
训练项目1.2:熟悉教育管理部门关于鼓励大学生创业的政策,写一篇讨论发言稿。
训练项目1.3:走访一位中小企业主,请他谈谈创业感受,写一篇访谈。

【实训目标】

1. 理解创业内涵和意义。
2. 了解国家创业政策。

【实训内容与组织】

1. 学生自愿组成小组,每组 3~5 人。
2. 组长负责成员的分工与任务的具体安排。

【成果与检测】

1. 书面报告或发言稿。
2. 在班级进行交流,每个小组推荐 1 个人进行介绍。
3. 由教师对学生评估打分。

习 题

一、简答题

1. 简述创业的内涵。

2.创业的特点有哪些？

3.简述创业的一般过程。

4.创业的关键要素有哪些？

5.创业管理的特点有哪些？

二、论述题

1.论述创业的意义。

2.论述商业模式选择对创业的价值。

3.解释蒂蒙斯创业过程模型。

4.论述创业管理与传统管理的区别。

第二章　创业环境分析

【案例导入】

创业者访谈：滴滴打车如何在两年内成长为10亿美元公司？

很多人都用过滴滴打车，在本案例中，滴滴打车创始人王刚分享了滴滴打车如何在短短两年内成长为10亿美元的公司。

滴滴打车创立24个月，上线仅18个月，成长为估值10亿美元的公司，这个速度我也没想到。当年我们团队从阿里离职，兄弟们想着要创业，那时候寻找了好些个创业方向，有的听起来很靠谱，但是在实际论证或者前期实践中都发现走不通，就放弃了。我们的出发点觉得一定要做大产业，做大众主流刚性需求。2012年各地市场上陆续出现一些O2O车队或者预约车类的创业项目，我们也在看，当时却并不看好。两年以前，出租车智能手机保有率不到5%，程维（滴滴打车创始人）说，除非每个司机有台智能手机，这事儿才能做起来。另外，出租车是一个强管制的行业，我们也担心今后会受限于政策因素。这个idea几乎要被我们毙掉了……

后来为什么要做这个事情？我们是基于两个判断：一是论证下来认为一定要做一个大众主流刚性需求的产品；二是陌陌的出现。我很感谢陌陌。那是2012年2月，陌陌刚有点儿苗头要火，我第一眼看到这个产品，就说这个事情靠谱，陌陌的出现使得基于距离的应用突飞猛进，陌陌是通过距离提升社交的效率，打车和距离远近的关系更强大。对司机来说，500米的活儿他就愿意去接，但是两公里他就懒得去了。受到陌陌启发，加之那段时间我在北京，打车非常痛苦，北京的冬天太冷，我曾经有过站在路边45分钟都没打到车的经历，觉得做基于地理位置的打车产品应该是靠谱的。

处处碰壁的初创期

我们阿里出来的人执行力非常快，有了这个初步的想法，团队一讨论也觉得兴奋，我们哥几个一共投了80万进去，就卷起袖子准备干活儿了。别看滴滴打车现在很火，当时却处处碰壁，灰头土脸的。刚立项时我们就去见了VC（风险投资），一共见了中国大约23家以上的VC吧，几乎市场上能叫得上名字的VC全部都见了，由于项目太过于早期，而且产品没有上线，这个概念又很新，几乎找不到市场上对标的模式，没有一家VC要投资我们。

那时候真的很惨。你知道我们产品怎么做的？外包的。花多少钱？8万元。留下多少个bug？30多个！找出租司机预装，司机说："你们是来骗流量的吧？"我们演示的时候，总是揣两台手机，这个呼叫那个没响，这个手机又打不了电话……层出不穷的问题，很尴尬，于是我们产品只能用于演示。我跟程维讲："要不要重新做一遍？"程维说"就这么干"，这个产品跟技术关系不大，我们坚持这么往前走。当时我们对技术的认识还很粗浅，后来在这上面尝到了深刻教训,花了很大力气补足了技术力量。这是后话。很快公司 80 万元花完了,程维就给我打电话再借钱,最后借了 30 万元给他。我们大概花了 110 万元的时候,金沙江找过来了,那时候北京每天有 200 单。和别的创业项目相比,我们省到了牙缝里,你能猜猜我们的广告费和工资怎么发的?所有的员工月薪 5 000 元,只要来我这里就 5 000 元,不来就走。所以程维完全靠他的人格魅力吸引了很多高手进来。程维对控制成本、死抠广告费也很紧,一个月投 1 万元,这个月这家投 500 元,如果没有效果,就那家投 500 元,他就是这么抠预算的。

火箭速度般地冲刺

关于商业模式的打磨,我们一开始就非常清晰,要做可以规模化上量的平台。险峰华兴和真格投资的聚美只创立了 4 年的时间就上市了,这在业界已经算是奇迹,可是移动互联网比互联网速度还要快 5 倍。互联网是飞机,移动互联网是火箭,要么一飞冲天,要么狠狠地摔下来。如果产品的量没直线上升,那就说明需求点找得不准,因为用户变迁是井喷的东西。做滴滴打车时,从第一天我们就有几个不碰的地方,第一个是滴滴打车先不做硬件,有的媒体说我们永远不碰硬件,实际上我们没说永远不做,只是先不做硬件,比如每台出租车上放一台 pad 或者智能终端。现在你们能看到每个司机有一台安卓手机,实际上两年前智能手机在司机中的普及率还很低,那时候我们在司机端的推广还是比较痛苦,一些 O2O 打车或租车类的公司在车上部署联网的 pad,但是我们觉得太重,会影响规模化发展。未来某一天也说不准,至少现在没有做硬件的必要。第二,不做支付。大家都喜欢说掌握交易的闭环,要把支付绑定起来,但是 2012 年的社会大环境中,移动支付还不普及,用户支付有障碍的话,也会影响规模化起量。第三,我们不做加价。滴滴打车做着做着,市场上就有了越来越多的竞争对手,我们这把刀要以最简单的方式冲到全国各地,任何锦上添花的东西我们都做不了,也先不做,要靠一个最简单的产品做到全国范围,这是在创业早期,对于我们来说最重要的事情。我们做的很多业务都是平台业务,平台业务只有一个壁垒,就是规模,凡是影响规模的事情我们都不做。在这个市场上,要把规模做到极致,每天都要往前冲。时常要和竞争对手亮刺刀,刀刀见血。哪怕一个小小的疏忽,一两周的懒怠,很有可能就是失去一个区域。有一个细节是,我们当初抢司机时,所有的方法都用了,包括去出租公司宣讲、去各大火车站守着、去各大宾馆、去司机吃饭的地方和加油的地方,凡是能去的地方我们都去了,我们想哪种方法效率最高。后来摸出来了,在火车站守着跟司机说:"师傅你的手机拿过来,我们给你装好了。"我们做了一个小插件,带着电脑接一下就可以了。如果让自己下载肯定有很大难度的,这是移动互联网使用率相当低的群体,我们得帮他们装 app。后来,我们发现机场是最重要的战场,但是搞定这个战场却异常艰难。经过各种努力,各种死磕,我们最后拿下了这个战略要地。我们开始在做滴滴打车时,第一版的产品体验很差劲,页面下面有什么导航、什么车流的提醒,很多乱七八糟的功能都挤在那儿。后来产品进行改版,坚持把语音做到极致。关于用机器音叫车,还是每个用户真实的声音,我们团队内部也进行了很多讨论。后来在司机中做调研,司机每天开车在路上,听久了机器音会觉得很乏味,有审美疲劳,但是如果让每个用户需要叫车的声音都放出来,订单的真实性立刻就上去了,司机们也能听到各种各样的声音,还有方言,他们觉得有趣和真实。我们有几个移动互联网产品的核心原则,一是仅仅抓住应急需求,消灭二级菜单,实现用户零等待;二是让所有的"小白"用户都要用起来方便;三是要把距离因素用到极致。产品属性抓清楚后,就按照这个逻辑去设计。第二个版本我们坚持了语音,后来我们开始做预约订单,你会看到下面有两个按钮,一个做即时订单,一个是预约,就这两个按钮,简简单单,一目了然。

拼刺刀中成长

滴滴打车在飞速成长,市场上也有其他的打车应用在飞速成长,大家自然会碰到一起。各种竞争自然是免不了的,我们经历了区域战、价格战、融资战……每一场战斗都是拼刺刀,刀刀见血,但每一场竞争后,我们的团队都有成长,而且用户整体都被教育了。比如我们的价格战,持续了两个月,后来即便是取消补贴以后,现在的订单也是每天100多万。这意味着在几个月时间内,我们的日订单从10万单,翻了10倍,用户已经养成了习惯。而可怕的是,市场渗透率也因为价格战,两个月就渗透完了! 新的创业者很难从这个市场再进入了。这个事情为我们市场奠定了非常好的基础。

资料来源:http://www.daonong.com

第一节　创业环境基本分析

【学习目标】

1. 对创业环境概念的理解;

2. 了解创业环境分析的意义;

3. 掌握创业环境分析:PEST分析和五力分析模型。

开展创业活动,创建新企业的首要工作就是分析哪些外部环境因素能够为企业提供机会或制造威胁,从而为创业初期企业的发展提供科学的决策依据。与成熟的企业做环境分析不同的是,创业企业在发展的初期,组织结构没有完全形成,团队和人员组合也没有稳定,企业规模小,所以创业环境分析的重点是外部环境分析。

创业环境指对创业活动产生影响的外部条件与因素的总和,包括宏观与微观环境。创业宏观环境又叫创业一般环境,是指在创业活动中各类企业共同面临的环境因素;创业微观环境又叫创业任务环境,是指在创业活动中单个创业企业完成创业目标过程中所面临的特殊环境因素。

一、创业环境分析的意义

《孙子兵法·谋攻篇》:"知己知彼,百战不殆;不知彼而知己,一胜一负;不知彼,不知己,每战必殆。"意思是说,在战争中,既了解敌人,又了解自己,百战都不会有危险;不了解敌人而只了解自己,胜败的可能性各半;既不了解敌人,又不了解自己,那每战都有危险。作为创业者,要想创业成功,必须从环境分析开始,正确地认识自己所处的环境,才能立于不败之地。

从宏观上看,任何国家的政府为解决本国政治、经济等方面的问题会制定和推行一系列的路线、方针、政策,当国家政治、经济形势发生变化时,其路线、方针、政策也会相应发生变化。从创业角度看,外部环境的变化往往创造许多新的机会。因此外部环境是企业发展与存在的前提,国家的路线、方针、政策对企业有着直接的推动、制约和干扰作用。从微观上看,企业经营的一切要素都要从企业外部环境获取,如原材料、能源、资金、劳动力、信息等生产要素都是从外部环境中取得的,没有这些生产要素,企业不可能生存。企业生产出的产品要通过外部市场销售出去。企业的经济效益和社会效益也要通过外部环境才能加以实现。总之,企业经营离不开市场和竞争,因此必须对外部环境认真加以分析。

环境分析的意义主要在三个方面:①环境分析帮助创业者准确认识并把握时代背景,创业者只有顺势而为才有成功的可能;②环境分析为创业者提供创业可靠的评价,为其寻找最有利可图的创业场所;③环境分析为创业者开展环境管理活动提供策略,帮助创业者适应和改善创业环境。由于创业环境要素中有许多政府可控或部分可控的变量,因而完全可以通过控制要素变量而塑造新的创业环境。

案例:李嘉诚的第一桶金

1940 年秋,李嘉诚一家从潮州逃难至香港,栖居在舅舅的钟表行中。13 岁的李嘉诚被迫失学,寄人篱下当学徒。白天有做不完的工作,夜晚则必须搬开家具与其他伙计挨着入睡。太平洋战争爆发后,日本攻占香港,李嘉诚的母亲只好带着弟弟妹妹重回老家,留下他们父子二人在香港。更大的不幸是,贫困抑郁的父亲竟染上肺结核,大半年后去世。在父亲过世前一天,并没有向他交代事情,反而问他有什么话说。"我安慰父亲,告诉他'我们一定都会过得很好'。"14 岁的李嘉诚独自面对父亲的死亡,"彷佛一瞬间被迫长大"。历经家道中落、少年失学、父亲过世、孤独地流落异乡,迫使李嘉诚在很短的时间内压缩成长。为了实现对父亲的承诺,李嘉诚觉得只有加倍努力才行,要想出人头地,学习是唯一的武器,他开始自学。一边工作,一边自学,虽然艰辛,但李嘉诚觉得十分充实,"年轻时我表面谦虚,但内心很骄傲。因为你看见身边的人每天保持原状,而自己的学问却日渐提高。"

李嘉诚的机会终于来临。1945 年,二战结束后的某天,他所在工厂的老板急需发信,但是书记员请假,李嘉诚因好学被推荐帮忙。出色的表现使得老板对他另眼相待,将其从杂役小工调至做货仓管理员,继而成为业绩很棒的推销员,再升到经理,19 岁便成为总经理。李嘉诚也从中学到了更多的关于货品的进出、价格以及货品管理、推销等技巧。

因为业务关系,李嘉诚一直订阅英文塑料专业杂志,顺便提高英语,这也让他能时刻把握该行业的可能商机。随着二战后经济复苏,塑料制品的市场需求很旺盛,李嘉诚认为机不可失,决定自行创业。1950 年,他利用自己的积蓄连同舅父的借款共 5 万港元,开设了长江塑料厂。1957 年,李嘉诚从行业杂志中得到启迪,赴意大利考察,回港后转产塑胶花。得益于当时的消费环境,业务迅速发展,由于产品不断创新,李嘉诚继而成为香港乃至全球的塑料花大王。如今这已成为李嘉诚财富故事中的经典情节。之后,李嘉诚又瞅准地产业机会,从而开始了成为"超人"的脱胎换骨般的升级。

二、创业环境分析的内容

创业环境分析主要包括宏观环境分析和微观环境分析,分别用 PEST 模型和五力分析模型。

1. 宏观环境分析

PEST 是一种企业所处宏观环境分析模型,所谓 PEST,即 Political(政治)、Economic(经济)、Social(社会)、Technological(科技)。这些是企业的外部环境,一般不受企业掌握,企业分析环境是为了能动地适应环境。

(1)政治法律环境。政治法律环境是影响企业经营的首要宏观环境因素,包括政治环境和法律环境。政治环境包括一个国家或地区的政治制度、政党和政党制度以及国际政治局势、国际关系等。影响主要表现为国家政府所制定的方针政策,如人口政策、能源政策、物价政策、财政政策、货币政策等,都会对企业营销活动带来影响。法律环境是指国家或地方政府所颁布的各项法规、法令和条例等,它是企业营销活动的准则,企业只有守法经营才受国家法律的保护。

法律环境影响主要表现在国家法律的颁布与执行。与创办企业相关的有关条例和规章主要有:《中华人民共和国公司登记管理条例》、《中华人民共和国企业法人登记管理条例》(申请办理营业执照)、《企业名称登记管理规定》(申请办理营业执照前用)、《税务登记管理办法》(开办税务登记)。对于特殊行业,政府有特许经营管理规定。比如创办网络经营服务需要学习《互联网上网服务营业场所管理条例》(国务院令第 363 号,2002 — 09 — 29)和《互联网上网服务营业场所管理办法》(信息产业部第 8 号令),取得专项许可证。

上到国家,下到各省市,对大学生自主创业都持支持和鼓励的态度。

专栏:国家关于大学生创业相关政策

大学毕业生在毕业后两年内自主创业,到创业实体所在地的工商部门办理营业执照,注册资金(本)在 50 万元以下的,允许分期到位,首期到位资金不低于注册资本的 10%(出资额不低于 3 万元),1 年内实缴注册资本追加到 50% 以上,余款可在 3 年内分期到位。

大学毕业生新办咨询业、信息业、技术服务业的企业或经营单位,经税务部门批准,免征企业所得税两年;新办从事交通运输、邮电通讯的企业或经营单位,经税务部门批准,第一年免征企业所得税,第二年减半征收企业所得税;新办从事公用事业、商业、物资业、对外贸易业、旅游业、物流业、仓储业、居民服务业、饮食业、教育文化事业、卫生事业的企业或经营单位,经税务部门批准,免征企业所得税一年。

商业银行、股份制银行、城市商业银行和有条件的城市信用社要为自主创业的毕业生提供小额贷款,并简化程序,提供开户和结算便利。贷款额度在 2 万元左右,贷款期限最长为两年,到期确定需延长的,可申请延期一次。贷款利息按照中国人民银行公布的贷款利率确定,担保最高限额为担保基金的 5 倍,期限与贷款期限相同。

政府人事行政部门所属的人才中介服务机构,免费为自主创业毕业生保管人事档案(包括代办社保、职称、档案工资等有关手续)2 年;提供免费查询人才、劳动力供求信息,免费发布招聘广告等服务;适当减免参加人才集市或人才劳务交流活动收费;为创办企业的员工提供培训、测评服务。

(2)经济环境。经济环境主要由社会经济结构、经济发展水平、经济体制和宏观经济政策等四个要素构成。社会经济结构反映国民经济中不同的经济成分、不同的产业部门及社会再生产各方面在组成国民经济整体时相互的适应性、量的比例以及排列关联的状况。社会经济结构主要包括五个方面的内容:产业结构、分配结构、交换结构、消费结构和技术结构。其中,最重要的就是产业结构。反映一个国家经济发展水平的常用指标有国民生产总值、国民收入、人均国民收入、经济发展速度及经济增长速度。经济体制是指国家经济组织的形式。经济体制规定了国家与企业、企业与企业、企业与各经济部门的关系,并通过一定的管理手段和方法,调控或影响社会经济流动的范围、内容和方式等。经济政策是指国家、政党制定的一定时期国家经济发展目标实现的战略与策略。

(3)社会文化环境。社会文化环境是指一个国家或地区的社会结构、风俗习惯、价值观念、宗教信仰、行为规范、生活方式、文化传统等因素的总和。社会文化环境是影响企业经营诸多变量中最复杂、最深刻、最重要的变量。美国社会对创业持积极的态度。美国的大学毕业生甚至在校学生创业蔚然成风,创业精神被认为是构成美国梦的核心内容之一,超过90%的大学生认为创业是一项十分令人尊敬的工作。成为比尔·盖茨、马克·扎克伯格、伊丽莎白·霍尔姆斯一样的创业者,几乎成为每个学生心中的梦想。全球创业观察(gem)2014年报告提供了一组数据:2014年,美国参与创业或者经营企业的人数占到美国总人口的14%;美国25岁至34岁人群中选择创业或者经营新企业的比例达到18%;美国大学生自主创业比例达到20%~30%。

(4)科学技术环境。科学技术环境指的是社会环境中的科技要素及与该要素直接相关的各种社会现象的集合,如社会科技水平、社会科技力量等。科技进步将使社会对企业的产品或服务的需求发生变化,从而给企业提供有利的发展机会。蒸汽机、电气、原子和计算机三大科技革命为推动人类社会进步做出了巨大贡献,每一轮科技革命的兴起都为国家和企业的发展提供了科技条件。当前互联网产业方兴未艾,传统行业也密切嫁接前沿科技,在焕发出新的光彩的同时,也对人类社会生活的方方面面产生了颠覆性的影响。新的科技浪潮一直主导着生产力和生产关系的大调整,并不断涌现出新的产业,促进社会进步。科技进步推动新兴产业的发展,同时孕育出大量的创业与创新机会。

2.微观环境分析

微观环境相对于宏观环境来说,对创业者影响更为直接,也更为具体。微观环境是创业过程中企业在某一行业或某一业务领域内开展经营活动所直接面临的环境。微观环境中最直接、最明显影响企业经营的是市场。波特的五力分析模型常被用来分析微观环境。

迈克尔·波特在其著作《竞争战略》中,提出了行业结构分析模型,即所谓的"五力模型",用于竞争战略的分析。五力分别是:供应商的讨价还价能力、购买者的讨价还价能力、潜在竞争者进入的能力、替代品的替代能力、行业内竞争者现有的竞争能力。

供应商主要通过提高投入要素价格与降低单位价值质量的能力,来影响行业中现有企业的盈利能力与产品竞争力。购买者主要通过压价与要求提供较高的产品或服务质量的能力,来影响行业中现有企业的盈利能力。潜在竞争者在给行业带来新生产能力、新资源的同时,希望在已被现有企业瓜分完毕的市场中赢得一席之地,这就有可能会与现有企业发生原材料与市场份额的竞争,最终导致行业中现有企业盈利水平降低,严重的话还有可能危及这些企业的生存。竞争性进入威胁的严重程度取决于两方面的因素,即进入新领域的障碍大小与预期现有企业对于进入者的反应情况。两个处于不同行业中的企业,可能会由于所生产的产品是互为替代品,从而在它们之间产生相互竞争行为,这种源自于替代品的竞争会以各种形式影响行业中现有企业的竞争战略。大部分行业中的企业,相互之间的利益都是紧密联系在一起的,作为企业整体战略一部分的各企业竞争战略,其目标都在于使得自己的企业获得相对于竞争对手的优势,所以,在实施中就必然会产生冲突与对抗现象,这些冲突与对抗就构成了现有企业之间的竞争。现有企业之间的竞争常常表现在价格、广告、产品介绍、售后服务等方面,其竞争强度与许多因素有关。

该模型的理论包含着一个假设,即分析者可以了解整个行业的信息。虽然从创业角度看,大部分现实中的创业者是难以做到的,但是五力分析模型作为一种理论思考工具对创业者依然有积极的启发意义。

第二节　创业组织的特点

【学习目标】

1. 对创业组织氛围的理解；
2. 对创业者与创新者、管理者三个概念区别的理解；
3. 了解创业者个人素质特征；
4. 掌握创业团队素质特征。

一、创业的组织氛围

要建立优良的创业环境,首先需要建立创业的组织氛围,应当具备以下九个特征：

(1)开发技术前沿。因为研发是产生新产品创意的关键资源,企业要鼓励新创意的产生,而不是阻碍它们,例如企业要求较快的投资收益和较高的销售额对产生新的创意来说是一种阻碍。

(2)鼓励试验。成功的新产品或服务通常不是短时间内开发完成,而是逐渐演化的。例如第一台在市场上出现的计算机,其研发花费了很长时间并经历了很多失误。一个公司想要建立创业精神,就必须建立一个在开发新产品或创新过程中允许犯错和失败的环境,这与传统组织中的晋升机制和已经建立的制度完全相反。如果组织没有给予失败的机会,就会减少创业成功的概率,几乎每一个创业者在成功建立企业之前都至少经历过一次失败。

(3)组织应该确定没有限定因素来组织新产品的开发。通常在一个组织中,各“领域”都会受到保护,以免挫伤潜在创业者试图建立新企业的想法。《财富》500强中的一家企业试图建立创业环境,但出现很多问题,最终失败了,原因就是潜在创业者计划开发的新产品和建立的新企业属于企业的另一个领域。

(4)企业的资源应该是可以获得并且容易接近的。正像一个创业者所说：“如果我的企业真的需要我付出时间、努力和承担风险来创建新企业,那么企业需要投入资金和人力资源。”通常,较少的资金并不能创造新东西,但是用来解决问题却有重要作用。一些企业,如 Xerox、3M、AT&T,已经意识到这个问题并且建立了单独的风险投资领域,以便进行企业融资。即使资源可以获得,太多的申请报告也会成为资源获得的障碍。

(5)鼓励多领域团队合作。这种开放的方式不管参与者来自哪个领域,均鼓励合作。开发必要团队对于一个新企业来说显得更为必要,因为团队成员在企业中的晋升和整个职业生涯依赖于他当前的职位和工作绩效,而不是他对新企业创建所做的贡献。

除了鼓励团队合作,企业必须建立长期的视野来评价整个项目的成功以及新企业的成功。如果企业仅对5～10年就产生投资收益的项目感兴趣,而不愿意投资更长时间的话那么该企业就无法建立创业环境。这种有耐心的投资与风险投资家在收益时间上和其他人对创业的投资没什么不同。

(6)公司就业精神不能强加给个人,必须建立在自愿的基础上。企业思想与创业思想是有区别的,因为特定的个体可能比整体或其他人做得更好。企业中大多数管理者不能够成为成功的创业者,这与大部分公司新产品开发的过程是一致的,在新产品开发过程中,每一部门和个人负责开发其中的一个阶段。然而,愿意付出更多的时间和努力来创建新企业的个体,需要机会以及完成项目后的奖励。公司创业者沉迷于创建初始的企业并且愿意付出一切确保它的成功。

（7）激励机制。需要针对公司创业者在创业过程中付出的努力、承担的风险给予合适的激励,并且该激励机制是基于获得的绩效目标而设立的。在新建企业中给予公平的职位是对激励创业活动和付出努力最好的激励。

（8）有利于公司的创业环境。组织中必有创业的支持者和拥护者,他们不仅仅支持创造性活动,并且有灵活的计划去建立新目标。正像一个公司创业者所言:"一个新企业要想成功,公司的创业者应该能够随意改变计划,而不必在意它与之前的目标有多远。"公司通常以实现目标的能力来评价管理者而不管他们完成的绩效如何。

（9）最后或许也是最重要的一个特征是,创业活动必须得到高层管理者全心全意的支持和拥护,不仅体现在物质层面的支持,还要确保必要的人力和财务资源是可获得的。没有高层管理者的支持,一个成功的创业环境不可能建立。

二、创业者素质特征

1. 创业者与创新者、管理者的区别

风险投资奠基人乔治·多里奥讲到,"宁可考虑向有二流主意的一流人物投资,也决不向有一流主意的二流人物投资。"在整个创业环境中,人是其中最活跃的因素,创业者和创业团队素质是创业成功的保证。

狭义的创业者是指参与创业活动的核心人员,包括企业创始人或者创始团队。创业者是"具有创新、承担风险的特质,能适时地把握商业机会,筹建、经营组织并创造财富的人"。创业者与创新者是相互联系又有区别的一对概念,一方面,创业需要创新,创新是创业的源泉,但创新又不是创业的唯一途径;另一方面,创业者要关注市场需要,只有满足市场需要,创新才能转化成企业的经济效益。创业者与管理者也是一对相互联系又存在区别的概念,相同之处在于二者都要通过资源的整合去实现组织目标,管理者关注的中心问题是管理的有效性,创业者关注的中心问题是机会把握与价值创造。三者的区别见表 2-1。

表 2-1 创新者、管理者与创业者的不同

	创新者	管理者	创业者
个人素质不同	创造性的技术能力	管理能力	识别与把握机会的能力
关注的问题不同	技术或方法的新发展	效率与效益	机会与价值创造
思维的方式不同	逻辑思维	逻辑思维+形象思维	多种思维方式并存
行动的方式不同	追求技术上的先进	追求先进技术的应用	追求企业的成功

资料来源:梁巧转,赵文红.创业管理[M].北京:北京大学出版社,2007.

专栏:创业者的九大品质

（1）诚信——创业立足之本。

市场经济已进入诚信时代,作为一种特殊的资本,诚信日益成为企业的立足之本与发展源泉。风险投资界有句名言:"风险投资成功的第一要素是人,第二要素是人,第三要素还是人。"此话足以证明风险投资家对创业者个人素质的关注程度。在他们看来,创业项目、商业计划、企业模式等都可适时而变,唯有创业者品质难以在短时间内改变。创业者品质决定着企业的市场声誉和发展空间。不守诚信或可赢一时之利,但必然失长久之利。反之,则能以良好口碑带来滚滚财源,使创业渐入佳境。

（2）自信——创业的动力。

日本八佰伴集团创始人和田一夫开始时仅经营一家小水果铺,还被一场大火烧得面目全非。但是,在"不摧毁旧的,就不能建设新的"信念支持下,他最终东山再起,成为名噪一时的创业家。人的意志可以发挥无限力量,可以把梦想变为现实。对创业者来说,信心就是创业的动力。要对自己有信心,对未来有信心,要坚信成败并非命中注定而是全靠自己努力,更要坚信自己能战胜一切困难。

（3）勇气——视挫败为成功之基石。

硅谷有着"创业大本营"的美誉,在这儿每年都有数以万计的企业倒下,同时也有成千上万的创业者一夜暴富。美国知名创业教练约翰·奈斯汉说:"造就硅谷成功神话的秘密就是失败。失败的结果或许令人难堪,但却是取之不尽的活教材,在失败过程中所累积的努力与经验,都是缔造下一次成功的宝贵基础。"成功需要经验积累,创业的过程就是在不断的失败中跌打滚爬。只有在失败中不断积累经验财富,不断前行,才有可能到达成功彼岸。美国3M公司有一句关于创业的至理名言:"为了发现王子,你必须与无数只青蛙接吻。"对于创业家来说,必须有勇气直面困境,敢于与困难"接吻"。

（4）领袖精神——创业的无形资本。

一只狮子领着一群羊,胜过一只羊领着一群狮子。这一古老的西方谚语说明了创业者领袖精神的重要性。企业成功离不开团队力量,但更多层面上取决于领导者本人。创业者是企业的一面精神旗帜,其一言一行都将影响企业的荣辱兴衰。企业文化被称作企业灵魂和精神支柱。而企业文化精髓就是创业者的领袖精神,这是凝聚员工的一笔"不可复制"的财富,更是初创企业生存和发展的关键。许多优秀的跨国企业中,这种领袖精神随处可见。摩托罗拉公司对高尔文"摩托罗拉大家庭"理念的继承,戴尔公司对戴尔"效率至上"原则的推崇,都证明了企业领袖精神的重要性。对创业者来说,注重塑造领袖精神,远比积累财富更重要,因为财富可在瞬间赢得或失去,但领袖精神永远是赢得未来的无形资本。在竞争日趋激烈的今天,产品和企业的公众形象定位是否准确,对创业成功与否起着关键作用。

（5）社交能力——借力打力觅捷径。

以往人们总是强调自主创业,但如今这种观念正在改变,人际关系在创业中的作用逐渐加大,人脉圈日益成为创业信息、资金、经验的"蓄水池",有时甚至在商业活动中能起到四两拨千斤的神奇功效。目前"朋友经济"在招商中的作用日益显现。北京大学中国金融投资家俱乐部的成员就包括投资公司老板、证券商、银行家等,他们手中掌控着资本和商机。在当今提倡合作双赢的时代,过去那种单枪匹马的创业方式已越来越不适应时代需求。扩大社交圈,通过朋友掌握更多信息、寻求更大发展,日益成为成功创业的捷径。

(6)合作能力——趋时避害形成合力。

携程计算机技术(上海)有限公司总裁季琦告诉青年创业者,携程网的成功,除了抓住当初互联网快速发展的契机,有一个良好的创业团队是关键。携程网的团队成员来自美国 Oracle 公司、德意志银行和上海旅行社等,是技术、管理、金融运作、旅游的完美组合。大家在一起创业,分享各自的知识和经验,同时也避免了很多创业雷区。

(7)创新精神——创业成功的维生素。

金利来领带的创始人曾宪梓说:"做生意要靠创意而不是靠本钱!"在竞争激烈的市场中,缺乏创新的企业很难站稳脚跟,改革和创新永远是企业活力与竞争力的源泉。万科集团在 1988 年发行了大陆第一份《招商通函》,目前该公司已成为全国房地产知名企业和中国最具发展潜力的上市公司;上海复兴高科积极推进与数十家国有企业合资合作,用民营企业机制同国有企业资产实行有效嫁接……这些企业的成功,都离不开创业家挑战成绩、自我加压、勇于创新的精神。

(8)魄力——该出手时就出手。

商海女杰菲奥里纳在面对戴尔、IBM 等领先者时对惠普员工说:"以前我们要做到 95 分才推出,现在我要求 80 分时就推出,然后慢慢改进;以前是瞄准、准备、开火,在网络时代里,瞄准了就要开火,没有时间准备。在创业界,往往是风险与机会并存。创业者必须善于发现新生事物,并对新生事物有强烈的探求欲;必须敢于冒险,即使没有十足把握,也应果断地尝试。"

(9)敏锐眼光——识时务者终为俊杰。

张明正拿到电脑硕士学位后,选择了被时人称为"旁门左道"的防病毒软件作为主攻方向。1999 年 4 月,第一个通过电子邮件传播的"梅丽莎"病毒忽然爆发,正当众多 IT 企业无计可施时,张明正的"传奇故事"诞生了,他的"解药"被大量使用,他创立的趋势科技公司目前市价已逾 100 亿美元,张本人也先后两次被美国《商业周刊》推选为"亚洲之星"。生意场上,眼光起了决定性作用。很多资金不多的小创业者,都是依靠准确抓住某个不起眼的信息而挖到"第一桶金"的。市场经济刚起步时机会特别多,好像做什么都能赚钱,只要你有足够胆量和能力。但如今每个行业每个领域都有人做,激烈的市场竞争宣告"暴利时代"已经结束,取而代之的是"微利时代"。因此,创业机会必须靠创业者自己发掘。

资料来源:李天宇.创业的九大品质[J].劳动保障世界,2008,(2):26-27.

2. 创业团队素质特征

一个好的创业团队对创业的成功起着举足轻重的作用。一个喜欢独立奋斗的创业者固然可以谋生,然而一个团队的营造者却能够创建出一个组织或一个公司。创业团队的凝聚力、合作精神、立足长远目标的敬业精神会帮助新创企业渡过危难时刻,加快成长步伐。在美国一项针对 104 家高科技企业的研究报告指出,在年销售额达到 500 万美元以上的高成长企业中,有 83.3% 是以团队形式建立的。团队成员之间的互补、协调以及与创业者之间的补充和平衡,对新创企业起到了降低管理风险、提高管理水平的作用。对一个创业团队而言,必须具备以下七项基础的创业素质。

(1)资源。创业不是引"无源之水",栽"无本之木"。每一个人创业,都必然有其凭依的条件,也就是其拥有的资源。创业资源包括人、财、物力在内的一切能应用于创业中的有形或无形的力量。

（2）创意。创意应具有以下特征：创意有市场价值，能在一定时间内产生利润；具有实现可行性，能付诸实践；应具有新意，能创新，能抓住市场空间。一个优秀的创业者最需要、最有价值的能力是创意能力以及将创意完美实施并产生高品质结果的能力。

（3）技能。创业技能的要求：一定是实用的，可以是专业技能或其他技能；包括管理技能和行动能力；团队成员技能互补。

（4）知识。创业知识涉及：行业知识和专业知识；必需的法律、商业、财务知识；创业者的眼界和思考领域。

（5）才智。才智是观察世界、分析问题、思考问题和解决问题的独特思维。才能产生思想的敏感。创业者的敏感是对外界变化的敏感，尤其是对商业机会的快速反应。有些人的商业感觉是天生的，如晚清商人胡雪岩；更多的人的商业感觉则依靠后天培养。如果有心做一个商人，就应该像训练猎犬一样训练自己的商业感觉。良好的商业感觉，是创业者成功的最好保障。

（6）关系网络。创业者需要良好的人际亲和力和关系网络，包括合作者、服务对象、新闻媒体甚至竞争对手。关系网络意味着其能调动的资源的深度和广度。良好的关系网络并不狭隘地等于搞关系、走后门。

（7）目标。创业者的个人目标与创业目标是分不开的，因为创业本身就具有极为强烈的个人色彩。创业者与专业经理人的目标基本上是不同的，后者凭借个人的专业素养为股东创造利润以换取回报，前者则为实现个人的理想，为个人的目标而奋斗。成功的创业者必须是目标感非常强的人。

创业目标既可以是现实的，也可以是理想的。但创业者必须对于创业目标深思熟虑，太含糊或太抽象地描述目标，只会造成事业策略规划和风险评估上的困难，导致创业行为失去焦点，无法诉诸具体行动。

创业者的创业目标常常受到个人目标的影响，比如创业者的个人目标将决定其开创企业的规模。通常，一位重视个人生活品质的创业者，常会将企业规模控制在不影响个人休闲生活的程度，要不然就必须建立充分授权的制度，以避免事必躬亲。

资料：刘强东在大学期间的创业实践

刘强东在大学期间自己拟定的一个计划：勤工俭学，自己挣钱养活自己。在学长的指点下，课余时间他开始关注校园中大大小小的广告栏，寻找适合自己的兼职工作。很快，他干起了"写信封"的体力活，写一个信封挣三分钱，一个月能挣2 000元。这意味着他一个月要写6万个信封，平均一天写2 000多个信封，这种超大劳动量的工作他居然坚持了将近一年，可见毅力之顽强。很多大学生在课余时间都会做兼职以增加社会实践外带挣点生活费，但像刘强东这样玩命似的做兼职的人就非常少了，而像他那样大学四年变着花样挣钱而且挣出名堂来的人更是凤毛麟角。

一年之后，刘强东已经不满足这种简单劳动了。暑假时，喜欢琢磨事儿的他盯上了书。他利用身在海淀区的优势，从临近的出版社或图书批发市场以二点几的低折扣批发一些精装书，然后去"扫楼"——抱着书到写字楼挨个上门推销，一个多月下来，竟然挣了两万多元，这在当时算是一笔不菲的收入了。"倒腾"图书虽然累些，但比起父母的跑船运煤来说可轻松多了，也让他体会到了"薄利多销"赚差价的快乐。无论是他日后在中关村代销光磁产品,还是做网上商城打破国内原有的商业零售格局,都没有脱离这种"低价拿货、低价销售"的商业模式,也正是这种简单的商业理念成就了刘强东网商大佬的江湖地位。

到了大三的时候,刘强东又看上了新的商业机会,体验了一次和比尔·盖茨读大学时类似的兼职经历。那时,编程还是一个很"潮"的工作,刘强东也挺喜欢,就自学起编程来了。为了学好编程技术,他还天天起早赶去计算所抢电脑用。后来,这个非科班出身的人成为中国最早一批的编程高手。他接了社会上不少的编程业务,价低质高仍是其一贯的作风,就这样,短短一年的时间他就赚了三十多万元,还买了"大哥大",那派头比校领导都拉风,自然成为校园中的名人。不但如此,有了钱后,刘强东去中关村转悠了许久,花了两万多元买了一个笔记本电脑,工作娱乐兼而有之,这在当时也是很值得夸耀的事情。但与比尔·盖茨不同的是,刘强东并没有一直醉心于软件领域,他的心"沉不下来",又开始琢磨其他的生意项目了。

这次,他看上的是餐饮业。如果说写信封、倒卖图书、编程还都是大学生常做的事情的话,而开饭店就显得步子迈的太大了。隔行如隔山,这还真不是一般大学生能玩得转的,但刘强东不信这个邪,手里有了几十万元的他非要正儿八经地创业一次不可。你说他傻大胆也好,说他天真加鲁莽也罢,反正他的饭店是开起来了,但没过多久他就尝到了人生中第一次的失败。

刘强东看中的是学校附近的一个饭店,当时老板因经营不善要转让,他就趁势以二十多万元的低价接下来。然后按照自己的"蓝图"做起来了。他保留了饭店的原班人马,各人的职责也没有调整,只是把饭店简单装饰下就重新开业。那时的他虽然工作经历很多,但毕竟是在校学生,和饭店里打工多年的"老油条"相比社会经验少,更重要的是,他不知道什么是"管理",只是"以己度人",对自己的第一批员工那是推心置腹地好,不但自己掏腰包大幅度改善了员工的生活条件,还翻倍涨工资,并把饭店的采买、财务等大权下放,自己做了个甩手掌柜,忙着学校里的事情。

理想很美好,现实却很骨感,这次创业的结果让刘强东十分难以接受:饭店继续亏损,员工们捞够后一哄而散,给他留下一个烂摊子以及二三十万的欠账。这里外一算,他共损失了五十多万元,几个月的时间内,他就成为人民大学乃至整个北京欠债最多的"负翁"大学生了。这次的失败对刘强东的打击可谓不小,以前自己"跑单帮"、靠知识赚钱是一回事,如今做实业当老板又是另一回事了,其中的差异可以用"天壤之别"来形容,也让他明白自己不是一拍脑袋什么事都能干成的天才,自己还有许许多多的不足之处。

现在看来,他难能可贵的地方不在于大学时能挣多少钱,而是他能直面人生的第一次大起大落,有一切从头再来继续拼搏的勇气。回首大学四年时光,他从近乎空手入校时三分钱一个的写信封做到几十万元的兼职编程入账,再到赔个精光还欠了一屁股债毕业,这种极大的落差是他大校创业收获的最宝贵财富。

资料来源:孙光雨.刘强东:互联网+风口上的京东传奇[M].北京:中国商业出版社,2015.

第三节 市场信息的搜集

【学习目标】

1. 对市场信息概念和特征的理解;

2．了解市场信息类型；

3．了解市场信息搜集的渠道；

4．掌握市场信息搜集的步骤和方法。

一、市场信息的概念

1．概念

市场信息是指在一定的时间和条件下，商品交换以及与之相联系的生产与服务有关的各种消息、情报、数据、资料的总称，是商品流通运行中物流、商流运动变化状态及其相互联系的表征。

狭义的市场信息，是指有关市场商品销售的信息，如商品销售情况、消费者情况、销售渠道与销售技术、产品的评价等。广义的市场信息包括多方面反映市场活动的相关信息，如社会环境情况、社会需求情况、流通渠道情况、产品情况、竞争者情况、原材料、能源供应情况、科技研究、应用情况及动向等。

总之，市场是市场信息的发源地，而市场信息是反映市场活动的消息、数据，是对市场上各种经济关系和经营活动的客观描述和真实反映。市场信息是企业生产经营的先导，可以反映企业竞争的参与状况、市场的变化及其发展趋势；反映产品供应状况、销售渠道，对广告和推销方式的适应情况。企业通过这些信息的搜集、整理、传递、储存、运用来制定本企业的产品销售渠道、促销活动与价格战略和策略，使企业在激烈的市场竞争中求得生存和发展。新创企业能否在瞬息万变的市场竞争中求得生存和发展，在很大程度上取决于掌握市场信息的变化情况。

2．特征

(1)时效性。时效性是创业信息最重要的特征，搜集和利用必须要讲究时间效应，谁能最早掌握某种信息，谁就最有可能取得经营上的成功。

(2)竞争性。竞争性是市场信息的又一个重要特征。既然谁占有了信息并使之转化成市场优势谁就可能拥有巨大的经济效益，那么，在市场竞争激烈的条件下，信息的增值功能对其他竞争者而言必然产生一定的排他性。

(3)保密性。所谓保密性的市场信息是指一经公开或传播就会损害信息拥有者利益的信息，如行动方案、生产计划、经营诀窍、客户名单、库存情况、购销渠道、财务报表等。市场信息可以为不同的利益者带来不同程度的效益，所以收集市场信息只靠媒体传播是不切实际的，创业者要学会千方百计地"搜"信息。

二、常见的市场信息类型

(1)宏观环境信息：国家制度与政策、国家或地区间的关系、经济法规、税收制度、贸易政策、生产与消费、社会文化、科技、地理、气候等。

(2)行业信息：本行业态势、现状、前景、行业规定。

(3)竞争信息：竞争对手的数量及经营规模、资金状况、技术水平等。

(4)产品信息：行业产品、竞争对手产品、替代产品、本企业产品等相关信息，如包装、款式、产品性能、生命周期等。

(5)消费者信息：包括消费者的需求、消费心理、消费动机、消费水平、消费习惯等相关信息。

(6)渠道信息：指渠道的分布、渠道网络、渠道成员、渠道长宽度、渠道意见、渠道成员个人情况。

(7)价格信息：本企业产品的价格，竞争对手价格体系，渠道价格、零售价、新产品价格以及对这些价格的反馈信息。

(8)广告信息：行业广告、竞争对手广告、广告表现手法、广告内容、广告目的。

(9)促销信息：促销内容、促销形式、促销地点、促销时间、促销效果。

三、市场信息的搜集

1. 市场信息搜集的步骤

信息搜集整理是贯穿创业活动始终的，要明确目标，有的放矢。一般说来有如下步骤：

(1)对准备进入的行业概况进行信息搜集，记录关键词；

(2)对搜集的信息进行归类；

(3)对已搜集的信息加以分析，按照重要性或相关性划分等级，并加以标记；

(4)根据指标的要求以及现已搜集到的信息确定进一步的信息搜集工作；

(5)有针对性地进行数据挖掘，并对原始数据进行加工和整理；

(6)将已有的数据按提示制作成图表；

(7)编写行业市场分析报告。

2. 信息搜集具体方法

(1)查找相关行业协会网站或权威专业网站，可以获得对行业比较全面的初步了解。要特别关注权威部门的信息披露，国家主管部门及行业组织披露的信息主要是行业规划、政策约束及相关发展前景展望和数据公布。

(2)通过网络查找信息时，变换关键词对同一问题进行多角度信息搜集，力求信息全面。同时要注意互联网信息泛滥，要对信息的真实性进行甄别。

(3)部分数据如果比较难获得，则可以考虑通过电话咨询或上门走访。

3. 信息搜集常用渠道

政府相关部门（主要包括各级统计局）、国际机构（如世界银行、联合国教科文组织等）；行业协会、企业内部资料；专业人士调研；各种媒体（报纸、期刊、图书馆数据库、互联网）。

第四节　创业机会的识别

【学习目标】

1. 对创业机会概念的理解；

2. 了解机会与创意的区别与联系；

3. 对创业机会来源的理解；

4. 对创业机会评价的理解；

5. 掌握机会识别的方法。

一、创业机会的概念

创业机会将资源创造性地结合起来,迎合市场需求并传递价值的可能性,是一种新的"目的-手段(Means - End)"关系,它能为经济活动引入新产品、新服务、新原材料、新市场或新组织方式。创业机会是未明确市场需求或未充分使用的资源或能力,它不同于有利可图的商业机会,其特点是发现甚至创造新的目的-手段关系来实现创业租金,对于产品、服务、原材料或组织方式有极大的革新和效率的提高(伊斯雷尔·柯兹纳,1997)。创业机会与商业机会在概念上有区别,商业机会是指实现某种商业盈利为目的的突破口、切入点、环境、条件等;创业机会是指能够成功创办成具备法律形态企业的商业机会。

创业活动包含了机会识别和机会开发两大部分。机会是创业的核心要素,创业离不开机会。机会是一种隐性的状态或情形,感知到机会产生创意,但并不是所有的创意都能适合创业而成为创业机会,不同的创业机会其价值也不同。还有,同样的机会,不同的人看到的会不同,让不同的创业者来开发,效果也会不一样。创业的实质是具有创业精神的个体对具有价值的机会进行挖掘、开发、利用的过程。

二、机会与创意

机会识别首先需要从识别甚至创造需求开始,但许多创业者并不这样做。多数创业者习惯于先研发产品,然后再验看顾客对产品的反应。在多数情况下市场需求不明确,也很抽象,需要创业者敏锐地辨识,甚至创造。识别创业机会,不仅要关注人们对物质与精神产品的需求,还要特别关注物质产品的非物质因素。苹果公司的飞速发展引发了人们对摩托罗拉、诺基亚和苹果等手机产业巨头起伏原因的争论,其中一种观点是:摩托罗拉公司只注重手机通信功能,诺基亚公司把手机的通信功能做到非常好,苹果公司则在满足通信功能的基础上强化手机的上网、游戏和娱乐功能。玩是人的天性,苹果产品在满足人的快乐需求。不管这种观点是否正确,它至少说明物质产品的非物质因素的重要性。

为了解顾客需求,直接向顾客询问很少能得到清晰准确的答案,他们只是希望更美好、更便宜、更便捷、更适用,这也是创业者努力的方向。在这样的方向指引下,创业者要努力创新甚至创造新的业务,进而创造价值。创业者经常会给消费者带来惊喜,带来消费者没有想到的产品和服务。

三、机会的来源

机会从何而来,重要但难以清晰阐述。在比较了众多学术观点的基础上,美国凯斯西储大学谢恩教授的观点比较有代表性。谢恩教授提出了产生创业机会的四种变革,分别是技术变革、政治和制度变革、社会和人口结构变革以及产业结构变革。

1. 技术变革

新技术可以使人们去做以前不可能做到的事情,或者更有效地去做以前只能用不太有效的方法去做的事情。新技术的出现并未改变企业之间竞争的模式,使得创办新企业的机会大大提高。例如,网络电话协议技术使得传统的资本密集型的电话业务,转化为一种只需要少量资金就可行的业务,为那些资本匮乏的新企业提供了新的机会。

2.政治和制度的变革

它意味着革除过去的禁区和障碍,或者将价值从经济因素的一部分转移到另一部分,或者创造了更大的新价值。比如环境保护和治理政策出台,会将那些污染严重、对环境破坏厉害的企业的资源,转移到保护人类环境的创业机会上来。专利技术的严格执行,通过专利费用的形式将价值转移到拥有专利的大公司,使得那些缺乏核心技术的企业,从品牌企业沦为加工厂,或破产倒闭。

3.社会和人口结构变革

就是通过改变人们的偏好和创造以前并不存在的需求来创造机会。比如,西方国家的情人节、母亲节、圣诞节等诸多节日,越来越渗透到中国人的生活中,并逐步成为年轻一代追求的时尚,因而创造和将要创造许多新的创业机会。社会与人口结构变化也经常表现为市场需求的变化,新兴国家的兴起、消费结构和消费者结构的变化、对物质产品的非物质需求的关注等,都值得关注。

4.产业结构变革

它指因其他企业或者为顾客提供产品或服务的关键企业的消亡,或者企业吞并或互相合并,行业结构发生变化,从而改变了行业中的竞争状态,形成或终止了创业机会。

不难看出,变化是创业机会的重要来源,没有变化,就没有创业机会,而创业者更善于创造性地利用变化。变化可以是文化方面的,也可以是技术方面的,在所有变化中技术变化速度最快。在现实中,许多人都充满了创业主意、富有创业幻想,但能否在众多的创业想法中发现真正的创业机会,并有能力抓住它,最终成为一个成功的创业者,是要受到许多因素的影响。

四、识别机会的方法

1.新眼光调查

新眼光调查是识别创业机会常见方法之一,当阅读某人的作品时,实际上就是在进行调查。利用互联网搜索数据,寻找所需要信息的报纸文章等都是调查的形式。大量获取信息对发现问题以及更加快速地切入问题更有帮助。

2.通过系统分析发现机会

实际上,多数的机会都可以通过系统分析得到发现。人们可以从企业的宏观环境(政治、法律、技术、人口等)和微观环境(顾客、竞争对手、供应商等)的变化中发现机会。借助市场调研,从环境变化中发现机会,是机会发现的一般规律。

3.通过问题分析和顾客建议发现机会

问题分析从一开始就要找出个人或组织的需求和他们面临的问题,这些需求和问题可能很明确,也可能很含蓄。创业者可能识别它们,也可能忽略它们。问题分析可以首先问"什么才是最好的?"一个有效并有回报的解决方法对创业者来说是识别机会的基础。这个分析需要全面了解顾客的需求,以及可能用来满足这些需求的手段。

一个新的机会可能会由顾客识别出来。

4. 通过创造获得机会

这种方法在新技术行业中最为常见,它可能始于明确想满足的市场需求,从而积极探索相应的新技术和新知识,也可能始于一项新发明,进而积极探索新技术的商业价值。通过创造获得机会比其他任何方式难度都大,风险也更高。

五、评价创业机会

不管是识别到什么样的创业机会,都要认真评价。蒂蒙斯教授认为机会应该具有吸引力、持久性和及时性,是具有如下四项特征的构想:对消费者具有吸引力;能够在创业者的商业环境中实施;能够在现存的机会窗口中执行;创业者拥有创立企业的资源和技能,或者知道谁拥有这些资源与技能并且愿意共同创业。

1. 机会窗口

机会窗口指将创意市场化的时间。你可能有许多创意,但是如果其他的竞争者也存在类似的创意并且已经将其市场化了,机会窗口就关闭了。

创业者在机会窗口的哪个阶段进入市场,很大程度上决定了创业的成败:进入市场太早不好,也不能太晚。成功的创业者往往能在机会窗口尚未开启的第一阶段就先人一步地抓住它,并毫不动摇地坚持发展,不能急功近利,追求短期效益。市场规模和机会窗口的长度构成了风险和回报的基础。机会窗口敞开时间的长短对于创业成功十分关键。不同产业存在不同的机会窗口。很多时候也需要判断一个机会窗口是否有足够的获利回收的时间长度。美国风险投资业内的一项研究调查发现,当机会窗口的时间短于 3 年,新创企业的失败率高达 80% 以上,而如果机会窗口的时间超过 7 年,则几乎所有投资的新企业都能获得丰厚的回报。

2. 创业者与机会匹配

不管创业机会是创业者自己识别到的还是别人建议的,也不管创业机会是偶然发现还是系统调查发现,兴奋之余,首先应该问自己的问题是:这个机会适合我吗? 为什么应该是我而不是别人去开发这个机会?

学者们逐渐认同创业活动是创业者与创业机会的结合,其核心价值观点是,一方面创业者识别并开发创业机会,另一方面创业机会也在选择创业者,只有创业者和创业机会之间存在着恰当的匹配关系时,创业活动才最有可能发生,也更可能取得成功。

专栏:李维斯的创造性思维

李维斯当初跟着一大批人去西部淘金,途中一条大河挡住了去路,很多人感到愤怒,李维斯却说"棒极了!"他设法租了一条船给想过河的人摆渡,结果赚了不少钱。之后摆渡的生意冷清了,李维斯又说"棒极了!"因为采矿出汗饮用水紧张,于是别人采矿他卖水,又赚了不少钱。后来卖水的生意被抢走了,李维斯又说"棒极了!"因为采矿工人跪在地上,裤子的膝盖部分特别容易磨破,而矿区却有许多被人丢弃的帆布帐篷,李维斯就把这些旧帐篷收集起来洗干净,做成裤子,销量很好。"牛仔裤"就这样诞生了。李维斯将问题当成机会,最终实现了致富梦想,得益于他有一个乐观、开朗的积极心态。

第五节　创业风险的防范

【学习目标】
1. 对创业风险概念的理解；
2. 了解创业风险分类；
3. 了解风险防范的过程；
4. 对创业风险来源的理解；
5. 掌握创业风险防范措施。

一、创业风险

1. 创业风险概念

企业在实现其目标的经营活动中，会遇到各种不确定性事件，这些事件发生的概率及其影响程度是无法事先预知的，这些事件将对经营活动产生影响，从而影响企业目标实现的程度。这种在一定环境下，一定限期内客观存在的、影响企业目标实现的各种不确定性事件或发生损失的可能性就是风险。风险的核心含义是"未来结果的不确定性或损失"。

创业风险是指在企业创业过程中存在的风险，是指由于创业环境的不确定性、创业机会与创业企业的复杂性，创业者、创业团队与创业投资者的能力与实力的有限性而导致创业活动偏离预期目标的可能性。具体而言，市场的不确定性、资金的不确定性、竞争对手的不确定性、团队的不确定性、业务骨干的流失、资源的不确定性、信息的不确定性、技术的不确定性都可能引发创业风险。

2. 创业风险来源

由于创业的过程往往是将某一构想或技术转化为具体的产品或服务的过程，在这一过程中，存在着几个基本的、相互联系的缺口，它们是上述不确定性、复杂性和有限性的主要来源，也就是说，创业风险在给定的宏观条件下，往往就直接来源于这些缺口。

（1）融资缺口。融资缺口存在于学术支持和商业支持之间，是研究基金和投资基金之间存在的断层。其中，研究基金通常来自个人、政府机构或公司研究机构，它既支持概念的创建，还支持概念可行性的最初证实；投资基金则将概念转化为有市场的产品原型（这种产品原型有令人满意的性能，对其生产成本有足够的了解并且能够识别其是否有足够的市场）。创业者可以证明其构想的可行性，但往往没有足够的资金将其实现商品化，从而给创业带来一定的风险。通常，只有极少数基金愿意鼓励创业者跨越这个缺口，如富有的个人专门进行早期项目的风险投资、政府资助计划等。

（2）研究缺口。研究缺口主要存在于仅凭个人兴趣所做的研究判断和基于市场潜力的商业判断之间。当一个创业者最初证明一个特定的科学突破或技术突破可能成为商业产品基础时，他仅仅停留在自己满意的论证程度上。然而，这种程度的论证后来不可行了，在将预想的产品真正转化为商业化产品（大量生产的产品）的过程中，即具备有效的性能、低廉的成本和高质量的产品，在能从市场竞争中生存下来的过程中，需要大量复杂而且可能耗资巨大的研究工作(有时需要几年时间),从而形成创业风险。

(3)信息和信任缺口。信息和信任缺口存在于技术专家和管理者(投资者)之间。也就是说,在创业中,存在两种不同类型的人:一是技术专家;二是管理者(投资者)。这两种人接受不同的教育,对创业有不同的预期、信息来源和表达方式。技术专家知道哪些内容在科学上是有趣的,哪些内容在技术层上是可行的,哪些内容根本就是无法实现的。在失败类案例中,技术专家要承担的风险一般表现在学术上、声誉上受到影响,以及没有金钱上的回报。管理者(投资者)通常比较了解将新产品引进市场的程序,但当涉及具体项目的技术部分时,他们不得不相信技术专家,可以说管理者(投资者)是在拿别人的钱冒险。如果技术专家和管理者(投资者)不能充分信任对方,或者不能够进行有效的交流,那么这一缺口将会变得更深,带来更大的风险。

(4)资源缺口。资源与创业者之间的关系就如颜料和画笔与艺术家之间的关系。没有了颜料和画笔,艺术家即使有了构思也无从实现。创业也是如此。没有所需的资源,创业者将一筹莫展,创业也就无从谈起。在大多数情况下,创业者不一定也不可能拥有所需的全部资源,这就形成了资源缺口。如果创业者没有能力弥补相应的资源缺口,要么创业无法起步,要么在创业中受制于人。

(5)管理缺口。管理缺口是指创业者并不一定是出色的企业家,不一定具备出色的管理才能。进行创业活动主要有两种:一是创业者利用某一新技术进行创业,他可能是技术方面的专业人才,但却不一定具备专业的管理才能,从而形成管理缺口;二是创业者往往有某种"奇思妙想",可能是新的商业点子,但在战略规划上不具备出色的才能,或不擅长管理具体的事务,从而形成管理缺口。

二、风险分类

1. 按创业风险的内容划分

按创业风险的内容划分,风险可分为技术风险、市场风险、政治风险、管理风险、生产风险和经济风险。技术风险,是指由于技术方面的因素及其变化的不确定性而导致创业失败的可能性。市场风险,是指由于市场情况的不确定性导致创业者或创业企业损失的可能性。政治风险,是指由于战争、国际关系变化或有关国家政权更迭、政策改变而导致创业者或企业蒙受损失的可能性。管理风险,是指因创业企业管理不善产生的风险。生产风险,是指创业企业提供的产品或服务从小批试制到大批生产的风险。经济风险,是指由于宏观经济环境发生大幅度波动或调整而使创业者或创业投资者蒙受损失的风险。

2. 按风险来源的主客观性划分

按风险来源的主客观性划分,风险可分为主观创业风险和客观创业风险。主观创业风险,是指在创业阶段,由于创业者的身体与心理素质等主观方面的因素导致创业失败的可能性。客观创业风险,是指在创业阶段,由于客观因素导致创业失败的可能性,如市场的变动、政策的变化、竞争对手的出现、创业资金缺乏等。

3. 按风险对所投入资金即创业投资的影响程度划分

按风险对所投入资金即创业投资的影响程度划分,风险可分为安全性风险、收益性风险和流动性风险。创业投资的投资方包括专业投资者与投入自身财产的创业者。安全性风险,是指从创业投资的安全性角度来看,不仅预期实际收益有损失的可能,而且专业投资者与创业者自身投入的其他财产也可能蒙受损失,即投资方财产的安全存在危险。收益性风险,是指创业投资的投资方的资本和其他财产不会蒙受损失,但预期实际收益有损失的可能性。流动性风险,是指投资方的资本、其他财产以及预期实际收益不会蒙受损失,但资金有可能不能按期转移或支付,造成资金运营的停滞,使投资方蒙受损失的可能性。

4. 按创业与市场和技术的关系划分

按创业与市场和技术的关系划分,风险可分为改良型风险、杠杆型风险、跨越型风险和激进型风险。改良型风险,是指利用现有的市场、现有的技术进行创业所存在的风险。这种创业风险最低,经济回报有限,即风险虽低,但要想生存和发展,获取较高的经济回报也比较困难,一方面会遭遇已有市场竞争者的排斥或进入壁垒的限制,另一方面即便进入,想要占有一定的市场份额非常困难。杠杆型风险,是指利用新的市场、现有的技术进行创业存在的风险。该风险稍高,对一个全球性公司来说,这种风险往往是地理上的,常见于挖掘未开辟的市场,如彩电行业,利用原有技术进入农村市场。跨越型风险,是指利用现有市场、新的技术进行创业存在的风险。该风险稍高,主要体现在创新技术的应用方面,往往反映了技术的替代,是一种较常见的情况,常见于企业的二次创业,领先者可获得一定的竞争优势,但模仿者很快就会跟上。激进型风险,是指利用新的市场、新的技术进行创业存在的风险。该风险最大,如果市场很大,可能会带来巨大的机会,对于第一个行动者而言,其优势在于竞争风险较低,但是知识产权保护力度很弱,市场需求不确定,确定产品性能有很大的风险。

三、创业风险的防范

要创业就一定要在风险和收益之间进行抉择和权衡,既不能为了收益而不顾风险的大小,也不能因害怕风险而错失良机。创业者要在争取实现目标的前提下,管理风险,控制风险,规避风险。

1. 创业风险的防范过程

(1)风险的识别。在风险尚未发生之前,在收集资料和调查研究之后,分析潜在风险并进行系统分类和全面的识别。

(2)对风险进行评估。根据掌握的历史资料估算风险发生的概率。

(3)风险的处理。根据不同的风险用不同的方法加以解决。

(4)风险监控。跟踪已识别的风险,监视残余风险和识别新的风险,保障项目计划的执行,并评估这些项目计划对降低风险的有效性。

2. 以预先控制为主的防范措施

由于创业活动的不确定性,新建企业在对于已经发生的风险的承受能力要低于成熟期企业,所以做好预先控制对创业风险防范具有极高价值。预先控制是为增加将来实际结果达到计划预期结果的可能性,而事先进行的管理活动。创业者必须事先进行创业风险的评估,将特定的创业机会和创业活动结合,分析和判断创业风险的具体来源、发生概率,测算风险损失、预期主要风险因素,测算冒险创业的"风险收益",估计自己的风险承受能力,进而进行风险决策,提前准备相应的风险管理预案。

（1）技术风险的防范。首先是重视技术方案的咨询论证，就技术方案的可行性进行研究，对项目方案的风险水平与收益水平进行比较，对方案实施后的可能结果进行猜测。其次，建立健全技术开发的风险预警系统，及时发现技术开发和生产过程中的风险隐患。

（2）市场风险的防范。坚持以市场为导向的经营理念。创业企业不一定拥有最好的产品和最好的技术，但一定要有正确的营销理念，这建立在准确的市场信息搜集与分析基础上。要选择熟悉的行业办企业，制定符合实际的，而不是过分乐观的市场拓展计划。

（3）财务风险的防范。要择优投放项目。根据生产经营情况合理预测资金需求量，通过对资金成本的计算分析和各种筹资方式的风险分析，选用正确的筹资方式，确定合理的资金结构。在预测资金流动时，对收入要谨慎一点，对支出要留有余地；一般要留出所需资金10％的准备金，以应付意外；没有足够资金不要勉强上项目，发现问题时要立即调整。

（4）合同风险的防范。要严格审查业务往来对象，调查对方的清偿能力和信用情况，精心制定合同条款。在签订合同时，要慎之又慎，防止含糊不清的条款和暗藏风险的条款。由于创业企业资金实力有限，在签订合同时一般不接受对方产品赊销条款，因为这容易引发企业的现金流危机。

（5）管理风险的防范。在公司成立初期，就明确利益关系以防止不必要的纷争，制定相应的管理制度及守则以约束成员的行为。创业成员要首先明确公司产权关系，分配好股份，确定好分红规则，对损害公司利益的行为及时纠正。

实　训

【实训指导】

训练项目2.1：收集当代知名互联网企业创业成长案例。写一篇文章，分析创业者素质对创业成功的影响。

训练项目2.2：自己虚拟一家新成立的快速消费品企业，针对该企业某个产品写一份市场信息搜集方案。

训练项目2.3：根据我国当前社会人口结构变化，分析其中的市场机会，写一篇分析报告。

【实训目标】

1. 使学生理解创业者素质对创业的影响。
2. 掌握市场信息搜集的方法。
3. 掌握市场机会识别的方法。

【实训内容与组织】

1. 训练项目2.1和2.3学生自愿组成小组，每组3～5人（训练项目2.2学生独立完成）。
2. 组长负责成员的分工与任务的具体安排。

【成果与检测】

1. 书面报告或发言稿；
2. 在班级进行交流,每个小组推荐 1 个人进行介绍；
3. 由教师对学生评估打分。

习　　题

一、简答题

1. 市场信息搜集的渠道有哪些？
2. 良好的创业组织氛围的特征有哪些？
3. 创业机会来源有哪些？
4. 创业的关键要素有哪些？
5. 创业管理的特点有哪些？
6. 风险防范的过程有哪些？

二、论述题

1. 论述创业团队素质。
2. 论述创业宏观环境分析模型(PEST 模型)。
3. 论述创业环境分析中五力分析模型。
4. 论述机会识别的方法。
5. 论述创业风险防范措施。
6. 论述创业者、创新者、管理者的区别与联系。

第三章　创业团队构建

【案例导入】

雷军组建小米团队

　　创业很多时候就像混江湖，一个有创业意愿的"带头大哥"，千方百计聚集一群志同道合的兄弟，攻城略地，比如小米。刘德（小米联合创始人之一）曾对创业做了一个很生动的比喻，他说："创业非常像在大学里面的谈恋爱，短期的记忆是痛苦的，长期的回忆是美好的。"

　　小米赴港敲钟当天，雷军在演讲中提及，"谢天谢地，公司第一天开张，有13人一起过来一起喝小米粥。至今我都不知道，他们当时是否真的信了。"陪着雷军一起喝小米粥的，除了孙鹏与刘新宇、李伟星等几名早期员工，还有林斌、黎万强和黄江吉等几位联合创始人。这个答案，至今没有得到正面回应。但这不重要，重要的是雷军这个带头大哥足够称职，他当年用一句"能不能用四年时间做成一家100亿美金市值的公司"，动员了一群优秀的工程师。2010年，从金山出来休息了几年的雷军，准备"出山"干票大的——用互联网电商模式卖手机。

　　脚踏实地做过金山这样一家上市公司的雷军很清楚，创业无非三要素，人、事、钱，而人是最关键的。于是，他拿着小本本去搭班子，第一个找的是林斌。作为李开复的左臂右膀，林斌那时候在谷歌中国负责安卓系统的研发，因为谷歌与UC的业务来往从而认识了在UC担任董事长的雷军。有一天，两人如常约在咖啡馆里见面，雷军还没开口，林斌已告诉他正准备出来创业，方向是互联网音乐。雷军听完大喜，赶紧搭话："不如跟我一起做一个安卓手机吧！"俗话说，打铁要趁热，雷军随即摊开一张餐巾纸，在上面画小米的商业模式：先从开源的安卓操作系统切入，做好用户体验，等操作系统被用户接受了，再做手机，然后通过电商模式卖产品，最终靠软件和互联网服务来赚钱。最后还把小本本掏出给林斌看，那都是潜在的合伙人名单。亲眼看见过谷歌电商失败的林斌，没有急于表态，电商模式能否做成、创业资金从哪里来这些都是他所担忧的。显然，雷军是有备而来的，他以做过卓越的过来人身份力证电商能成，"斌，你就相信我吧，我一定能把电商做起来。"随后，他搬出自己在金山的股票并抛出一句热血的话，"你拿着谷歌和微软的股票无非是为了投资，但最好的投资是投资自己。"如此诚意十足，林斌自然敢all in，于是他卖掉大部分谷歌和微软的股票，全部投入到小米。当时两人还商定，把融资的钱花完，如果不成功再融一笔，给自己两次机会，如果连续三次还不行，就认了。当然了，后面的故事我们都知道，2018年7月小米以市值超4千亿登陆港交所，一时风光无限，手执小米13.33％股份的林斌，成为小米IPO最大的受益人之一。

　　合伙计划一敲定，两人分头挖人，雷军找来在金山的老下属黎万强。黎万强毕业于西安工程大学设计专业，从2000年开始加入金山，十年间，从底层员工做到金山软件设计中心设计总监,再到金山词霸总经理,长于用户界面和人机交互,私底下与雷军十分要好。有一天,黎万强找雷军聊辞职的事,雷军问他辞职后有什么打算,他扬言要开个摄影棚。雷军一听就笑了,说:"别扯淡了,跟我干吧。"就这样,黎万强成为小米第三位联合创始人。特别有意思的是,林斌以同样的方式"俘获"了微软旧同事黄江吉。那时候,黄江吉在微软带领的研发团队重组,苦闷的黄江吉去找林斌诉苦。原本黄江吉只是打算跟老友吐槽一下目前的苦恼而已,谁知道林斌突然来了一句:"别在微软干了,出来跟我们一起创业吧!"林斌单刀直入,力劝黄江吉出来和他以及雷军一起创办一家中国人自己的公司。这让本来在微软碰壁又有了改换门庭心思的黄江吉异常动心。看到黄江吉的反应,林斌趁热打铁,随即把他介绍给了雷军,双方很快约好了面谈。在北京知春路上的一间咖啡馆里,雷军、林斌和黄江吉三人坐在一起聊天。初次见面,雷军很识趣,对于创业的事儿只字不提,只是和他一起聊各种电子产品,从手机到电脑,从 iPod 到电子书。就这样,三个人一聊就是几个小时,雷军毫无保留地展示了自己作为一个超级产品发烧友的素质。关于这次见面,后来黄江吉回忆说:"当时我以为我是 Kindle 的粉丝,但是没想到雷军比我更了解 Kindle。当时为了用 Kindle,我还自己写一些小工具去改进他,结果没想到雷军也是这样的疯狂,他甚至把一个 Kindle 拆开,看里面的构造怎么样。"可以说,两人一见如故。在那场长达几个小时的面谈中,黄江吉当场判断定,对面坐的两个人是要做点什么事情的,虽然他彼时还不知道他们具体要做什么,但是在临走之时,他放下了一句话:"我先走了,反正你们要做的事情,算上我一份!"

除了黄江吉,林斌还挖来了自己在谷歌的下属洪锋。曾经有人这样评价洪锋,"一看他的样子就知道跟雷军是同类人,满脸写着一个痴字"。跟雷军一样,洪锋是一个不折不扣的宅男极客,只要能用手解决的,绝不动口,但一出口言语必精炼,常常一击即中,全在点上。

2010 年 2 月,雷军与洪峰见面,一番寒暄过后,踌躇满志的雷军开始唾沫横飞告诉洪锋:他是谁,打算怎么做手机,还有小米能给洪锋什么。言下之意,不外乎就是我们很牛,你来加入吧!然而意想不到的是,一旁的洪锋始终面带微笑,但一言不发。见此状,雷军和林斌一头雾水。过了很久,洪锋才终于发话,用很冷静的口吻,一连问了好几个一针见血的问题,比如有硬件团队吗?认识运营商吗?能搞到屏吗?如此咄咄逼人的追问下,雷军才恍然大悟,洪锋是有备而来的。"你接触他会压力很大,他没有表情,他随便你说,你不知道他怎么想的,但他是一个绝顶聪明的人。"后来回忆起这次见面,雷军说。洪锋的问题一条比一条深入,很多是雷军他们自己没有想到的。与其说是雷军在面试洪锋,还不如说是洪锋在考验雷军这个老板靠不靠谱。这样的场面,显然跟雷军预设的完全不一样。见过大风大浪的雷军,很快调整好状态,心里暗喜着势要拉这个人入伙。"洪锋等于帮助我们把思路重新理了一遍,不再是头脑一热的状态。"林斌说。虽然当时洪锋表现得很冷静,但其实双方是有产生"共振的"。在洪锋看来,创业团队的价值观必须一致,"大家觉得什么重要、什么不重要,是一致的,我觉得这点非常非常重要"。雷军的为人处事,恰好是他认同的。"这件事情够好玩,梦想足够大。或者说你可以说这件事情足够的不靠谱,因为它太疯狂了,你觉得这个事情从逻辑上是靠谱的,但是从规模上和疯狂程度上来说,是绝对的不靠谱。这很有挑战性,我决定来挑战一下。"洪锋说。更重要的是,此前两次因融资失败而半路夭折的创业经历始终让他耿耿于怀,如今一个大好的机会摆在眼前,人靠谱,事靠谱,钱靠谱,那就没什么好犹豫的了。洪锋随即答应加入小米创业团队,负责移动互联网产品开发。这下雷军松了一口气。

　　2010年,春寒料峭的四月,十三个人、一锅小米粥、一场携风裹雨的创业在中关村的银谷大厦里就此开始,启动的第一个项目是小米司机。小米打从谋划创业开始,雷军就设定每一个创始人都是某一方面的专才,且独立运作,互不干涉。创业的蓝图已经摊开,但人才还是迟迟未能集齐,向来沉稳的雷军这时也不免有点着急。好在只是好事多磨。在洪峰的推荐下,长于工业设计的刘德加入。刘德在工业设计界赫赫有名,曾创办了北京科技大学工业设计系,是美国艺术中心设计学院建校80多年来招收的20多位中国毕业生之一。同年5月,刘德在北京出差,洪锋邀请他过去小米跟雷军等人见一下,在那场长达6小时的见面会上,雷军告诉他要做手机,"这是个巨大的机会",并邀请刘德加入。一个从未在主场打过仗的人,突然被自家兄弟喊上场干一仗,刘德的热血一下子澎湃起来。一个月后,刘德all in,"雷总给大家'忽悠'的这个愿景也是足够好,那就干呗。"雷军盘算着,工业设计、用户界面和人机交互、软件工程、移动互联网应用研发和产品设计等人才已经聚齐,但唯独差了做硬件的,这可万万不行啊。随后三个月时间里,足足面试了上百人,还是没有找到合心意的。直到周光平的出现,才打破了这个局面。周光平从1995年开始就在摩托罗拉工作,是做手机方面的专家,但已经55岁高龄。刚开始有人推荐他的时候,雷军觉得应该没戏。但事已至此,也只好死马当活马医。双方接连见面约谈好几次,有一天,正在出差的雷军突然接到林斌电话,林斌说:"周博士同意了!"至此,六位联合创始人全部到位。至于王川的加入,那是两年后的事。王川是雷军多年的好友,节假日时间两家人经常一起结伴出游,关系甚好。据说,雷军二度出山重回金山收拾"残局"时,曾邀请王川担任金山CEO打理公司,但王川坚决不干,后来出于朋友间的义气,采取了折中的方法,挂着执行董事的虚职打算每周跑去金山帮忙一天,结果,每周去了五天,还坚持了很久。所以2012年,雷军把王川创办的多看科技买下,就是为了王川这个人,"成立小米之初就想一起做,但一直犹豫没有下定决心,王川就先做了多看。"雷军说。

　　资料来源:李迎.雷军组建小米团队的那些事[DB/OL].(2018-10-23)[2020-03-02].https://baijiahao.baidu.com/s? id=1615019787448129445&wfr=spider&for=pc

第一节　创业团队的概念及构建原则

【学习目标】

1. 对团队和创业团队概念的理解;
2. 对团队和创业团队区别的理解;
3. 掌握创业团队构建方式。

一、什么是创业团队

1. 团队

　　一般而言,团队由一些因任务而相互依存、相互作用的个体组成,团队总是置身于一个更大的社会组织系统中,每个团队成员认可自己归属于该团队,外部人员也视这些个体为该团队的一员。按照卡岑巴赫和史密斯的定义,"团队由少数人员组成,这些人具有相互补充的技能,为达到共同的目的和组织绩效目标,他们使用相同的方法并且相互承担责任"。"相互补充的技能"是指三方面的技能:技术或职能的专长、解决问题和制定决策的技能,以及处理人际关系的技能。所谓"共同的目的和组织绩效目标"是指共同的目的可以使团队具有较好的状态和动力机制,而特定的绩效目标则是共同目的的重要组成部分。"相同的方法"是指团队需要发展出一个共同的实现其目的的手段。"相互承担责任"的核心是"对构成团队成员基础的两个关键方面,我们对自己和其他人做出承诺:承担义务并相互信任"。应注重团队基本结构的构造,一个有效运作的团队及一个成熟的团队必须具有良好的构造,这种构造主要体现在技能、使命和承担责任方面。

团队有几个重要的构成要素,总结为5P。

(1)目标(Purpose)。团队应该有一个既定的目标,为团队成员导航,知道要向何处去,没有目标,这个团队就没有存在的价值。自然界中有一种昆虫很喜欢吃三叶草(也叫鸡公叶),这种昆虫在吃食物的时候都是成群结队的,第一个趴在第二个的身上,第二个趴在第三个的身上,由一只昆虫带队去寻找食物,这些昆虫连接起来就像一节一节的火车车厢。管理学家做了一个实验,把这些像火车车厢一样的昆虫连在一起,组成一个圆圈,然后在圆圈中放了它们喜欢吃的三叶草。结果它们爬得精疲力竭也吃不到这些草。这个例子说明在团队中失去目标后,团队成员就不知道上何处去,最后的结果可能是饿死,这个团队存在的价值可能就要打折扣。团队的目标必须跟组织的目标一致,此外还可以把大目标分成小目标,具体分到各个团队成员身上,大家合力实现这个共同的目标。同时,目标还应该有效地向大众传播,让团队内外的成员都知道这些目标,有时甚至可以把目标贴在团队成员的办公桌上、会议室里,以此激励所有的人为这个目标去工作。

(2)人(People)。人是构成团队最核心的力量,2个(包含2个)以上的人就可以构成团队。目标是通过人员具体实现的,所以人员的选择是团队中非常重要的一个部分。在一个团队中可能需要有人出主意,有人定计划,有人实施,有人协调不同的人一起去工作,还有人去监督团队工作的进展,评价团队最终的贡献。不同的人通过分工来共同完成团队的目标,在人员选择方面要考虑人员的能力如何,技能是否互补,人员的经验如何。

(3)定位(Place)。团队的定位包含两层意思:①团队的定位,团队在企业中处于什么位置,由谁选择和决定团队的成员,团队最终应对谁负责,团队采取什么方式激励下属;②个体的定位,作为成员在团队中扮演什么角色,是制订计划还是具体实施或评估。

(4)权限(Power)。团队当中领导人的权力大小跟团队的发展阶段相关。一般来说,团队越成熟,领导者所拥有的权力相应越小,在团队发展的初期阶段领导权是相对比较集中的。团队权限关系的两个方面:第一是整个团队在组织中拥有什么样的决定权。比方说财务决定权、人事决定权、信息决定权。第二是组织的基本特征。比方说组织的规模多大,团队的数量是否足够多,组织对于团队的授权有多大,它的业务是什么类型。

(5)计划(Plan)。计划的两层面含义:第一,目标最终的实现。需要一系列具体的行动方案,可以把计划理解成目标的具体工作的程序。第二,提前按计划进行可以保证团队的进度顺利。只有在计划的操作下团队才会一步一步地贴近目标,从而最终实现目标。

2. 创业团队

创业团队(Entrepreneurial Team)是为进行创业而形成的集体。它使各成员联合起来,在行为上形成彼此影响的交互作用,在心理上意识到其他成员的存在及彼此相互归属的感受和工作精神。

创业团队是一种特殊团队,也是一个十分重要而又容易引起混淆的概念。卡姆舒曼对创业团队给出以下定义:"创业团队是指两个或两个以上的个人参与企业创立的过程并投入相同比例的资金。"这个定义着重于创业团队的创建和所有权的两方面特性。从我国国内高科技企业创业的过程来看,创业团队成员彼此之间出资的比率由于个人经济状况的差异并不相同,依我国台湾地区的产业环境状况,郭逃村对创业团队的定义稍做修正,认为创业团队是指两个或两个以上的人,他们共同参与创立企业的过程并投入资金。表 3-1 列出了 Intel、Microsoft、Apple、Yahoo、Google 这些公司的共同创始人,这些 IT 巨头企业的共同创始人数目均为 2 个,这应当不是巧合。很显然,企业的共同创始人不能太多,2~3 人较为适宜和相对稳定,最好不要超过 5 人,因为创始人太多,一方面,新创企业的沟通协调成本高,不利于快速、灵活决策;另一方面,也可能造成股权太早过于分散,这对企业长期发展不利。而如果个人创业,由于一个人的能力、经验和精力有限,他很难应对办企业的方方面面,特别是技术创业企业;同时一个人承担的压力也会太大。相对广义的创业团队是指共同创始人和早期重要员工。一个经典的案例是,安迪·格鲁夫作为 Intel 公司的第一个员工,他与诺依斯、摩尔两位公司共同创始人一起成为公司的核心,后来他先后担任了公司的总裁、CEO 和董事长,为公司成长为全球 IT 巨头立下了汗马功劳。更加广义的创业团队不仅包含共同创始人和早期重要员工,还包括与创业过程有关的各种利益相关者,如风险投资商、供应商、专家咨询群体等。

表 3-1 IT 业巨头公司的共同创始人

公司名称	共同创始人
Intel	罗伯特·诺依斯、戈登·摩尔
Apple	史蒂夫·乔布斯、史蒂夫·沃兹尼亚克
Microsoft	保罗·艾伦、比尔·盖茨
Yahoo	杨致远、戴维·费勒
Google	谢尔盖·布林、拉里·佩奇

一个好的管理团队对于风险企业的成功起着举足轻重的作用,是企业通向成功的桥梁。新型风险企业的发展潜力(以及其打破创始人的自有资源限制,从私人投资者和风险资本支持者手中吸引资本的能力)与企业管理团队的素质之间有着十分密切的联系。

新创立的公司既可能是一个仅仅为创始人提供一种替代就业方式、为几个家人和几个外人提供就业机会的公司,也可能是一个具有较高发展潜力的公司。两者之间的主要不同点之一在于是否存在一支高素质的管理团队。

通常,如何组建一个优秀的团队是创业过程中面临的最大挑战。成功投资 Google 的 KPCB 合伙人约翰·多尔曾经非常尖锐地指出,"当今的世界充斥着丰富的技术、大量的创业者和充裕的创业资本,但真正缺乏的是出色的团队"。柳传志和他的同事们将联想公司成功创业发展的基础管理总结为管理三要素:建班子、定战略、带队伍。其中最基础的事情就是建班子,即组建管理团队。他们认为如果这个问题解决不好,那么其他两个要素就会形同虚设。2007 年 6 月 6 日,柳传志在清华大学经济管理学院演讲时,进一步阐述了建班子的三个目的:

一是保证公司有一个坚强的意志统一的领导核心,实现群策群力;二是能够提高管理层威信;三是有利于公司"一把手"的自律。

二、创业团队的构建原则

没有一种现成的、共同的团队组建方式。实际上,有多少家具有团队的企业就有多少种建立团队的方式,而且企业合伙人走到一起的方式也是多和多样的。一些团队的成立往往是机缘巧合,或者是因为来自同一个地区,或是因为兴趣相同,或是因为在一起工作。也许所谓的志趣相投其实就是都想创办一家企业,或者也有可能是这些人对某一特定的市场需求做出了相同的预测并有了一致的意向。另外一些团队往往是由几个老朋友组成的,比如大学室友或同学就很容易成为日后的合伙人。在组建团队时必须对自身、对方和将要从事的事业有清醒的认识。首先创业者必须认识到自身的优势和局限:你的性格和能力适合承担什么样的工作?你掌握哪些资源?你不擅长或不喜欢做什么?然后,创业者必须对你们将要开办的公司和将要从事的事业进行分析:我们的主要业务是什么?我们想成为一家怎样的公司?我们通过什么取得利润?我们如何使自己的竞争力得到持续改进?最重要的,要做到以上这些,我们需要具备怎样的能力和资源?最后,创业者也许会列出一个清单,公司在走向成功的过程中所需的哪些能力和资源是你自己不具备的?其中有哪些是能够通过组建团队弥补的?你认识谁具备这些能力或资源?你是否会考虑邀请他加入公司?只有经过这样的思考,创业者才能更清楚自己需要找什么样的人一起创业,以及能找到什么样的人加入。这其实就是创业者组建团队的最基本思路。当然,实际操作起来会复杂得多。

通过对大量团队形成方式的调查,会发现这些千变万化的组成方式中蕴含着一些共同之处,可以将其总结为以下四点。

1. 相似性

相似性是指团队成员在一些性格特征和创业动机上的相似,尤其是价值观和信念方面的相似。创业是一个充满艰辛和风险的过程,会经历各种各样的挫折和诱惑,而创业团队能否在面对困难时通力合作、同舟共济,将很大程度上决定创业的成败。另外,当创业取得一定成绩之后,所有团队成员能否依然保持继续奋斗的激情,也关系到企业最终能达到的高度。

通常,有相同经历或曾一起共事的人往往能相互信任,并且在价值观和思维方式上有一定相似性。实际上,也有很多创业发起人选择在此前已经建立良好工作关系的人作为创业伙伴,他们彼此之间有较深的了解和信任,这种选择有助于团队的相对稳定。因为创业过程常常会遇到很多困难和矛盾,企业创始人之间可能在一些大大小小的决策问题上出现分歧,如果没有良好的了解和信任,创业团队很容易为此散伙。由于主观上个人的喜好和客观上社会网络资源的限制,许多创业者常常倾向于选择那些背景、教育和经历都与自己非常接近的合作创业者,或者干脆完全就是老乡、大学或中学同学等。这样做也许在许多方面来得更容易,但不可能最大化地获得新创企业所需的人力资源,而且,处理不好,很容易进入"误区",如义气为重,缺乏制度建设和执行。

2. 互补性

互补性是指团队成员在性格、能力和背景上的互补。团队成员之间可以有一定的交叉,但又要尽量避免过多的重叠。从一般意义上来讲,一个新创企业的团队是由它的创始人组织的,而创始人不可能也没有必要对企业经营中所有的方面都精通。他可能在某些方面存在不足之处,比如营销或财务,那就有必要利用其他团队成员或是外部资源来弥补。故如果团队成员能为创始人起到补充和平衡的作用,并且相互之间也能互补协调,则这样的团队对企业才会做出很大的贡献。

亚信公司的田溯宁是一个很有激情的人,而丁健则颇为稳重。在遇到问题的时候,田溯宁是吹冲锋号的人,而丁健则能较为冷静地思考一下冲锋的方式,是单刀直入还是迂回包抄,两人的默契配合使亚信公司创立不久就取得了较大的成功。

UT斯达康的两位创始人的组合也充分说明了这一点。陆弘亮擅长管理,对市场的直觉极为敏锐,运作资本的能力更是拿手好戏,这些优点都是吴鹰所羡慕的。吴鹰曾坦言,UT斯达康创立至今,资金从未出现问题,与陆弘亮的努力分不开。有过创建三家公司经历的陆弘亮,对硅谷的创新机制和运作模式自然也心领神会。反过来,生于北京,兼得中美文化熏陶的吴鹰则敢于异想天开,擅长交际,口才超人,沟通能力强,在政府、行业的关系网中游刃有余,又通晓技术,是一个嗜才如命的人。吴鹰的优点也是陆弘亮所欣赏的。难得的是平时在许多事情上,两人思维也很默契。

3. 渐进性

并不是所有的新创企业创立之时都要配备完整的团队。团队的组建不一定要一步到位,而可以采取"按需组建、试用磨合"的方式。在正式吸收新成员之前,各团队成员之间最好留有相当一段时间来相互了解和磨合。在发展过程中,创业团队应该清晰企业需要有哪些专业技术、技能和特长的人员? 需要进行哪些关键工作,采取何种行动,成功的必要条件是什么? 公司的竞争力突出表现在哪里? 需要有些什么样的外部资源? 企业现有的空缺大小及其严重程度如何? 企业能负担的极限是多少? 企业能否通过增加新董事或寻找外部咨询顾问来获得所需的专业技能? 这些问题决定了在创业的不同阶段面临不同的任务,而对完成任务的团队成员各方面的才能也有不同要求,可以逐渐地补充团队成员并日益完善。

4. 动态性

一开始就拥有一支成功、不变的创业团队是每个新创企业的梦想。然而这种可能性微乎其微。即使新创企业成功地存活下来,其团队成员在前几年的流动率也会非常高。在创业企业发展过程中,由于团队成员有更好的发展机会,或者团队成员能力已经不能满足企业需求,团队成员也需要主动或被动调整。在团队组建的时候就应该预见到这种可能的变动,并制定大家一致认同的团队成员流动规则。这种规则首先应该体现公司利益至上的原则,每个团队成员都认可这样的观点:当自己能力不再能支撑公司发展需求的时候,可以让位于更适合的人才。此外,这种原则也应体现公平性,充分肯定原团队成员的贡献,承认其股份、任命有相应级别的"虚职"以及合理的经济补偿都是安置团队成员退出的有效方式。团队组建的时候应该有较为明晰的股权分配制度,而且应该尽可能地预留一些股份,一部分用来在一定时间内(如1年或3年)根据团队成员的贡献大小再次分配;另外一部分预留给未来的团队成员和重要的员工。

但是,实际情况可能远没有这么简单。我们经常听到创业者的抱怨:"我知道自己需要什么样的能力,但我认识的人并没有人具备这种能力,或者我无法吸引他们加入。"找不到合适的人来组建团队,这可能是大多数创业者都会遇到的问题。这时候,创业者必须对自己的要求做一个折中。为了及时组建团队以免延误商机,可能不得不接受一个并不是最合适的人加入团队。此时最需要考虑的问题是:什么样的人是可以接受的,而什么样的人是一定不能让他加入团队的?因为,没有合适人选的后果可能只是公司无法迅速达到预定的发展目标,而引入一个不合适的人可能使企业陷入长期而烦人的冲突、争权夺利中而无法自拔,这些问题即使不会摧毁一个企业,也必定会严重损害其发展潜力。

具有以下特征的人往往不是组建创业团队的合适人选。

(1)长远目标分歧。很难想象一个和自身长远目标完全不一致的人能够成为称职的创业伙伴。创业是充满艰辛和风险的,很多成功创业企业都是靠着核心成员的信心和坚持度过了最艰难的时期。惠普公司创始人比尔·休伊特曾说:"正是因为我和戴维(惠普公司另一创始人)都对惠普应该成为什么样的公司抱有同样坚定的信念,我们相互扶持,度过了'二战'后(军事订单大量减少)那段公司最艰难的岁月。"实际上与公司的长远发展目标不一致的人很难成为成功的创业伙伴,而更糟糕的是,合伙人甚至对公司的长远发展目标完全没有兴趣。

(2)投机。投机者充斥在各种各样的创业企业中。他们通常会许诺强大的社会网络、出色的营销能力或别的令人心动的东西。但实际上,他们总认为正是自己在公司初创期投入的那一点资金或能力使公司生存下来,通常喜欢在公司发展初见眉目后就要求分红或其他股东权益。有时候,出于资金需求的考虑,吸引投机者进入公司并非完全不可以,但无论如何不要让他们成为公司的主要股东或重要管理者。

(3)完美主义。实践证明,完美主义是创业家的敌人。创业过程中最大的挑战就是在瞬息万变的市场中抓住公司发展的机会,这要求创业者有更加果断的决策和更加迅速的行动。而把事情做到完美通常需要付出相当多的时间与成本,当把一切都准备好时,机会早就被更敏捷的竞争者抓住了。实际上,完美主义者往往逃避风险,而创业最激动人心的地方便是通过寻找机会并妥善管理风险而获得成功。如果团队中混入了一个完美主义者,很可能,他会认为在充满风险的市场上再也找不到比把钱存入银行更"完美"的投资机会了。

(4)极端独立。创业者需要有很强的判断力和决断能力,但当这种能力发展到极端,就成了一个致命的问题。对于创业者而言,听取别人意见是重要的,那些幻想完全依靠自己取得成功,甚至羞于寻求帮助的人通常外强中干,毫无建树。当然,一个极端独立的创业伙伴通常也很难倾听和接受团队中其他人的意见。

(5)平等主义。很多成功的大公司都把平等作为自己的企业文化大肆标榜,但很大程度上这些公司在创业初期并不是如此。毕竟,你不能奢望一家创业企业拥有和IBM一样完善的治理结构。恰恰相反,一定程度的专制能够帮助创业企业更加灵活地筛选和把握稍纵即逝的市场机会。而平等主义者通常要求平等的股权分配和平等的决策权力,这对于创业企业是极端危险的。

(6)追求所谓"梦幻组合"。创业团队的组建应该从实际出发,基于需求去整合资源。一个通常的误区是片面追求"梦幻组合"或者"豪华团队",这样的创业团队通常难于管理,最终会出现严重问题。

资料:亿唐的失败

1999 年,亿唐公司在互联网创业高潮时期创建。公司发起人很快搭起了一个由 5 个哈佛 MBA 和 2 个芝加哥大学 MBA 组成的"梦幻团队"。凭借诱人的创业方案,亿唐从两家著名美国投资商手中获得了两期共 5 000 万美元的创业投资。然而,创业者始终提不出一个清晰的商业模式,企业"烧钱"速度令人吃惊。最终,创业团队解体,企业破产,而投资者此时才真正认清创业团队的创业承诺和真实能力。

在这里,我们回顾一下亿唐的发展历程。

1999 年,第一次互联网泡沫破灭的前夕,刚刚获得哈佛商学院 MBA 的唐海松创建了亿唐公司,其"梦幻团队"由 5 个哈佛 MBA 和 2 个芝加哥大学 MBA 组成。凭借诱人的创业方案,亿唐从两家美国著名风险投资 DFJ、SevinRosen 手中拿到两期共 5 000 万美元左右的融资。这是当时中国互联网领域数额最大的私募融资。

亿唐宣称自己不仅仅是互联网公司,也是一个"生活时尚集团",致力于通过网络、零售和无线服务创造和引进国际先进水平的生活时尚产品,全力服务所谓"明黄 e 代"的 18～35 岁之间、定义中国经济和文化未来的年轻人。

亿唐网一夜之间横空出世,迅速在各大高校攻城掠地,在全国范围快速"烧钱"。除了在北京、广州、深圳三地建立分公司外,亿唐还广招人手,并在各地进行规模浩大的宣传造势活动。2000 年年底,互联网的寒冬突如其来,亿唐钱"烧"光了大半,仍然无法盈利。从 2001 年到 2003 年,亿唐不断通过与专业公司合作,推出了手包、背包、安全套、内衣等生活用品,并在线上线下同时发售,同时还悄然尝试手机无线业务。此后两年,依靠 SP 业务苟延残喘的亿唐,唯一能给用户留下印象的就是成为 CET(四、六级)考试的官方消息发布网站。

2005 年 9 月,亿唐决定全面推翻以前的发展模式,而向当时风靡一时的 Web2.0 看齐,推出一个名为 hompy.cn 的个人虚拟社区网站。随后,除了亿唐邮箱等少数页面保留以外,亿唐将其他全部页面和流量都转向了新网站 hompy.cn,风光一时的亿唐网站就这样转型成为一家新的 Web2.0 网站。2006 年,亿唐将其最优质的 SP 资产(牌照资源)贱卖给奇虎公司换得 100 万美元,试图在 hompy.cn 上做最后一次的挣扎。不过,hompy.cn 在 2008 年已经被关闭,亿唐公司也只剩下空壳,昔日的"梦幻团队"在公司"烧"光钱后也纷纷选择出走。

2009 年 5 月,etang.com 域名由于无续费被公开竞拍,最终的竞投人以 3.5 万美元的价格投得。

亿唐生得伟大,死得却不光荣,只能说是平淡,甚至是凄惨。其他死掉的网站多多少少会有些资产被其他公司收购,在修养生息之后也许还有重出江湖的机会,但亿唐却沦落到域名无人续费而沦为拍卖品的下场。它是含着金汤匙出生的贵族,几千万美元的资金换来的只有一声叹息。

资料来源:http://roll.sohu.com/20111202/n327603859.shtml

第二节　创业团队的股权与激励

【学习目标】

1. 理解创业团队股权分配理念;

2. 理解创业团队激励理念;

3. 了解报酬制度的一般原则;

4. 掌握如何合理分配报酬;

5. 理解准股票期权计划。

一、创业团队的股权分配

在一个创业团队中,某个共同创始人凭借什么在创业企业中拥有相对集中的股权和最大的"话语权"呢? 很显然,这个要成为"核心"的创业者,必须拥有良好的能力和素质;更为重要的是,他要想"服众",就必须多付出,例如,他是创业企业最初商业模式、技术的核心拥有者,早期客户的开发者,早期资金的全部或者主要投入者。

如果核心创业者没有足够的资金创业,必须得到其他合伙人的投资才能创业,并可能因此丧失控股权,怎么办? 一种可行的办法是,一开始,注册资本可以考虑少些,并且自己尽可能出资,其他合伙人的股权投资少些,创业发起人尽可能争取拥有较大的股权,同时企业可以向其他合伙人通过借款方式获得流动资金。另一种办法是争取和其他合伙人签订股权回购协议,在企业发展到一定程度后,以事先规定的合适溢价回购(部分)企业股份。

不过,对于那些受到过硅谷创业文化熏陶的创业团队,其股份分配可以相对平均些。另外,以高成长为导向的创业企业特别是技术创业企业最好预留一部分股份以便吸引未来的重要员工。

二、创业团队的激励

创业者在创业过程中始终都需要考虑的一个问题是:如何更合理地激励创业团队? 毕竟,取得合理的收益是创业收获的具体表征。能否解决好这个问题直接关系到创业企业的存亡。

关于创业团队的激励,不同类型的创业企业,在不同的发展阶段,采取的具体激励方式可能有很大的差别。但是,在管理实践中,激励存在一些一般原则:"物质激励与精神激励相结合原则、正激励与负激励相结合原则、内在激励与外在激励相结合原则、按需激励原则、组织目标与个人目标相结合原则、严格管理与思想工作相结合原则"(陈国权,2006)。

对于高新技术创业企业,人力资本是其发展的关键要素,因此,激励必须重视这一点。在物质激励方面,对于核心技术人员和高层管理人员,应当重视股权和期权激励,这可以使他们的个人利益和企业发展息息相关;必要时还应当给予更大范围的员工股票期权。在精神激励方面,应当更多地为有能力的员工提供良好的成长"舞台",使得他们的个人职业发展和企业的成长乃至中国的产业发展密切联系。那些与联想、华为、中兴通讯等创业企业一起经历了风风雨雨走过来的早期员工,不但在物质方面得到较好的回报,而且个人职业发展也取得很大的成功。

三、报酬制度的一般原则

创业企业的报酬制度包括股票、薪金和补贴等经济报酬以及其他一些非经济报酬,如实现个人发展和个人目标、培养技能等。每个团队成员对报酬的理解各不相同,取决于个人不同的价值观、目标和愿望。有人会追求长期的资本收益,而另外一些人可能更偏向于短期的资金安全和短期收益。

新创企业团队的报酬制度应该能够激发促进管理团队的积极性,使他们更好地把握企业的商机。该制度必须贯穿于建立团队、增强创业氛围和培养团队有效性的整个过程中。比如，是否能吸引到高素质的团队成员并留住他们，这在很大程度上取决于给予他们的物质报酬和精神激励。团队成员的技能、经验、风险意识和对企业的关心等都是通过合理的报酬制度实现的。

在企业生命周期的各个阶段，给创业团队的报酬可以有所不同。像自我发展机会和自我实现机会等这样的无形报酬可以始终贯穿在企业的整个生命周期，而经济奖励在企业发展的不同阶段则可以采取不同的策略。

由于报酬对每个人都至关重要，而企业在早期阶段给付报酬的能力常常比较有限，因此要仔细而全面地考虑企业在整个生命周期的总体报酬制度，而且要确保企业具备长期支付报酬的能力，避免出现在员工贡献水平提高的情况下没钱给他们加薪，或在新员工加入的情况下不能支付报酬等情况。

外部环境亦会对新创企业报酬制度产生重要的影响。创业者要意识到企业和外部投资者之间的权益分配会影响到团队成员所能获得的权益份额。另外，企业对报酬的处理方式也会成为投资者和其他人判断该企业可信度高低的一个依据，因为这些人员会凭借企业的报酬制度来判断企业团队是否敬业。

四、合理分配报酬

1．形成分享财富的理念

创业团队的分配理念和价值观可以归结为一条简单的原则：同帮助企业创造价值和财富的人一起分享财富。明白了这个道理，创业者就不应该在持股比例上斤斤计较，因为零的51%还是零，关键在于如何把蛋糕做大。其次，吸引到风险投资的企业其最终目标往往是实现5～10倍于原始投资的报酬。企业就可以通过以 IPO（首次公开发行）的方式高价出售，也可以力求高价出售给某家大公司。从美国创业企业 IPO 的经验来看，创始人一般可以获得100～300万股，价值 1 200～4 500 万美元。由此就很容易理解为何寻找好的创业机会、建立优秀创业团队并采取分散型持股方式实行财富共享远比拥有公司多少股权份额重要。另外，成功的创业者往往不只是创建一个企业，因此当前的企业可能并非其最后一家企业，最重要的事情是取得这次创业的成功。做到这一点之后，将来还会有很多商机。

2．综合考虑企业与个人目标

如果一个企业不需要外部资本，就可以不考虑外部股东对报酬问题的态度或影响，不过还是需要考虑其他一些有关事宜。例如，如果一家企业的目标是在未来5～10 年获得大量资本收益，那么就需要针对如何完成这一目标以及如何保持大家的长期敬业精神来达到这个目标等两个方面来制定报酬制度。

3．规范制定报酬制度的程序

创业带头人要建立起一个氛围，让每一个团队成员都觉得自己的付出应该对得起所得的报酬。每一个关键团队成员都必须致力于寻找有关合理制定报酬制度的最佳方案，使它能够尽可能公平地反映每位团队成员的责任、风险和相对贡献。

4．实施合理分配方案

关于如何分配的问题，目前还没有任何有效的公式可以套用，也没有简单而行之有效的答案。不过,创业企业可以从下述几个方面入手:①体现差异化。虽然民主方案可能行得通,但是与根据个人贡献价值不同而实行的差异化方案相比,它包含的风险和潜在的危险较大。一般情况下,不同的团队成员对企业做出的贡献是不同的,因此合理的报酬制度应该反映出这种差异。②注重业绩。报酬应该是业绩而非努力程度的函数,而且该业绩应该是每个人在企业早期运作的整个过程所表现出来的业绩,而不仅仅是此过程中某一个阶段的业绩。有许多企业团队成员在企业成立几年内所做的贡献程度变化很大,但报酬却没有多大的变化,这种不合理的报酬制度将严重影响企业的团结和稳定。③充分考虑灵活性。各团队成员在某个既定时间段的贡献也有大小之分,而且会随着时间的流逝而发生变化。其业绩也可能同预期效果有很大出入。另外,团队成员很可能会由于种种原因而必须被替换,在此情况下就需要再另外招聘新成员加入到现有团队中来。灵活的报酬制度包括股票托管、提取一定份额的股票以备日后调整等,这些机制有助于让团队成员产生一种公平感。

5.综合考虑分配时机和手段

报酬分配制度往往会在企业发展的第一阶段就被制定出来并加以实施,不过这还应该按个人在企业整个周期内的业绩来定。月薪、股票期权、红利和额外福利,可以用作反映业绩变化的措施。但是运用上述手段的能力,在一定程度上取决于企业发展的程度。以现金报酬为例,把现金作为报酬分给员工还是留着帮助企业发展,存在一个平衡问题。因此,在企业成立的初期阶段,薪金往往需要维持在较低的水平甚至不发薪金,其他红利和福利等则先不作考虑。薪金、红利和福利都要吞噬现金,而在企业盈利之前,现金往往优先用于支持企业的经营和发展。就算企业在获得盈利之后,现金的支付仍然会制约企业的成长。只有在企业顺利实现盈亏平衡后,薪金的提高才会促进企业的竞争力。至于红利和额外福利,可能还是保持在最低水平比较好,直至企业持续多年获利才可以考虑进一步加以提高。

6.适时采用股票托管协议

一般来说,当一个创业企业的股票分配方案确定下来之后,团队成员的相对持股地位就比较稳定。即使有新成员或是外部投资者加入来削弱各个团队成员的持股比例,一般也不会对这种相对持股地位产生影响。不过,在创业初期可能会发生一些不确定情况,如拥有大量股份的某一团队成员可能会因为表现不佳而被早早地替换;某一位重要的团队成员有了更好的发展机会而退出企业;甚至是某个关键成员可能在事故中意外丧生。在任何一种可能发生的变故中,团队成员都可能需要改变各自所持股份的比例。

当遇到某位团队成员因为各种原因退出时,可能会弄不清其拥有的股份的哪一部分属于他自己赚的,哪一部分是由公司分配所得。在此情况下,企业可以将该团队成员认购的股份交由第三人托管,并在两到三年后交付给受让人。这一机制称为股票托管协议,它有助于培养员工为企业奉献的长期敬业精神,同时又为大家在合作不成功的情况下提供了文明而又不遗憾的分手方式。这类股票托管协议作为限制性条件附加在股票证明上,期限一般在4年以上。在这一时期,作为企业创始股东可以通过工作来赚取股份。如果他们在期满前离开公司,则要以原先认购时的价格(价格通常很低甚至是免费)把股票还给公司。这种情况下,持股人在离开企业时就不能拥有任何股份,当然也不会获得任何意外的资本收益。在其他一些情况下,企业创始人可以每年托管一部分股票,这样就算他们离开企业,也可以获得一部分股票。这种托管方式还可以采取在托管期限内逐年加权的办法,直至期满前最后一两年。另外还有其他限制性措施来保证,不管持股人是去是留,都可以由管理层和董事会对其股票加以控制和处理。实质上,股票托管协议这类机制让团队成员面对这样一个事实:这不是一项能让他们快速致富的活动。

五、股票期权计划与准股票期权计划

股票期权计划是美国等西方国家比较普遍采用的一种员工长期激励计划。在我国,由于法律法规上有一定差异,创业企业还不能完全照搬西方的模式,但是可以采用相同的思路实施变通的股票期权计划。

1. 美国创业企业的股票期权计划

一般意义上的股票期权(Stock Option),是指其持有者有权在某一特定时间内以某一特定价格购买或出售某企业的股票。股票期权强调的是一种权利而不是义务,如果公司的经营状况良好,股价上涨,拥有该权利的公司高级管理人员可取得股票,从而获得股票市场价格与执行价格间的差额收益;如果股价下跌,持权人可以不行使权利。股票期权的激励机制主要是基于一种良性循环:授予股票期权—持有者努力工作—公司业绩提高—公司股票价格上扬—持有者行使权获利丰厚—持有者更加努力工作。通过循环,使股票期权持有者与股东的目标函数趋于一致,是一种较为有效的长期激励机制。

1996年《财富》杂志评出的全球500家大工业企业中,有89％的企业已采用向其高级管理人员授予股票期权的薪酬制度。同时,股票期权数量在公司总股本中所占比例也在逐年上升,总体达10％,有些计算机公司甚至高达16％。1996年以后,这一比例仍在上升,而且扩大到中小型企业。据统计,1998年美国高级管理人员薪酬结构中,基本工资占36％,奖金占15％,股票期权占38％,其他收入占11％。

美国的股票期权计划主要分为两类:激励股票期权(Incentive Stock Option)和非法定股票期权(Non-qualified Stock Option),由于激励股票期权计划有更大的税收优惠,因此对激励对象(期权持有者)更具有吸引力。股票期权通常需要在授予期(Vesting Period,又称为等待期)结束后才能行权。股票期权的行使权将分几批授予期权激励对象,这个时间安排称为授予时间表(Vesting Schedule),时间表可以是匀速的,也可以是加速度的。一般而言,高级管理人员在获赠股票期权五年后才可以对所有的股票期权行权。

股票期权对于创业企业而言非常重要,"它能够为企业引来天才,为企业内已有的员工提供激励,并能够留住重要员工(Heilmatm,2001)。"股票期权还是职业化(Professionalization)的一种标志,它能够在企业所有者和员工之间形成正式的员工激励合约。海尔曼(Heilman)的研究表明,接受了创业投资的企业采用股票期权计划的可能性是未接受创业投资的企业的2倍多。

2. 我国创业企业可参考的"准股票期权计划"

尽管股票期权在国外创业企业激励中起到了非常重要的作用,但迄今为止我国尚没有一部类似于美国国内税务法的国家法律涉及股票期权制度的基本框架和实施细则。现实情况是,各企业一般都参照《中华人民共和国公司法》(以下简称《公司法》)及证监会和地方政府下发的相关政策来制定股票期权实施方法,这往往面临股票来源、股票流通、税收优惠和内幕交易等方面的障碍。如股票来源方面,我国首次公开发行股票和增发新股方面都没有明确允许预留股份以实施股票期权激励计划,回购股票以获得库存股票的方式,也受到《公司法》中"公司不能收购本公司的股票"的限制,《公司法》还明确规定上市公司不能赠予股票。在这些限制下,我国创业企业要实施真正意义上的股票期权激励就有一定困难。此外,从创业团队到创业企业最终变成上市公司的成功创业企业比例非常低。因此,对于大多数创业团队来说,可以考虑借鉴股票期权激励的原理,实施各种形式的"准股票期权计划"。

对于新创企业来说,在团队组建之初,由于各成员在创业企业中的作用和贡献还无法比较准确地衡量,可以考虑采用"期股"的方式,即在成员进入创业团队的时候事先签署全体团队成员的内部协定,承诺团队成员在创业企业服务一定年限、做出一定贡献后能够得到一定数量的名义股份。在团队成员刚加入时,可以先兑现一部分股权,而剩余的股权则根据一定的规则评估成员的贡献后,在创业过程中按照事先约定的计划逐步释放给该团队成员。由于其股票的获取同团队成员为企业工作时间的长短和服务的绩效相关,因此可以将这种期股计划看作是准股票期权计划的一种。

在采用期股计划的时候,如果能够除了名义股份之外,在团队总股份中再预留一部分的股权作为机动股份,由某个个人(如 CEO)代持,则会得到更好的激励效果。例如,公司总股份中如果有 25% 给了天使投资者,则剩下 75% 股份中,团队成员名义股份总共占 55%,有 10% 留给未来的核心团队成员或技术人员,另有 10% 作为奖励股份由 CEO 代持,如果团队成员做出特别贡献可以进行奖励。

需要注意的是,在创业初期,创业企业一般以有限责任公司的形式存在,因而在实施期股计划的时候,名义股东及各股东的名义股份与公司章程中实际股东和股份往往并不一致,股东身份和股权的真正确认往往在必要的法律手续的变更之后才能实现。在这之前,名义股东身份及名义股份往往由各团队成员认可的书面协议加以明确和保证。因此,期股计划更适用于创业团队初创和创业企业成长初期。当企业成长到一定规模,甚至实现公开上市之后,就需要设计更规范的治理结构,并考虑更多的法律法规的限制。

资料:东方博远的股权设计

东方博远公司创立初期,团队内部就签署了协议,明确了每个团队成员的名义股份以及按服务时间逐步释放的原则。例如,技术总监名义股份为 10%,则这些股份应该在 3 年工作之后,发挥相应作用之后才能够得到。一开始的时候他能够得到该名义股数的 34%,以后每工作满一年的时候,能够得到另外的 22%。如果工作满 2 年,那将得到的是 10% × (34% + 22% + 22%) = 7.8% 的股份,剩余 2.2% 将添加到由 CEO 代持的预留股份中。名义股份的具体调整在工商行政管理部门变更公司章程时得以实现。这种做法较好地实现了团队成员的持续激励,而且能够较好地解决团队成员中途离开公司所可能出现的问题。

资料来源:张帏,姜彦福.创业管理学[M].北京:清华大学出版社,2018.

实　　　训

【实训指导】

训练项目 3.1:走访大学生创业者,了解他们的创业团队,写一篇访谈。

训练项目 3.2:收集一个知名企业创业股权设计案例,写一篇讨论发言稿。

训练项目 3.3：结合大学生创新创业训练项目，写一个团队构建计划。

【实训目标】

1. 使学生理解创业团队构建方式。
2. 掌握创业团队构建的原则。

【实训内容与组织】

1. 学生自愿组成小组，每组 3～5 人。
2. 组长负责成员的分工与任务的具体安排。

【成果与检测】

1. 书面报告或发言稿；
2. 在班级进行交流，每个小组推荐 1 个人进行介绍；
3. 由教师对学生评估打分。

习　　题

一、简答题

1. 简述团队与创业团队的区别。
2. 构建创业团队的原则。
3. 简述股票期权计划。
4. 简述报酬制度的一般原则。

二、论述题

1. 如何合理分配创业团队报酬？
2. 如何激励创业团队成员？

第四章 商业模式

【案例导入】

最萌的商业模式：三只松鼠

章燎原是电子商务领域颇有名望的创业者。因为他创立的"三只松鼠"网店，在 2012 年 8 月，开店的第 65 天，在天猫坚果品类的出售额排名中就成了榜首。2012 年的"双 11"时，这家刚开了 4 个来月的店当日成交额达到 766 万元，是天猫休闲食物的出售冠军。2013 年 1 月，三只松鼠月出售额超过 2 000 万。

当章燎原 2012 年 2 月创业时，看起来并没有太多机会：货源上，尽管这家公司靠近山核桃的原产地安徽省宁国市和浙江省临安市，但产品跟其他商家比并不能完全拉开差距；在互联网上卖坚果也不是一个新鲜生意，新农哥、百草味等大卖家在 2010 年都已起步，也曾在聚划算活动中订单量过万；而在线下有上千家门店的"来伊份"在淘宝上也是一个热门店铺。章燎原寻找的突破点，是怎样发明出一个"有生气、有灵魂的品牌"。三只松鼠一系列的产品和包装都有卖萌的卡通松鼠形象；店铺的客服名字都叫"鼠某某"，管买家们叫"主人"——尽管这与淘宝的"亲"一样，让人有些肉麻。这家店铺在送给顾客的包裹里，则放置了果壳袋、湿巾、封口夹等物品，方便顾客使用，也会有一些有趣的提示语，比如果壳袋子上的提示是："主人，我是鼠小袋，吃的时候记得把果壳放进袋子里哦。"金山的 CEO 傅盛发了条配图长微博写买三只松鼠的感受，标题叫作"超出预期的包装食物"。章燎原还亲自编写了一个上万字的"松鼠客服秘籍"，学习这些"秘籍"的客服都是 85 后和 90 后。章燎原说自个对这些年轻人的管理风格是"信任和授权"，就连公司环境也尽量做到轻松和舒服，办公室中有适合松鼠"攀爬"的大树和可以钓鱼的池塘。

今日资本的管理合伙人徐新在 2013 年 6 月投资了三只松鼠 600 万美元。她总结，除了卖坚果本身是个好职业之外（线下有 500 亿市场，线上目前几十亿，体积小但客单价高，用户为好食物付出溢价，并形成品牌忠实的可能性较高），三只松鼠业绩快速增长的关键，也是它跟其他坚果商家的最大不同，在于这是一家很有"消费者洞察"、懂营销的公司，有生长为一个品牌的前景。当然，对于一家网络坚果店来说，卖萌和包装细节只是一部分竞争力，最终还是要靠产品来让消费者满意。

章燎原之前在一家叫作詹氏、2010 年出售额为 2 亿左右的安徽山核桃公司工作过十年，所以他知道什么产地的产品好、重量足，而且在从坚果收购到入库之间又加入了一道自己的质检环节。三只松鼠在创业前期的明星产品是"真好剥山核桃"，以后随着产品线的扩大，它也要在全国各地进行订单采购，而原则是只做包装和质检，不涉及加工，这与传统干果公司的建厂生产有了很大差异。

相较传统渠道而言,三只松鼠的产品因为不用在门店里积压库存,其库存周转期只有15天,更"新鲜"。尽管傅盛评价说"并没有好吃多少",但评价说"好好吃"的顾客也为数不少。不过,三只松鼠的快速成名并非完全靠口碑传播。2011年,章燎原担任詹氏的电商业务"壳壳果"的负责人,并因此在创业一开始就拿到了IDG资本的150万美元天使投资。在三只松鼠刚上线的前两个月,这家公司在淘宝上每个月的推广投入大约有一两百万,这些钱用在购买淘宝直通车、搜索广告位以及参加聚划算等活动上。章燎原和其同行对此的描述都是"烧了大把的钱"。但投放只是"为了解决首次购买的问题",章燎原说,在这两个月以后,"就没怎样烧过了",基本盈亏平衡。

2013年,这家公司衡量自己最重要的两大指标,一个是重复购买率,一个是口碑转化率。如果不算工厂和发货部门,三只松鼠的社会化媒体营销部门有20来人,占其公司人数约3成,是这家公司的榜首大部门。他们会通过用户购买以后在淘宝上的评价、微博上的抱怨中找到需要改进的地方,比如关于产品口味、送货以及包装。根据三只松鼠的回访和出售计算,其重复购买率约为30%,口碑转化率超过20%。这些本钱并不高的创新,帮三只松鼠撬动了市场。

章燎原在创业之初即是按照传统公司发展三五年的速度来规划其产区和人员配置的,而结果也与预期类似,章燎原称三只松鼠2012年做到了1个亿的出售额——这相当于他前东家2010年出售额的一半。但是,同行们也迅速在赠送果壳袋、封口夹等细节上快速跟进。新农哥和百草味的包装现已改进。也有森林家族、波波猴这样的卖家开始使用卡通形象卖萌。章燎原称,三只松鼠的库存周转期如今是15天,跟上游供应商结账的周期是一个多月,而传统公司的账期是两三个月,因此不仅不需要压占很多资金,现金流还非常好。但互联网上卖坚果的其他商家也同样享有这种相对传统渠道的优势。而现在三只松鼠的产品价格跟淘宝其他店铺基本一致。章燎原承认,三只松鼠还不是一个能让用户多掏钱、付出品牌溢价的"品牌"。但营销只是榜首年起步阶段的竞争关键点。章燎原的估计是,2013年的竞争是在物流上,目前三只松鼠产品能第二天送达的地方只有江浙沪,北京要三四天,因此要在北京、武汉这样的地方建仓,使得到货更快;而到2014年,竞争点会是在产品研发、品质控制、对上游原料的整合上,例如以期货方式预先订购农户的产品、给技术支持。此外,在IT上可以做的工作还包含更精准地计算和分析用户的行为数据,让产品可追溯产地和质检人员信息。这些都是更复杂、更需要钱,而非靠心思、构思和巧劲儿能完成的工作了。

资料来源:http://www.ecduo.cn/baike/article-6237.html

第一节　商业模式设计

【学习目标】

1. 对商业模式概念和商业模式构成要素的理解;

2. 对商业模式与经营策略、竞争优势的理解。

彼得·德鲁克(Peter Drucker)曾经指出:"现今企业的竞争,不是产品之间的竞争,而是商业模式之间的竞争",理解、设计以及执行商业模式的整合力,已经成为创造高绩效的关键要素之一。在一份对IBM全球765位部门经理的调查中,有1/3的经理认为商业模式创新比产品创新与制程创新更为重要,并且当竞争对手更为重视产品创新与制程创新的情形下,采取商业模式创新的IBM部门,可以获得高于竞争对手5%的利润。比如我国台湾地区,半导体产业的台积电、餐饮产业的王品牛排以及芯片设计产业的联发科,商业模式创新正是这三家企业崛起的关键之一。深入了解商业模式,已是现代商业社会所不可或缺的。

一、商业模式的概念

关于商业模式的概念,最早出现在 20 世纪 70 年代,用来描写资料与流程之间的关联与结构。到 20 世纪 90 年代中期,随着互联网时代的来临,商业模式开始蓬勃发展,不断出现在各种学术期刊或实务性杂志上。到了 2001 年,Fortune 杂志所列出的世界 500 强企业中,已有近 27% 的企业在年度财务报表中出现商业模式的字眼。从这些趋势可以看出,商业模式已成为分析企业营运的一项重要指标。商业模式的讨论日益蔓延,人们却发现这一概念并没有一个严格的定义,对它的理解也存在着一定偏差。表 4-1 列出了部分学者对于商业模式的定义。

表 4-1　商业模式的定义

学者(时间)	定义或解释
蒂默尔斯(1998)	商业模式是产品、服务和信息流的一个体系架构,包括说明各种不同的参与者以及他们的角色,各种参与者的潜在利益,以及企业收入的来源
阿密特,卓德(2001)	商业模式描述了交易的内容、结构和规制,用以通过开发商业机会创造价值
琼·玛格丽塔(2002)	商业模式是用以说明企业如何运营的概念,它必须回答管理者关心的一些基本问题:谁是顾客,顾客价值何在,如何在这个领域中获得收入,以及如何以合适的成本为顾客提供价值
斯文·弗尔佩尔,等(2004)	商业模式表现为一定的业务领域中的顾客核心价值主张和价值网络配置,包括企业的战略能力和价值网络其他成员(战略联盟及合作者)能力,以及对这些能力的领导和管理,以持续不断地改造自己来满足包括股东在内的各种利益相关者的多重目的
赛登,刘易斯(2004)	商业模式是对一组活动在组织单位中的配置,这些单位通过在企业内部和外部的活动在特定的产品市场上创造价值
奥斯特瓦德,等(2005)	商业模式是一个概念性工具,它借助一组要素以及要素之间的联系,用以说明一个企业的商业逻辑。它描述了企业向一个或多个顾客群提供的价值,企业为产生持续的营利性收入所建立的架构,以及移交价值所运用的合作网络与关系资本

鉴于此,可以从商业模式要解决的问题的视角来理解商业模式。追根溯源,商业模式涉及三个基本问题:如何为顾客创造价值? 如何为企业创造价值? 如何将价值在企业和客户之间进行传递? 下面依次介绍这三个基本问题。

1. 如何为顾客创造价值

这里谈的实际上是顾客价值主张问题,即在一个既定价格上企业向顾客提供能够帮助其完成任务的产品或服务。所有企业得以运行是因为都有自己的商业模式,哪怕是一个街头小店。当你开办这样一个小店时,首先要回答的问题是:"顾客为什么偏偏进我的而不是别人的店?"如果街上只有这一家店(这种情况几乎不可能),问题的答案就很简单;如果街上已经有了很多店(实际情况常常是这样),这个问题的答案就不那么简单了。提供与众不同的产品或服务当然是一种答案,但这个答案常常不那么管用,因为在技术更新呈加速度发展时,产品和服务货品化及同质化的速度越来越快。这时,你有什么理由让人偏偏买你而不是别人的产品?你必须向顾客提供同类产品难以模仿的价值,增加顾客的转换成本,让顾客对你的产品形成"成瘾性依赖"。遗憾的是,通过法律保护、技术和设计能力设置的模仿障碍在今天变得越来越脆弱。

于是,就有了商业模式的创新。众多在产品上具有创新能力的创业者誓言要超越甚至颠覆 iPod,但他们很快就发现 iPod 早已不是一种产品,而是一种商业模式。iPod 的背后,是苹果建立的网上音像商店 iTimes,购买一个 iPod,等于买下一家奇大无比的音像商店(现在从iTunes 购买下载的数字音乐和电影的数量已经超出亚马逊书店)。iPod 有点类似于洛克菲勒的公司在卖煤油时免费送出的油灯(只不过 iPod 并非免费的油灯,而且比同类的油灯贵得多),有了这盏"油灯",你就会从 iTunes 那里不停地购买"油"(数字音像)。因为乔布斯深知,顾客购买播放器的真正目的是听音乐和看电影,而其他的公司以为顾客购买的是播放器本身。一种购买行为的背后,隐藏着另一种购买需求,甚至这种隐藏的购买需求背后还潜藏着一种或多种更隐秘的需求。平庸的企业往往只能看到显而易见的需求,并且把全部精力用来满足这种浅层的需求,而卓越的企业之所以卓越,就在于它们具有对客户需求的还原能力。苹果公司目前所取得的一切业绩都始于这家公司对顾客需求超强的还原能力,这种被充分还原的需求,就是"客户价值主张"。没有它,任何商业模式都无法成立。

2. 如何为企业创造价值

这里谈的实际上是企业价值主张问题,即在为顾客提供价值的同时又如何为自己创造价值。企业要想从创造的价值中获得价值,必须考虑以下问题:

(1)收益模式:营业收入＝价格×数量,数量可以是市场规模、交易规模、购买频率、附加性产品的销量。

(2)成本结构:成本是如何分配的,包括主要工资的成本、直接与间接成本及规模经济等。成本结构主要取决于商业模式所需要的关键资源的成本。

(3)利润模式:为实现预期利润,每笔交易所应产生的净利。

(4)利用资源的速度:为了完成目标数量,该以多快的速度来利用企业的资源? 这涉及库存周转率、固定资产及其他资产的周转率,并且要从整体上考虑该如何利用好资源。

3. 如何将价值在企业和顾客之间传递

为顾客和企业都设计了良好的价值,但这种价值如何进行传递呢? 从逻辑上讲,只有拥有了独特的顾客价值主张和企业价值主张,才可能去谋求实现这种价值主张的资源和能力。清清楚楚的创业想法往往是无视自身资源与能力的局限,它可能确实包含着机会,但也很可能是别人(具有与之相匹配的资源和能力的人)的机会。

很多人都知道,美国电影院线的主要赢利来源(而非收入来源)是在影院出售的食品(冰激凌、爆米花等零食,甚至影院餐厅提供的正餐)。人们到电影院来的真正目的不是看电影,而是在闲暇时间最大限度地放松身心。电影观众的这种需求并不是一下子就能发现的,而是从观众看电影时携带零食,甚至先在影院附近的餐厅吃完饭再来看电影等现象中逐渐被识别的。发现这样的需求后,经营影院的人要问的是,能不能以可控的成本(以观众愿意接受的价格来衡量)提供这样的产品和服务? 答案非常明确而令人乐观:接触顾客的成本几乎为零,而且产品和服务的渠道具有排他性。顾客不可能中途出去吃饭或购买零食,观众爱在这个时候吃冰激凌和爆米花,但很容易化掉的冰激凌、凉了就不好吃的爆米花不大可能从外面携带进来。如果提供这类的产品,就意味着影院拥有了一个别的产品不可能进入的销售渠道,而渠道的排他性意味着这些产品可以以相当高的价格出售,从而获得可观的利润。各影院之间可以就电影的票价展开竞争,竞争的加剧意味着票价出现货品化趋势(以略高于甚至低于成本价出售),但销售冰激凌和爆米花的产品渠道的排他性(别的影院不可能到这里来卖这些产品)可以有效屏蔽货品化。

从这个简单的例子可以看出,顾客价值主张和企业价值主张如果没有相应的资源(客户资源、产品渠道)和能力作为支撑,就难以形成商业模式,尤其是难以实现可持续、可赢利的收入流。

从上述三个基本问题看出,商业模式本质上是要回答彼得·德鲁克早就提出的一些问题:谁是你的顾客? 顾客看重什么? 它同时还回答了每个管理者都会问及的一些基本问题:这项业务如何赚钱? 潜在的经济逻辑是什么? 也就是如何以合理的价格为顾客提供价值。

资料:大数据视解,神州专车 B2C VS 滴滴 C2C 模式

专车领域的 B2C 与 C2C 之争一直没有断过,但无论什么模式,对于出行而言,挖掘价值最重要。目前国内专车服务主要分为 B2C 模式及 C2C 模式,前者以神州专车为代表,后者则以 Uber、滴滴为代表。两种模式的优劣之争从未间断,口水战不断。后者吐槽前者较"重",玩的不是互联网模式;前者则诟病后者商业模式不够清晰,服务品质不能够让乘客对平台产生归属感。

这两种模式将在未来一段时间内共存下去。因此,本文不聊模式的优劣,而是换个视角,将目光聚焦在模式背后的大数据层面,聊一聊专车 B2C、C2C 模式对大数据搜集及后续价值衍生挖掘的影响。

专车 B2C、C2C 模式在数据端的差异,首先最直接体现在前端数据搜集方式上。专车 C2C 平台上的出行数据主要依靠手机获取,专车 B2C 平台上的出行数据主要通过"OBD 搜集为主、手机搜集辅助"两种渠道搜集。

造成这种情况的原因很简单,共享经济下的 C2C 专车模式,虽然拥有海量的司机和车辆,但对车辆本身的控制力有限,也不能直接对车辆进行 OBD 设备的安装。相反,B2C 模式自有车辆、自有司机,因此对车辆和司机的管理都更为方便,为每辆车统一安装 OBD 设备也成为可能,出行数据的采集也更加容易。

从滴滴司机这类平台的司机普遍反馈来看,因为涉及种种隐私的问题和顾虑,大多数专车司机并不希望平台对自己的车辆数据,例如实时位置、行驶轨迹等进行追踪,但因此必须使用 APP 的关系,还是会在接单时出现"被动贡献数据"的情况。

不过,相比 C2C 专车模式来说,B2C 专车模式下平台掌握车辆所有权,因此在数据搜集和使用上,显得光明正大了许多。以神州专车为例,神州专车目前拥有近 4 万辆专车、5 万名司机,该平台每辆车均安装了 OBD 设备,OBD 成了一个远程管理司机、监测车辆状况的"黑匣子",通过该系统可以获得车辆位置以及运行状态等信息,自带的 3G 模块会将数据上传至神州专车服务器,达到实时监测的等级。

值得注意的是,相比手机采集的目的地、车辆行驶轨迹等信息,OBD 产品采集的信息丰富度更高,主要包括两部分:第一是基于 CAN 总线的数据,车速、各种温度、轮速、发动机扭矩、油门、制动踏板、排挡杆位置、空调等各种设备是否工作、故障信息等等;第二是控制器内部数据,这类数据的丰富度远大于第一种,但需要和车厂达成更深度的协议。因此综合来看,专车 B2C 模式在数据采集的深度和稳健度上具有一定优势。这些数据和用户订单数据一起,构成了大数据来源的基础。

有了大数据,下一步自然是大数据价值的挖掘。在这个慢慢步入 DT 时代的世界里,几乎所有基于互联网、移动互联网的新商业都可以归结为数据生意。而出行数据,无疑是所有数据中价值数一数二的一座金矿。

那么,出行大数据到底该怎么玩?依旧以上述 B2C 模式的神州专车为例。目前,该平台大数据系统现阶段主要希望解决三个核心问题:安全、效率、增长。安全方面,除了源头上车辆和司机的安全系数外,大数据在车辆实时行驶过程中发挥了重要作用。具体而言,神州专车配置的 OBD 可以实时监测司机的驾驶行为,例如司机有没有系安全带,是不是急加速急刹车,门有没有关好,是否是疲劳驾驶等情况,如有违规情况会提醒司机改善,以杜绝安全隐患。有人开玩笑说,司机甚至在某个拐弯角度大了些,导致乘客有一点不舒服,都会被神州专车平台提醒。

效率方面,大数据用以提高效率的关键点主要集中调度效率,而调度效率的核心则在供给和需求的预测。这里需要提到神州专车 2015 年推出的"极速佛"(GSFO)系统,该系统是通过综合运用大数据、云计算和车联网技术,根据历史数据,对目标区域进行网格式划分,预测不同时段各个网格内的运力需求,从而有针对地调度车辆,分配资源的专车智能调度系统。

举个例子,根据历史大数据统计,GSFO 可以发现望京 SOHO 内的很多公司允许员工在21:00 以后报销打车费用,簋街上 22:00 以后是大家吃完麻小、烤鱼散场回家的高峰,那么这两个地方在这个时间节点的单量一定较大,平台就会提前派司机去该地点待命。

数据显示,部署 GSFO 系统后,神州专车的车辆调配效率上升了 25%,空驶率降低了20%。另外,动态调价方面,在 GSFO 系统支撑下,平台实现了价格最高降幅高达 40%,非早晚高峰的 0.8 倍至 1.0 倍动态定价的现状。

除了看得见的安全和效率外,大数据还关系着专车平台发展的未来。具体而言,大数据通过分析用户访问记录、历史订单、社交网络分享等数据信息,从而对用户的出行习惯甚至消费习惯进行推测。这些预测的目的是为了精准营销,这一方面是增长的手段,一方面也是大数据发展到一定阶段的必然产物。目前,神州专车采用的 MapReduce、Hive 等主流的大数据处理技术,就是为了达到这一目的。

值得注意的是,由于专车产品相对于出租车、快车产品来说,用户的潜在消费水平更高,家庭收入更为稳定,是社会目前的中坚力量,因此其大数据可挖掘和衍生的价值就更高。

当然,如果站在更高的层面上看问题,当出行数据积累到一定程度后,其价值也必将在车联网、无人驾驶,甚至智慧城市等大交通领域得以体现,更多基于出行大数据的服务也将会浮出水面。现在,仅仅是万里长征的第一步。

目前,神州专车已在硅谷建立了实验室,专注于云计算、大数据、机器学习以及无人驾驶等前沿技术的研发。滴滴也成立了"机器学习研究院",力图使用机器学习方法提高数据处理效率。在行业的努力下,数据终究会向服务落地。

罗兰贝格最新的报告显示,2015 年,中国整体出行市场规模为 28 亿次/天,其中专车的潜在市场需求为 1.8 亿次/天。无疑,这是专车的机会,更是出行大数据的机会。

资料来源:http://www.cheyun.com/content/10588

二、商业模式的构成要素

商业模式的分析,可以从商业模式的构成要素着手,可以从中析取出商业模式的一些关键要素,这些要素包括:①顾客价值;②商业机会;③关键资源、整合力及内部流程;④由活动构成的系统;⑤物流、金流、商流及信息流架构;⑥各式各样组织成员;⑦收入来源;⑧经济原则。以下分别说明。

1. 顾客价值

顾客价值是指顾客可以从企业提供的产品或服务中,获得哪些满足。例如企业会员在神州专车提供的服务中,可以满足"节省出差成本"及"简化行政业务"的需求。这些企业所要满足的顾客价值以及满足的方式,就是商业模式的价值主张。

2. 商业机会

商业机会是市场需求的产生与满足的方式在时间、地点、成本、数量、对象上的不平衡状态。商业机会由四个要素组成,所有这些要素都是在同一时间内出现的(机会之窗),最常在同一领域或地理位置内。这四个要素是必需品、满足需求的手段、一种应用方法来满足需求、一种有益的方法。企业从解决问题角度出发,围绕四要素设计出某个商业模式,从中获取收益。例如台湾地区咖啡连锁品牌 85 度 C 创始人吴政学看到了两个商业机会:平价、中高级蛋糕的市场机会。在 85 度 C 成立前,台湾其实不缺咖啡店。一杯只要 35 元台币的"壹咖啡",店面满布大街小巷,但这类零售商只能与星巴克拼价格,模式趋同。"壹咖啡"很快倒闭停业。他当时发现,市面上蛋糕都很贵,尤其在五星级饭店里。因此他重金挖角五星级饭店的甜点主厨(迄今多达 20 位),研究如何把高贵蛋糕平价化。多数消费者对于咖啡质量辨识力不高,但对于蛋糕好不好吃,一口就吃得出来。咖啡不贵,蛋糕便宜又精致,85 度 C 顺利征服了台湾消费者。将烘焙及咖啡两个产品加以组合的机会,并在这些商业机会上创造出有别于星巴克的新商业模式,在 85 度 C,烘焙占了营业额的一半;但在星巴克,烘焙营业额则不到其营业额的 20%。

3. 关键资源、整合力及内部流程

资源是指企业所拥有的能为顾客创造价值的财务、实体、社会或人力资本。整合力是指一家企业运用及协调其资源,使这些资源具有生产力的技能。商业模式经常需要特殊的资源整合力作为支撑。例如联发科在 2007 年推出在当时能够大幅改变手机产业游戏规则的山寨机,关键在于联发科运用了独特的芯片整合能力,使得手机组装业者不必再具备卓越的芯片整合能力,进而降低了手机组装的进入门槛,可以看出,联发科的芯片整合能力是其商业模式的主要支撑。

一家企业的整合力经常会表现在对内部流程的处理上,例如,物流宅配业如果要设计出在最短的时间内将货物送达的商业模式,需要内部信息处理活动、货物交换活动、货车运输活动、人员训练活动等各种活动有良好的协调,才能达成这项目标,这种协调能力也就是企业整合力的展现。

4. 由活动构成的系统

在设计一项商业模式时,企业必须同时构思要让此商业模式顺利运作,必须执行哪些活动,这些活动要能彼此协调、相互调整,构成一套完整的、能满足顾客价值、吸引顾客的营运系统。例如在电动车电池电量尚不足以让电动车长途行进的情形下,希望推广电动车的企业,必须构思如何设计出一套活动系统,能够让电动车顺利充电,如在各地新设充电站或是设计出能够即充即用的太阳能充电系统或是其他能解决车主充电问题的活动系统,都有可能成为解决方案,企业必须做出明智的抉择。

5. 物流、金流、商流及信息流架构

物流、金流、商流及信息流有时会成为商业模式的骨干,例如以能够满足顾客快速起伏的时尚需求、快速推出多样化服饰的ZARA,其超过一半的产品都由西班牙自家工厂生产,只有流行性较低的产品外包给他厂代工。ZARA在西班牙设计、在西班牙生产、在西班牙配送,这种高度垂直整合,将设计、生产上架周期压缩到短短15天。以卖往英国的产品为例,工厂出货后48小时即可抵达伦敦各店铺,货既送达,当天即可上架销售,可以看出ZARA产品物流设计的独到之处。另外,在信息流方面,ZARA打造了传达畅通无阻的内部信息系统,卖场销售人员利用手边的移动装置将顾客意见直接传回在西班牙的公司总部,处在西班牙公司总部的300位设师,能掌握欧陆、北美和其他市场的需求脉动,每年提出两万件新设计。从ZARA的例子可以了解到物流及信息流动对商业模式的重要性。

6. 各式各样组织成员

一项商业模式的落实,经常需要企业以外的各式各样组织成员共同参与,才能完成。例如,发卡组织VISA及MASTER设计出信用卡支付消费商业模式,需要各国的银行、店铺及各式各样愿意发行联名卡的组织共同合作,才能建构出此模式。企业在设计商业模式时,必须了解到并不是所有的活动都需要亲自执行,某些活动交给其他组织成员来执行,将会更有助于落实商业模式。

7. 收入来源

一项商业模式若是无法为企业创造营收,即使可以高度满足顾客价值,也是无法长久的商业模式。2000年创立的网络新闻报——《明日报》,定位在满足读者对实时新闻的需求,但由于一直无法创造足够的广告营收,遂成为烧钱行业。2000年,《明日报》全年的广告收入约6 000万元,难以支付每个月3 000余万元的基本费用,亏损高达3亿元,只好在2001年2月21日宣布停刊。关心商业模式营收的企业,在思考收入来源时,经常需要以创新的方式检视可能的收入来源,例如,打印机制造厂商会降低打印机价格,转而从墨粉盒获利;刮胡刀制造商会降低刀柄售价,转从刀刃的销售获利,在当时都是相当创新的想法。

8. 经济原则

在设计商业模式时,前7项要素牵涉到具体操作的切入点,是商业模式的实质要素,但这些实质要素的选择以及组合运作需要以特定理念作为指导原则,即经济原则,它将串起整个商业模式的要素。例如,在麦当劳的连锁快餐商业模式中,其核心的经济原则,即为"标准化",在"标准化"理念的指导下,员工的各项作业都有标准作业程序可循,选择供货商也是以"能否提供品质一致的食材"作为准则,顾客愿意到麦当劳消费,也是因为它能提供品质一致、服务迅速

的"标准化"餐饮。

经济原则有时与价值主张相当接近,很容易就可以让顾客明确感受到,如同前述麦当劳的例子一样;但某些经济原则并不是顾客可以轻易察觉到的,这时经济原则就与价值主张有差异。例如,在 VISA 及 MASTER 的信用卡支付消费商业模式中,顾客感受到的是方便、安全的支付消费,但是支撑起整个商业模式的经济原则,却是"网络外部性"这一概念。简而言之,经济原则可以说是商业模式的核心精神,设计商业模式时,需要明确掌握商业模式的经济原则,否则便有可能偏离商业模式原先的设计及精神,出现定位不清或是营运成本大幅提高的情形。

三、商业模式与经营策略、竞争优势的关系

商业模式所陈述的内容,包括了顾客价值主张、如何为顾客创造价值,以及传递价值给顾客时牵涉到的成本结构及营收。好的商业模式,可以为顾客提供价值,也可以为参与模式的企业提供可观的利润,但是这并不足以保证企业可以获得长期的竞争优势,许多成功的商业模式在一段时间之后,往往易于被同业观察到,也就容易被模仿。例如,在奶茶行业,清心福全泡沫红茶的连锁经营模式在取得初步的成功后,很快就被其他从业者起而效仿,造成激烈的竞争;星巴克咖啡在台湾地区市场崛起后,也面临 IS Coffee 、西雅图咖啡等模式相近的竞争者,因此,设计出良好的商业模式,并不代表就可以在长期获得竞争优势。

商业模式若要免予被模仿,维持竞争优势,必须与经营策略制订相结合,将经营策略分析与商业模式设计结合,需要进行市场细分,为每个市场细分确认合适的价值主张,以合适的方式传递价值,接着建构各种机制,以免竞争者的模仿破坏商业模式及经营策略创造的价值。例如,"复印机代理商为企业客户提供复印机租赁服务"这项商业模式,是卖复印机给企业客户的替代模式,但是作为竞争对手的其他复印机代理商,却可以快速复制这一商业模式,企业客户也可以绕过复印机代理商,直接与复印机制造商洽谈租赁业务。因此,复印机代理商必须构思一套经营策略,避免竞争者及顾客的作为减损自家商业模式创造的价值。

当行业竞争相当激烈时,商业模式分析对企业有相当重要意义。通过商业模式的创新,企业有机会摆脱激烈的竞争,找到独特的利润,创造高于同业的绩效。例如,出租车是竞争相当激烈的行业,但是一些个人出租车司机,会将自己定位为旅游业的一分子,提供所在地导游及包车旅游的服务,获得较高的报酬。

第二节　商业模式创新

【学习目标】

1. 理解商业模式创新概念;
2. 理解商业模式与创新的关系;
3. 了解商业模式创新类型;
4. 了解初创企业商业模式设计和实施挑战。

企业如果希望从高度同质的竞争中跳脱出来,必须进行创新,让企业的产品服务能够摆脱激烈的竞争,取得独特的地位。商业模式创新,对于企业创造产品服务的独特地位,扮演着相当重要的角色,特别是对缺乏稀有科技的中小型企业而言,商业模式创新更是取得独特市场地

位的有效方式。

一、商业模式创新概念

商业模式是一个进行商业逻辑设计的全新概念。在商业模式的利益相关者中，最明显的案例是价值主张的创新。因此，商业模式创新是指为公司、客户和社会创造新的价值。当移动电话出现在市场上的时候，Skype 提出了一种与固定电话不同的价值主张；互联网发展早期非常流行的门户网站(比如雅虎)，帮助人们在网上寻找信息；低成本航空公司 EasyJet 把廉价航空服务带给了普通大众；戴尔将互联网作为分销渠道并获得了巨大的成功；吉列在依靠其一次性剃须刀与客户建立了持续性关系的同时，也创造了大量的财富；苹果公司依靠其出色的设计和电子产品复活了；思科因对供应链活动的创新而成名；英特尔通过与合作伙伴共同建设加工平台而实现了繁荣；Google 依靠与搜索结果相关的文字广告而盈利；沃尔玛依靠巨大的销量成为供应链的主导，以降低成本；等等。

二、商业模式和创新的关系

关于商业模式和创新的关系问题，笔者认为商业模式的改变就是创新的源泉。按照哈佛商学院的克莱顿·克里斯坦森的观点，苹果公司并不是因为 iPod 才发明了便携式音频播放器，也并非在技术层面做了什么创新，它只不过改变了原有的商业模式就实现了创新。iPhone也是一样，智能机也并非是苹果公司的首创。苹果公司却通过统一平台的商业模式，让许多应用在此生根发芽，也牢牢地将其中的部分利润掌握在了自己的手里。目前，苹果公司主要的收入依然来源于毛利超过 50% 的硬件部分。然而它宣称的高附加值、高价格战略正受到谷歌的安卓智能软件、三星的 Galaxy 系列产品等的较大影响。苹果公司以 iPhone 为核心的超高盈利模式，是不是也要走到时代尽头了呢？其实这么说并非无凭无据，2001 年出现了"免费＋收费"模式和"开放式创新"模式。在两种商业模式中，"免费＋收费"模式改变了盈利方式，"开放式创新"改变了核心能力。任天堂是全球统一平台的开创者，它通过游戏软件实现盈利。为此，任天堂宁愿以低于成本的价格也要大力推广产品硬件。不过，微软却采取了不卖硬件、只卖系统的销售战略。为了增加操作系统的魅力，微软选择免费附赠浏览器和音乐播放器，但对办公软件实行收费。

三、商业模式创新类型

1. 根据供给和需求导向分类

供给导向创新，其出发点是将新的经营方式和技术应用于现有的商业模式。戴尔就是同时应用这两种方式的典范，戴尔将产品直接销售给客户，同时引入新技术(网络)作为一种新的分销渠道。需求导向创新，是从客户角度出发，迎合客户的新需求、品位或偏好。Napster 和 Kazaa 允许客户免费下载音乐，这种免费音乐共享平台的建立给音乐行业造成了很大的压力，需要一种新的、能够适应客户免费收听音乐习惯的商业模式。

2. 根据商业模式发展形态分类

商业模式创新可以分为三类：存量型创新(用不同的方法做相同的事)、增量型创新(基于企业现在的状况，在某些滞后的点上进行创新)、全新的商业模式(创造完全不同于以往的商业模式)。

存量型创新,是用不同的方法做相同的事,即用新的方式,提供相似的产品或服务。Skype 就是这样一个公司,它提供的服务与传统电话公司的一样——通话服务。但是它的商业模式中的服务平台是基于网络来建立的,这样就使得它能够在最大限度上压缩成本,同时在全球范围内开展业务。Skype 的商业模式提供了其他公司已经有的服务,但它所使用的资源、核心能力和分销渠道却非常新颖,所以获得了巨大的成功。

增量型创新,意味着立足于现有的经营模式,增加新的要素。比如通信行业,竞争十分激烈。这个行业内的企业都在为建立一个囊括无线通信、有线通信、互联网接入和有线电视等所有服务在内的平台。Zipcar 公司在付费会员制度下,通过提供计时或计天按需汽车租赁业务,把城市居民从自有汽车产权的模式中解放出来。

全新的商业模式会随着新市场的形成而出现。通过客户洞察、创意构思、可视思考、原型制作、故事讲述和情景推测,能够帮助企业设计更好、更具创意的商业模式,创造完全不同于以往的商业模式。全新的商业模式会取代陈旧的商业模式,当手机出现时,为手机下载铃声就成了一种新的生意,凭借 iPod 以及 iTunes 在线商店,苹果公司创造了一个全新的商业模式,从而成为在线音乐市场的主导力量。

专栏:IBM——不断创新的商业模式

IBM 公司,即国际商业机器公司,1911 年创立于美国,是全球最大的信息技术和业务解决方案公司,拥有雇员 30 多万人,业务遍及 160 多个国家和地区。IBM 曾因主导计算机和服务器的生产,而被称为"蓝色巨人"。然而,由于新技术革命和社会变迁导致商业机会的巨变,"蓝色巨人"成长和基业长青的道路并不平坦,每次新的商业模式创新都伴随着艰辛与挑战。

1. 用技术和产品引领 20 世纪的计算市场

IBM 创立之初的主要产品包括员工计时系统、镑秤、自动切肉机等。后来,公司发明了穿孔卡片数据处理设备,并在电子计算机发明之前一直占据商业(包括军用)计算市场。"二战"期间,IBM 为海军建了 Harvard Mark I,这是美国的第一个大规模的自动数码电脑。后来,其穿孔卡片计算系统在计算机曼哈顿计划中发挥了关键作用。20 世纪 50 年代,IBM 成为美国空军自动防御系统计算机的主要承包商。20 世纪 60～80 年代是 IBM 的黄金时期,在这 20 年中,它通过自己卓越的数据处理能力帮助"哥伦比亚号"飞上太空,又帮助"阿波罗"飞船登上了月球。当然,它最为重要的贡献是创立了沿用至今的个人计算机(PC)标准,并借此成为计算机产业长期的领导者。同时,它还长期主导着大型机、超级计算机(主要代表有深蓝和蓝色基因)、UNIX 和服务器的发展。另外,它也基本主导了软件行业,直到微软崛起。

到目前为止,IBM 是世界上拥有专利最多的公司之一,它的重要发明包括硬盘技术、扫描隧道显微镜技术、铜布线技术和原子蚀刻技术等。有人评价说,IBM 从技术和产品上定义了20 世纪。

2. 从大型计算机到个人计算机的普及:IBM 面临的巨大挑战

很多人说,计算机行业前 30 年的历史就是 IBM 的历史。但到了 20 世纪 80 年代末期,随着微软、康柏等竞争对手相继崛起,IBM 在操作系统、个人计算机等主要业务上接连失败,公司开始受困于严重的业务下滑。到了 90 年代,计算机已经经历了两次重大转变:从最初的巨型科研机器变成专业人士的职业工具,再变成普通大众的生活必备品,计算机行业的格局发生了翻天覆地的变化。之前,IBM用尖端技术统治着高利润的商业计算市场,此时,它却不得不在利润越来越薄的个人计算机市场与Dell等主要靠营销而不是技术创新起家的后起之秀竞争。

另外,IBM还被管理结构的重担压得透不过气来,它花了二三十年的时间在主要国家都建立了分公司,这些分公司都是相对独立的IBM小王国(比如说IBM德国、IBM法国、IBM日本),都有自己的后台机制、人力资源部、财务部、处理各种业务流程和业务部门等。这有益于培养本地人才和了解本土市场,但从成本和效益上来看,并非最佳做法。

1992年,IBM宣布了50年来第一次大裁员;1993年,公司宣布了成立以来的第一次亏损;随后,IBM的股价崩溃,公司年度亏损超过80亿美元,百年老店IBM走到了破产的边缘。

3. 巨亏后从产品向服务转型

1993年4月,郭士纳(Gerstner)"空降"IBM,担任CEO。当时,IT产业中有两种发展路线,一种是以大众商品化为主,通过在消费端不断发掘新的利润区域来发展,这部分市场总量大,但利润率低,技术门槛也较低;另一种是走高价值路线,在软、硬件和服务领域为客户提供高价值的产品和解决方案,这部分市场总量较小,但利润率高,且技术门槛非常高。

经过反复权衡,IBM认为自己最大的优势在于技术竞争力,它决定把消费品市场留给Dell和HP,向高利润率和高附加值的技术服务领域转型。郭士纳提出,IBM为客户提供的价值在于其所提供的端到端的解决方案,即用"交钥匙"的模式帮助客户解决业务问题。从1993年开始,IBM开始推行这种创建统一、整合型技术服务公司的战略。IBM转型花了十年左右的时间。其间,IBM先后卖掉了打印机、硬盘等和公司定位不相符合的产品及部门,并收购了一些软件和咨询服务提供商。同时,IBM逐步打破各国分公司之间相对独立的疆域分割,按功能将业务模块进行集中。郭士纳成功领导IBM公司实现了转型,IBM重新获得了市场竞争力。

4. 新世纪的转型之路荆棘丛生:走向云服务

一直以来,IBM都是大量企业和政府机构IT基础设施的主要供应商,但由于更多公司转向使用云服务来替代传统IT基础设施,IBM的这部分业务收入出现持续下滑。所以,该公司从十几年前就开始谋划转型。正式转型的节点是2005年IBM将PC业务以17.5亿美元的价格卖给联想。

2013年以来,IBM又先后投资数十亿美元用于云计算基础设施以及软件部署规划。2013年6月,IBM斥资20亿美元收购云计算基础设施提供商SoftLayer。2014年年初,IBM宣布进一步投资12亿美元,在全球新建15个数据中心。但是,IBM的转型结果并不那么可喜,在云服务领域,IBM已落后于微软、谷歌、亚马逊。此外,转型并没有给IBM的业绩带来多大改善。由于转型过程中出现了不少困难,IBM又多次被迫裁员。

或许,IBM需要的是彻底的云转型。正如IBM全球董事长、总裁兼CEO罗瑞兰所说,"云"不仅意味着技术的变革,更重要的是代表了商业模式的变革。尤其在公有云和未来以混合云为主导的云计算时代,交付模式的改变也意味着服务内涵改变。过去在以产品和方案为核心的交付模式下,服务意味着与客户高频度的接触,代表着厂商个性化的技术和经验输出;服务也意味着与客户长达数年期的合同,由此带来的稳定收入甚至可以帮助IBM抵抗2008年全球金融危机以来的市场大势。20亿美元收购的Softlayer是IBM云转型的基石,而投资

10 亿美元建设的 PaaS 平台 BlueMix 则成为 IBM 云转型的核心。也就是说,Softlayer 和 BlueMix 关系到 IBM 云转型的成败,甚至是"IBM 即服务"战略的成败。

5. 认知计算:开启商业新时代

在这个被称为"数字转型"的时代,IBM 与大多数公司一样在以数字的方式进行再造,在云端、大数据和移动等方面做了很多工作。但是,数字化这一理念在不断地改变,不断地创新。IBM 已经为自己和这个行业的发展描绘出新的前进方向。IBM 认为,当所有公司都实现数字化转型后,公司需要具备的差异化的优势就是认知计算。正如罗瑞兰在 2016 年 10 月所预言的,人类在 5 年内将进入认知时代。

认知计算系统是应用了认知计算技术的应用系统。具体地说,认知计算系统能够通过感知和互动理解世界,使用假设和论证进行推理,以及向专家和通过数据进行学习,它将认知技术应用到具体应用、产品与运营中,从而帮助用户创造新的价值,IBM Watson 就是认知计算系统的一个杰出代表。

Watson 背后的核心支撑技术已经涵盖了如排序学习、逻辑推理、递归神经网络等来自 5 个不同领域的技术,包括大数据分析、人工智能、认知体验、认知知识、计算基础架构。对于企业而言,认知计算的应用可以有多种形式,除了直接通过云服务调用 Watson API 进行开发,企业还可以在此基础上定制自己的认知系统,也就是让 IBM 提供针对特定应用场景的认知算法,然后结合自己的数据,实现应用和商业模式的创新。

将 Watson 作为基于云的 API 平台对外开放,正是 IBM 为构建认知计算生态系统而做出的重大决策,这样每一个人都能将 Watson 的强大能力加到他们的应用中,这有助于推动 Watson 得到更加广泛的应用,并且加速创新。根据 IBM2015 年提供的资料,现在有 36 个国家、17 个行业的客户都在使用认知技术;全球超过 7.7 万名开发者在使用 Watson Developer Cloud 平台来进行商业创新;有超过 350 名生态系统合作伙伴及既有企业内部的创新团队,正在构建基于认知技术的应用、产品和服务,其中 100 家企业已将产品推向市场。

所谓"世易时移,变法宜矣"。几乎没有一个企业的商业模式是永恒不变的,即使它当年是多么成功。面对如今 IT 界技术与服务浪潮的巨变,昔日的"蓝色巨人"尚在探索新的发展模式。在科技浪潮下,市场永远属于那些敏锐执着的弄潮儿。

四、商业模式创新的方法

商业模式是无形的,远不如产品创新那么具体,因此商业模式创新很重要,但挑战也很大。按照 IBM 商业研究所和哈佛商学院克利斯坦森教授(Christensen)的观点,商业模式包含用户价值定义、利润公式、产业定位、核心资源和流程四个部分。相应地,商业模式创新就是对这四个部分的变革:改变收入模式、改变企业模式、改变产业模式和改变技术模式。

1. 改变收入模式

改变收入模式就是通过改变一个企业的用户价值定义,相应地改变其利润公式模型。这就需要创业者从确定用户的新需求入手。这并非是市场营销范畴中的寻找用户新需求,而是从更宏观的层面重新定义用户需求,即去深刻理解用户购买你的产品需要完成的任务或要实现的目标是什么。其实,用户要完成一项任务需要的不仅是产品,而是解决方案。一旦确认了此解决方案,也就确定了新的用户价值定义,并可依次进行商业模式创新。

国际知名电钻企业喜利得公司就从此角度找到用户新需求,并重新确认用户价值定义。喜利得一直以向建筑行业提供各类高端工业电钻著称,但近年来,全球的激烈竞争使电钻成为低利标准产品。于是,喜利得通过专注于用户所需要完成的工作,意识到它们真正需要的不是电钻,而是在正确的时间和地点获得处于最佳状态的电钻。然而,用户缺乏对大量复杂电钻的综合管理能力,经常造成工期延误。因此,喜利得随即改动它的用户价值定义,不再出售而出租电钻,并向用户提供电钻的库存、维修和保养等综合管理服务。为提供此用户价值定义,喜利得公司变革其商业模式,从硬件制造商变为服务提供商,并把制造向第三方转移,同时改变盈利模式,戴尔、沃尔玛等都是如此而进行商业模式创新。

2. 改变企业模式

改变企业模式就是改变一个企业在产业链的位置和充当的角色,也就是说,改变其价值定义中"造"和"买"的搭配,一部分由自身创造,另一部分由合作者提供。一般而言,企业的这种变化是通过垂直整合策略或出售及外包来实现的。如谷歌在意识到大众对信息的获得已从桌面平台向移动平台转移,自身仅作为桌面平台搜索引擎会逐渐丧失竞争力,就实施垂直整合,大手笔收购摩托罗拉和安卓移动平台操作系统,进入移动平台领域,从而改变了自己在产业链中的位置及商业模式。甲骨文、礼来、香港利丰、美图秀秀等都是采取这种思路进行商业模式创新。

3. 改变产业模式

改变产业模式是最激进的一种商业模式创新,它要求一个企业重新定义本产业,进入或创造一个新产业。亚马逊正在进行的商业模式创新是向产业链后方延伸,为各类商业用户提供如物流和信息技术管理的商务运作支持服务并向它们开放自身的 20 个全球货物配发中心,并大力进入云计算领域,成为提供相关平台、软件和服务的领袖。

4. 改变技术模式

正如产品创新往往是商业模式创新的最主要驱动力,技术变革也是如此。企业可以通过引进激进型技术来主导自身的商业模式创新,如当年众多企业利用互联网进行商业模式创新。当今,最具潜力的技术是云计算,它能提供诸多崭新的用户价值,从而提供企业进行商业模式创新的契机。另一项重大的技术革新是 3D 打印技术。此技术一旦成熟并能商业化,它将帮助诸多企业进行深度商业模式创新。如汽车企业可用此技术替代传统生产线来打印零件,甚至可采用戴尔的直销模式,让用户在网上订货,并在靠近用户的场所将所需汽车打印出来。

当然,无论采取何种方式,商业模式创新需要企业对自身的经营方式、用户需求、产业特征及宏观技术环境具有深刻的理解和洞察力。这才是成功进行商业模式创新的前提条件,也是最困难之处。

五、初创企业商业模式设计和实施挑战

对于初创企业来说,商业模式创意在设计实施中,将遇到的挑战主要集中在市场的变幻莫测、竞争对手的阻截扼杀、资金的短缺和管理能力的不足等方面。

1. 如何应对市场的不确定性

创业者提出的很多商业模式创新的价值主张是针对新兴技术和新兴市场而言的。在实施这些商业模式创意时,初创企业所碰到的最大困扰之一就是市场需求的不确定性。即使在构思和论证时,价值主张虽然明确且具有预见性,但是当真王加以实施后,原来设定的价值对象是否领情、价值回收是否足够让股东最后能得到超过市场平均水平的回报等,则可能存在一定差距。因为新兴行业或新兴市场往往不成熟,需要培育伹又可能受新的变化因素影响而改变趋势。何况很多商业模式创意的价值主张受到主客观因素的限制,做不到那么精确完备。在这种情形下,初创企业只能运用"摸着石头过河"的策略,先从最确定和最有利于降低不确定性的环节入手,然后根据行业技术动态和市场开发的进展,按照明朗化的趋向进行不断的适应性调整。

2. 如何在市场中领先一步

当初创企业选择在比较成熟的行业或者市场空间比较狭窄的新兴行业实施自己的商业模式创意时,在位竞争对手或者潜在进入者的可能反应是一个重要的制约因素。初创企业进入成熟行业,势必会受到在位大企业的阻挡和遏制。为此,创业模式实施前必须认真考虑如何后来居上的策略。如果进入的是一个空间比较狭小但前景比较确定的新兴市场,那么初创企业若不能在短时间内形成气候以占领地盘,就会被其他企业抢了先机。特别是商业模式创意设计容易被模仿时,问题尤其突出。这时,初创企业也要对如何领先占领市场做出充分的谋划。

3. 如何突破资金和管理能力不足的"瓶颈"

商业模式创意的创业实施常常会受到资金缺乏和管理能力不足的困扰。创业实施对资金的需要主要来自迅速实现价值主张。例如,进入一个需要培育开发消费需求的市场,要求有比较充足的资金使得企业能够支撑到市场成熟取得回报之时。再如,当一个商业模式的价值主张需要网络外部效应作为支撑条件时,资金也会构成现实的"瓶颈"因素。商业模式创意也需要一个强有力的管理团队加以实施。但处于创业阶段的企业往往既没有一个成型的管理团队,又缺乏对高素质管理人才的吸引力,而这又反过来限制了价值主张的实现。

第三节 网络商业模式

【学习目标】

1. 了解 C2C 商业模式、P2P 商业模式、移动商业模式、淘金热模式;
2. 理解 B2C 商业模式的主要代表;
3. 理解 B2B 商业模式的主要代表。

一、B2C 商业模式

1. 门户网站

新浪、网易等门户网站向客户提供强大的网络搜索工具,提供一体化的内容和服务,如新闻、电子邮件、即时消息传递、日历、购物、音乐下载、视频流等。它们成为消费者开始网络搜索的地方,消费者会在这里停留很长时间,看新闻、娱乐、和其他人聊天等。随着用户需求的多样化,门户网站已不再是传统的形式,Facebook 等社交网站现在都是门户网站。

一般将搜狐、新浪以及其他类似网站称为水平门户网站,因为这类网站将其市场空间定义为包含互联网上的所有用户。垂直门户网站提供的是和水平门户网站相似的服务,但是它们只关注某个特定的主题或细分市场。

2. 电子零售商

在线零售店的规模大小各异,既有像亚马逊这样的网络巨人,也有只有一家网站的本地小商店。除客户需要接入互联网查看库存、下订单外,电子零售商更像是传统的门店。有时,人们把一些电子零售商称为"鼠标加水泥",认为它们是对现有实体门店的补充,销售的是同样的产品,如沃尔玛、苏宁易购等。而其他的电子零售商只在虚拟世界里运营,与实体门店没有任何关系,如亚马逊、天猫、京东就属于这类。此外,还有一些电子零售商的变种形式,如在线的直接目录邮购、在线购物中心以及制造商直销等。

电子零售领域的竞争异常激烈,因为电子零售市场的进入壁垒很低,只要较少的投入就能在网上开一家电子零售店。电子零售商如果没有知名的品牌和经验,要想盈利和生存是很困难的。电子零售商所面临的挑战是如何使自己的业务与现有的零售商不同。

3. 内容提供商

虽然互联网的应用形式广泛,但传播"信息内容"是互联网最大的用途之一。信息内容的定义很宽泛,包括各种知识产权形式。内容提供商利用网络分销各类信息内容,如数字化视频、音乐、照片,文本以及艺术品。

内容提供商通过向订阅者收取订阅费来获得收入。例如,Rhapsody.com 的用户需每月支付订阅费才能访问上千首歌曲。其他的内容提供商如华尔街日报在线版、哈佛商业评论等则主要是向消费者收取内容下载的费用,作为对订阅费的替代或补充。

要想成为成功的内容提供商,关键是要拥有信息内容。信息内容版权的传统拥有者(图书报纸出版商、电台和电视台、音乐发行公司和电影制片厂)比网络新进入者更具优势,因为新进入者只提供分销渠道,必须付费购买内容。

4. 交易经纪人

通过电话和邮件为消费者处理个人交易的网站叫作交易经纪人。较多采用这种模式的行业是金融服务、旅游服务以及职业介绍服务。在线交易经纪人的价值主张在于节省时间和金钱。此外,大多数交易经纪人还提供及时的资讯和建议。

越来越多的消费者对金融理财和股市感兴趣,在线交易经纪人的市场机会也随之扩大。不过,尽管成千上万的消费者转向在线经纪人,仍有很多人对于从提供个人建议的传统知名品牌经纪人转向在线经纪人非常谨慎。此外,对隐私被侵犯和个人财务信息失控的担心,也成为该市场发展的障碍。所以,在线经纪人面临的挑战就是要通过强调安全和恰当的保密措施克服消费者的恐惧,就像实体银行和经纪公司一样,提供大范围的金融服务和股票交易。

交易经纪人通过在每次交易中收取佣金来获得收入。例如,无论是按固定费率还是按与交易额有关的浮动费率,每完成一次股票交易,企业就获得一笔收入。所以,吸引更多的新客户,鼓励他们经常进行交易,是这类企业获得更多收入的关键。

5. 市场创建者

市场创建者建立了一个数字化的环境,使得买卖双方能够在此碰面,同时还能展示、检索产品,为产品定价。eBay 的拍卖商业模式是,为买卖双方建立一个数字化环境,使得他们在此碰面、协商价格、达成交易。这与交易经纪人不同,交易经纪人主要是直接为客户进行交易,其作用相当于大型市场中的代理人。但是在 eBay,买方和卖方都是自己的代理人。在 eBay 上,除了收取列出物品清单的费用外,每售出一件物品,公司还能获得一笔交易佣金。eBay 是少数从一开始就真正盈利的网站之一。

除营销和建立品牌,企业的管理团队和组织架构也能在新市场的建立中发挥重要作用,特别是曾经有过类似业务从业经验的经理人。在这种情况下,速度往往是关键,所以成功与失败的差异就在于能否迅速地投入运营。

6. 服务提供商

电子零售商在网上销售产品,而服务提供商则提供在线服务。网络服务已取得突破式增长。Web 2.0 应用都是面向消费者的在线服务,如照片分享、视频分享和用户生成内容。谷歌在开发在线应用方面处于领先地位,如谷歌地图、谷歌文件和 Gmail。

服务提供商的盈利模式不尽相同。有些在线服务商是收费的,如月租费,而有些则通过其他途径获得收入,如通过广告或直接营销中收集的个人信息。有些服务则是部分免费,如谷歌应用的基本版本是免费的,但虚拟会议空间和高级工具则每年向用户收取 50 美元的费用。零售商用产品赚钱,服务提供商用知识、经验、能力赚钱。

服务提供商的基本价值主张在于向消费者提供比传统服务提供商更有价值、更便利、更省时、更低成本的服务,或者说在搜索引擎和大多数 Web 2.0 应用中,提供独特的网络服务。服务提供商的市场机会巨大,因为可提供服务的多样性比实际商品高。

7. 社区服务商

虽然社区服务商并不是一个新事物,但借助互联网,这类网站可以让志趣相投的人们更容易地碰面交流,而不受地域和时间的限制。社区服务商是那些创建数字化在线环境的网站,兴趣爱好相似的人可以在这里进行交易、分享兴趣爱好、照片、视频,和兴趣爱好相同的人沟通,和志同道合的人沟通,了解与自己兴趣相关的信息。社交网站 FacehMySpace、Twitter、新浪微博等,都提供用户社区工具和服务。

社区服务商的基本价值主张在于建立快速、方便、一站化式网站,让用户能够关注最感兴趣、最关心的事情,和好友分享经验。社区服务商一般采用混合的盈利模式,包括收取订阅费、获得销售收入,收取交易费、会员推荐费以及广告费。

二、B2B 商业模式

1. 电子分销商

直接向个体企业提供产品和服务的企业叫作电子分销商。例如,固安捷是最大的维护、维修和运作件(MRO)供应商。MRO 原料被认为是生产过程的间接收入——相对于直接原料来说。过去,该公司主要依靠目录销售和大城市中的实际分销中心来开展业务。1995 年,公司将其设备目录搬到网络上,在其网站 grainger.com 上提供的产品超过 475 000 种。企业采购代理可根据产品类目进行搜索,例如按汽车类、通风和空调类、流体技术类,也可按照特定的品牌搜索产品。

电子分销商是由一家寻求为多个客户服务的企业建立的。然而,与电子交易市场一样,客户数量仍是关键要素。对电子分销商来说,企业在其网站上提供的产品和服务越多,就越有可能吸引潜在客户。与为购买某个零部件或产品而访问无数网站相比,一站式的购物体验总是要理想得多。

2. 电子采购市场

就像电子分销商向其他企业提供产品一样,电子采购公司建立并出售进入数字化市场的途径。这些公司如 Ariba 编写了能帮助大公司组织生产过程的软件,为单个公司建立迷你数字化市场。Ariba 为采购公司在销售层面创建了定制集成的在线目录(供应商企业可以列出自己的产品),Ariba 通过提供集成建立目录、运输、保险和金融的软件帮助供应商向采购公司销售商品。买卖双方的软件都属于"价值链管理"软件。

B2B 服务提供商通过收取交易费来获得收入,费用是按照使用服务的工作站数量或每年的许可证费用来计算的。它们向采购公司提供顶尖的采购和供应链管理工具,帮助公司降低供应链成本。在软件的世界里,Ariba 之类的公司叫作应用服务提供商,可通过规模经济向企业提供低成本的软件。规模经济指业务规模的增长带动效率大幅提高的现象。例如,当规模扩大时,成本固定的系统产品(如工厂或软件系统)可满负荷地运作。以软件为例,对软件程序进行数字化复制的边际成本几乎为零,为昂贵的软件程序多找到一个购买者,就多一份利润。这比企业自己开发供应链管理系统的效益要高得多,并且这么做还可以使得 Ariba 之类的公司能专注地精通某一类系统,以低于开发价的价格向公司提供软件。

3. 电子交易市场

电子交易市场由于其潜在的市场空间规模在 B2B 电子商务中备受关注,也获得了最早的资本注入。即使是今天,电子交易市场也在 B2B 市场中稳占一席之地。电子交易市场是一个独立的数字化电子市场,供应商和商务采购者可以再次进行交易。电子交易市场由独立于买卖双方的独立方拥有,它通常是创业型公司,其业务就是创建市场,通过收取佣金或者按照交易规模收取交易费来赚钱。它一般是为垂直产业服务的,如钢铁、聚合物、铝等可直接投入生产、采用短期合同和现货采购行业。对于买方来说,利用 B2B 电子交易市场能够集成在一个地方收集信息,检验供应商,采集价格,了解最新发生的变化。另外,对于卖方来说,则能从扩大与买方的接触而获益。因为潜在购买者的数量越大,则销售的成本就越低,促成销售的机会也越大。轻松、速度、交易量被概括地称为市场流动性。

从理论上讲,电子交易市场能极大地减少识别潜在的供应商、客户和合作伙伴,以及在彼此间开展业务所需要的成本和花费的时间,因而可以降低交易成本——进行买卖所需要的成本。交易中心还可以帮助企业降低产品成本和仓储成本——产品储存在仓库中的成本。事实上,B2B 电子交易市场很难劝服数千个供应商转向单一的数字市场,而且在这个市场中供应商要面临激烈竞争,同样也难劝说企业离开长期合作的供应商。

4. 行业协会

行业协会是为某个行业所有的、服务于特定企业的垂直市场,如汽车、航空、化学、花卉、采运业。垂直市场向小部分企业提供与所在行业有关的产品和服务,水平市场则向各行业的企业提供某一类特定的产品和服务,如与营销、财务或计算机处理有关的。例如,Exostar 是航空和国防业的在线交易场所,由 BAE System、波音、洛克希德-马丁、雷神和劳斯莱斯于 2000 年创建。

行业协会比独立的电子交易市场更容易成功,因为他们受到强大的、财力雄厚的业内人士监督,也因为它们改进而非试图改变传统采购行为。

5.会员专用网络

会员专用网络是数字化的网络(通常是基于互联网的网络,但并不总是如此),可以协调与业务有关的企业间通信流。例如,沃尔玛拥有全球最大的会员专用网络,供应商可以利用沃尔玛会员网络监控每天的商品销售、运货状态、实际库存水平。B2B电子商务极大地依赖于电子数据交换(EDI)技术。EDI可用于单家供应商和单个采购方之间的一对一关系,最初是为专用网络设计的,之后很快应用到互联网中。大多数公司开始完善自己的EDI系统,强大的网络技术使系统可用于多对一和多对多的关系,允许多家企业向单家或几家采购公司销售商品。在独立的电子交易市场中会同时存在多个买方和卖方,而EDI不适用于此类采购关系。

会员专用网络共有两种:企业会员专用网络和行业会员专用网络。

(1)企业会员专用网络是最常见的会员专用网络形式。企业会员专用网络通常由某家大型采购公司拥有,如沃尔玛和宝洁。只有受信任的长期直接原料供应商才会受邀加入。企业会员专用网络逐步演变出公司自己的企业资源计划系统,努力将主要的供应商引入到商业决策中。

(2)行业会员专用网络往往会演变出行业合作集团,通常由行业内大公司组成的协会所有,主要有以下几个目标:为网络商业沟通建立中立标准、公开共享解决行业问题的技术平台、在某些情况下提供运营网络以促使整个行业中的成员密切合作。从某种程度上说,行业会员专用网络可以说是某个企业会员专用网络成功后带来的结果。例如,沃尔玛拒绝向其他零售成员开放其网络,担心与西尔斯等零售商共享技术机密后影响其成为行业标准的目标。

相反,西尔斯等全球范围内的零售商建立起自己的组织协会和网络,并向全行业开放。例如,Agentrics是由两个行业范围内的会员专用网络合并而成的,方便且简化了零售商、供应商、合作伙伴和分销商之间的交易。目前,Agentrics客户包括全球排名前25位的零售商中的15家,以及来自非洲、亚洲、欧洲、南美洲和北美洲的250个供应商。Agentrics提供协调设计工具、计划与管理、招标与谈判、订单执行、需求聚合、全球类目管理、全球物流,以及英语、法语、德语和西班牙语等多种语言版本的全球目录(包含供应商3万多种产品的交易关系数据)。产业范围内的行业会员专用网络能比行业协会提供更多的可能,尽管这两个模式很相似。

三、其他电子商务商业模式

当谈到业务形式时,人们一般会联想到由企业生产产品,然后出售给消费者。但是万维网让我们见识到一些新的业务形式,如消费者对消费者的电子商务、对等电子商务以及移动商务。这些商务模式不能准确地归类于已描述的典型电子商务商业模式。表4-2列出了这三种商业模式及其盈利模式。

表4-2 三种商业模式及其盈利模式

类 型	举 例	说 明	盈利模式
消费者对消费者的电子商务	淘宝 eBay	帮助消费者与其他想出售东西的消费者建立联系	交易费

续 表

类 型	举 例	说 明	盈利模式
对等电子商务	The pirate Bay Cloudmark	利用技术使消费者在没有共同服务品的情况下通过万维网共享文件和服务	订阅费、广告费、交易费
移动商务	eBayMobile AOL Mobile－Moviefone	利用无线技术拓展商务应用	产品和服务销售

资料来源:赵礼强,荆浩,马佳,等.电子商务理论与实务[M].2版.北京:清华大学出版社,2019.

1. 消费者对消费者(C2C)的商业模式

从事 C2C 电子商务的企业为消费者提供相互在线销售商品的途径。国外最大的 C2C 网站是 eBay 和 Craigslist,国内则是淘宝。eBay 采用拍卖市场商业模式,而 Craigslist 提供网络归类服务,使消费者能方便、快速地找到商品,或者以固定的价格出售商品。当众多卖家被组织在 eBay 上运营且实现盈利时,他们发现消费者不再如当初还是小企业(如电子零售商)时那么多。Craigslist 是全球最大的 C2C 网络归类广告服务商,也是 C2C 商务的领先者。网上有众多的小型分类服务商,其中多数是新闻分类网站。

在 eBay 和 Craigslist 出现之前,个体消费者使用车库展销、跳蚤市场和旧货商店来买卖二手货。随着在线拍卖的出现,消费者不用再跑到外面去购买自己感兴趣的东西,出售物品的卖方也不用再去租用昂贵的零售场所。作为向感兴趣的买卖双方提供联系的回报,eBay 收取一小笔佣金。拍卖成交得越多,eBay 获得的收入也就越多。事实上,eBay 网站从上线第一天起就已实现盈利,而且一直持续多年。

不喜欢拍卖,但仍想找到二手货的消费者可使用 eBay 的固定价格商品清单或访问 Half.com(同样为 eBay 所有),消费者可利用该网站向其他消费者以固定的价格出售自己不想用的图书、影片、音乐和游戏。作为帮助完成交易的回报,Half.com 对每一笔交易收取 5%～15% 的佣金,再加上部分运货费。

2. 对等(P2P)商业模式

与 C2C 模式相似,从事 P2P 电子商务的企业连接用户,使得他们不需要通过公共服务器就能共享文件和计算机资源。从事 P2P 电子商务的企业主要帮助个人向其他网络用户提供信息。对等软件技术已能实现版权音乐、视频和图像文件的共享,但这种做法有违数字版权法。所以对于从事 P2P 电子商务的企业来说,其挑战就在于要建立切实可行的、合法的商业模式,使得企业能够获得利润。例如,海盗湾网站的网络版权纠纷,就是 P2P 商业模式中最有名的例子之一。如今,不涉及共享非法内容的成功 P2P 电子商务网站很少。Cloudmark 将该模式成功地运用于合法的业务中,提供一套名为 Cloudmark Desktop 的 P2P 反垃圾邮件解决方案。2010 年,Cloudmark 为全球 10 亿多电子邮箱提供保护。

3. 移动商务商业模式

移动商务既吸收了传统电子商务的模式,同时又利用智能手机和上网本等移动设备的功能,以及宽带无线技术——实现对网络的移动访问。无线网络技术将拓展现有的商业模式,为将来的移动工作人员和消费者服务。无线网络,包括蜂窝网络和 Wi-Fi,使用宽带和通信协议来连接移动用户和互联网。移动商务的主要优势是可利用无线设备,实现任何人随时随地都能访问网络。目前的主要技术是 4G 手机、Wi-Fi、蓝牙(短距离射频网络设备)等。

2009 年以前,美国的移动商务还不容乐观。随着 iPhone 等手机的推出,情况开始大为好转。例如,排名前 100 位的大型网络零售商,如亚马逊、新蛋、1-800-Flowers.com 等相继推出智能手机访问的网站版本,提供可下载到智能手机上的购物软件。所有电子商务企业面临的挑战是在满足消费者需求的同时,找出利用移动商务赚钱的方法。目前,用户对数字内容要求很高,如铃声、游戏、视频和壁纸。随着 iPhone 的问世,移动搜索应用开始流行,消费者应用也开始涌现出大量的个人交易平台,如 AOL 的 Moviefone 预订系统、eBay 的移动系统和移动支付平台(如 PayPal 的移动 Checkout)。

移动数字设备独有的业务功能是什么?对商业模式创新有什么贡献?第一,移动数字设备是手提式,便于携带,可在任何地方、任何时间购物,而不是局限在桌子旁边。该特性大大延长了网络购物的可用时间。第二,智能手机配有照相机,可在购物时扫描产品编码,该功能使消费者能在商店购物时用智能手机拍摄产品编码,进行产品比较,接受商店的优惠信息。第三,智能手机有内置的 GPS 功能,可识别用户的位置,该功能特性使商家能够基于消费者的位置提供服务。例如,餐厅、博物馆和书店可与在附近逛街的潜在客户联系。移动商务是美国发展最快的电子商务形式,也是发展最快的广告平台。

4. 电子商务使能者:淘金热模式

在 1849 年的淘金热中,近 50 万名开矿者涌入加利福尼亚,其中只有不到 1% 的人发了大财。但是,银行、运输公司、五金工具公司、房地产公司以及李维斯等制衣公司却获得了长期的财富。电子商务也是如此。对电子商务商业模式的探讨将永无休止,更不用说还有许多企业的商业模式是以提供电子商务企业存在、发展和兴旺所需要的基础设施为目标的。电子商务的使能者就是互联网基础设施公司。它们提供硬件、操作系统软件、网络和通信技术、应用软件、网站设计、咨询服务以及其他技术工具,使在网上开展商务活动成为可能。尽管这些企业本身可能并不从事电子商务(虽然在许多例子中,电子商务只是一种销售渠道),但却可能在电子商务的发展中获得最多的利益。

实 训

【实训指导】

训练项目 4.1:研究一家企业案例,分析该企业商业模式如何为顾客创造价值、为企业创造价值,如何将价值在企业和客户之间进行传递。

训练项目 4.2:研究一家企业案例,分析其如何通过商业模式的创新,获得竞争优势。

训练项目 4.3:选择一家熟悉的企业,帮其构思一个商业模式创新点。

【实训目标】

1. 使学生理解商业模式基本构成。
2. 掌握商业模式创新方法。

【实训内容与组织】

1. 学生自愿组成小组，每组 3～5 人。
2. 组长负责成员的分工与任务的具体安排。

【成果与检测】

1. 书面报告或发言稿。
2. 在班级进行交流，每个小组推荐 1 个人进行介绍。
3. 由教师对学生评估打分。

习　　题

一、简答题

1. 简述商业模式设计的基本问题。
2. 简述商业模式的构成要素。
3. 简述商业模式与经营策略、竞争优势的关系。
4. 简述商业模式创新的方法。

二、论述题

1. 在商业模式设计中，应如何解决商业模式创新所面对的问题？
2. 一家没有赚钱的企业，能否上市？

中篇　网络创业

第五章　网络营销产品的选择

【案例导入】
如何在网上开服装店
　　李某是广州一家服装企业的渠道经理,负责公司销售网络的维护,在服装行业摸爬滚打六年多。从2008年开始,电子商务潮流渐起,不断有同事或朋友独自创业,在淘宝网成功开店。同时公司的传统渠道不断受到电子商务模式的挑战,加盟店不断抱怨生意越来越难做,李某认识到电子商务带来的变革不可阻挡,也萌生创业梦想,希望通过电子商务实现一直深藏心底的梦想,创造属于自己的服装品牌。李某虽然从事服装业务多年,却都是传统渠道,对网购市场、电子商务并不了解,思考数月,始终被如下问题困扰不止:
　　1.什么样的服装能够在网上热卖?
　　2.是自己设计生产还是通过原始设备制造商(OEM)采购?
　　3.是坚持做品牌还是跟随市场热点快进快出?

第一节　网络营销产品的内涵与特点

【学习目标】
1.了解传统产品内涵、网络营销产品内涵、适合网络销售的产品类型;
2.理解网络产品的特点。

一、网络营销产品内涵

　　从市场营销学的角度来看,产品是指向市场提供的,供人们获取、使用或消费,从而满足人们某种欲望或需要的一切东西。广义的产品包括有形商品、服务、人员、场所、组织、主意或者它们的组合。从经济学的本质上讲,产品是一个收益的集合,它能满足一个组织或消费者的愿望,使他们愿意以货币或者其他有价值的东西来交换。在传统营销中,企业设计开发产品是以企业为起点的,从而使得消费者与企业在产品设计和开发过程中基本是分离的,顾客只是被动地接受和反映,无法直接参与产品的形成、设计和开发环节。在网络营销活动中,消费者的个性化需求更加突出,借助网络的优势,消费者购物的主动性、选择性大大加强,消费者的个性化需求也更加易于实现,因此,网络营销的产品概念不应停留在企业能为消费者提供什么的理解上,而应该关注"消费者需要什么、消费者想要得到什么",真正以消费者需求为导向。网络赋予了产品更深的内涵,在网络营销中,营销者应该根据产品的新特点,采取不同于传统市场的营销策略来推广网络营销产品。

1. 传统产品的三个层次

根据市场营销学对产品的定义,手机、照片冲洗店、音乐会以及度假等都是产品。但是,产品不仅仅是我们看到的实体产品或是感受到的服务本身,它还应是一个产品整体。在传统市场营销中,菲利普·科特勒将产品分成核心利益(Core Benefit)、实际产品(Actual Product)和附加产品(Augmented Product)三个层次。最基础的层次是核心利益,它解决了购买者究竟购买的是什么的问题。在设计产品时,营销者必须首先定义这个核心,即什么是顾客寻找的解决问题的产品或服务。在第二层次,核心利益被转变为实际的产品,包括产品或服务的特征、款式设计、质量、品牌名称和包装。在第三层次,必须为顾客提供附加的服务和利益。围绕核心利益和实际产品建立一个附加产品,使消费者的价值需求及体验得到最大的满足,如个性化、便利、快捷、丰富等。这时,网络产品所带给消费者的价值就是更深层次的。

2. 网络营销产品的内涵层次

虽然传统产品的三个层次在网络营销产品中仍然起着重要作用,但传统营销中的主流营销活动是建立在一种面对面的营销界面基础之上的,而在网络环境下,由于网络的虚拟性,网络营销中的人机交互界面改变了以往对满足消费者需求价值的产品的认识。网络营销是在网上虚拟市场开展营销活动,以实现企业营销目标的。产品的设计和开发的主体地位已经从企业转向顾客,企业在设计和开发产品时还必须满足顾客的个性化需求,因此网络营销产品的内涵与传统产品的内涵有一定的差异,其层次比传统营销产品的层次大大扩展了。网络营销产品的概念可以概括为:在网络营销活动中,消费者所期望的能满足自己需求的所有有形实物和无形服务的总称。根据网络营销产品在满足消费者需求中的重要性,可以将网络营销产品整体划分为五个层次:核心利益层、个性化利益层、附加利益层、潜在利益层以及产品形式层。

(1)核心利益层。核心利益层是指消费者希望通过交易活动得到的最核心或最基本的效用或利益。这一层次的利益是目标市场消费者所追求的共同的无差别的利益。

(2)个性化利益层。个性化利益层是指网络目标市场上,每一细分市场甚至每一个消费者希望得到的,除核心利益之外的满足自己个性化需求的利益的总称。不同消费者对同种产品所期望的核心效用或利益一般是相同的,除此之外,不同消费者对产品所期望的其他效用往往会表现出很大的个性化色彩,不同细分市场或不同个体消费者所追求的产品利益又是富有个性的。所以,个性化利益层也称为期望产品层,即顾客在购买产品前对可购产品的质量、使用方便程度、特点等不同的期望值。例如上网聊天,人们追求的都是社交需求的满足,但有的人是以觅友为目的,而有的人却以宣泄个人感情为目的,还有的则完全出于追求一种网络社交的体验等。

网络市场是一种典型的买方市场。卖方市场是消费者向企业求购,是消费者对企业的营销,而买方市场却是企业向消费者求买,是企业对消费者的营销。网络营销很难做到像网下营销那样,一厢情愿地采取强迫性的促销攻势。相反,在网络营销中,消费者完全处于主导地位,鼠标就是选票,消费行为呈现较大的个性化特征。因此,企业要想通过网络营销获取竞争优势,产品的设计和开发必须以满足顾客个性化的消费需求为导向。例如,海尔集团提出"您来设计我实现"的口号,消费者可以向海尔集团提出自己的个性需求,如性能、款式、色彩、大小等,海尔集团可以根据消费者的特殊要求进行产品设计和生产。现代社会已由传统的企业设计开发、顾客被动接受,转变为以顾客为中心,顾客提出要求,企业辅助顾客来设计开发产品,以满足顾客个性需求的新时代。

(3)附加利益层。附加利益层也称延伸利益层。网络营销整体产品中,附加利益层是指消费者选择网上购物时希望得到的一些附加利益的总称。这一层次产品的内容是为了满足消费者因获得前两个层次的产品利益而派生出的延伸性需求,同时也是为了帮助用户更好地使用核心利益和服务。它通常包括销售服务、保证、优惠、信贷、赠品等内容。它是产品的生产者或经营者为了帮助消费者更好地获得核心利益与个性化利益而提供的一系列服务。

在网络营销中,对于物质产品来说,附加利益层要注意提供满意的售后服务,如送货、质量保证等;对于无形产品,如音乐、软件等,由于可以通过网络渠道直接进行配送,其附加利益的重点是质量保证和技术保证以及一些优惠政策,如现在很多软件商许诺用户可以享受免费的软件升级服务,可以以优惠的价格购买同一公司的软件或产品等。

网络产品丰富的附加利益还主要表现在网络产品所能够提供给消费者的信息价值、娱乐价值和顾客群体认同价值等。例如,对一个ICP(网络内容提供商)网站而言,网络媒体的内容产品所包含的附加利益是多重的,人们在接收内容产品时,相关信息所依附的网站界面、网站的整体氛围、网站提供的服务等,都可以成为一种附加利益,为内容产品增值。一个网络游戏提供商或博客平台提供商,除了为网络消费者提供一个网络娱乐和网络信息沟通的平台之外,还为参与者提供了群体归属感和认同感,这也是网络产品的一种附加利益表现。而信息增值几乎是所有网络产品都能够提供的附加利益。

(4)潜在利益层。网络营销整体产品中,潜在利益层是指在核心利益、个性化利益、附加利益之外,能满足消费者潜在需求,但尚未被消费者意识到或已经被意识到而尚未被消费者重视或消费者不敢奢望的一些产品利益。它与附加利益层的主要区别是,顾客没有得到产品的潜在利益层仍然可以很好地满足其现实需求,但得到潜在利益层,消费者的潜在需求会得到超值的满足,消费者对产品的偏好程度与忠诚程度会大大强化。

在高新技术发展日益迅猛的时代,产品的许多潜在利益还没有被顾客充分认识到,这就需要企业通过消费教育和消费引导活动,使消费者发现或认识到产品的潜在利益层。例如,联想推出天禧系列电脑时,在提供电脑原有的一切服务之外,还提供了直接上网的便捷服务。

(5)产品形式层。网络营销整体产品中,产品形式层是指产品的核心利益、个性化利益和潜在利益借以存在并传递给消费者的具体形式。实物产品主要由产品的质量水平、材质、式样、品牌、包装等因素构成,服务产品则由服务的程序、服务人员、地点、时间、品牌等构成。

在现代信息技术的支持下,网络所能够提供的实际产品是异常丰富的。对于知识和信息类产品,如软件产品,其产品形式表现为:当它存储在实体中时,其实际产品形式是光盘;当它存储在网络里时,其实际产品形式是比特流。对于那些购买前客户不能体验的产品而言,营销者可以通过网络广告或包装宣传来提供有价值的信息担保,对于在网络上提供的这些信息产品而言,产品的视觉表达和描述就等于产品的包装。它也可以表现为一种在线服务,那些高度依赖储存的信息且能够分解成良好结构的客户交互的服务最适宜于通过网络进行交付。目前,旅游咨询、心理咨询、法律咨询和医疗咨询等在线服务发展势头迅猛,正是基于网络信息服务强大的资源优势和提供更多附加价值的优势。

网络营销就是通过满足消费者对不同产品层次的需要而获得企业利润。网络营销产品整体概念的五个层次,充分而清晰地体现了以消费者为中心的现代营销观念。可以说,产品整体概念是建立在"需求＝产品"这个等式的基础上的。

二、网络营销产品的特点

网络的虚拟性使得顾客可以突破时间和空间的限制,实现远程购物和网上直接订购,这会使得网络购买者在购买前无法尝试或只能通过网络来尝试产品。就有形产品而言,网络无法提供诸如嗅、触摸、操作等手段供购买者收集信息之用;就无形的服务产品而言,不能提供顾客认识服务设施、服务人员质量等产品组成的重要手段。因此,并非所有的产品都适合在网上销售。

从网络产品的消费者导向出发,产品是否适合在网络上销售,可以简单地归结为顾客愿意不愿意在网络这个特殊的市场上做出购买决策。根据网上消费者的目标市场和消费者的购买决策行为过程,结合以下几方面分析可以得出目前适合在互联网上销售的产品的特性。

1. 产品的可信息化程度

从消费者决策过程中可以发观,收集信息对消费者决策具有关键的影响作用,它是一切决策过程的开始,而展示信息则是消费者收集信息的来源。因此,资讯丰富并易于数字化传播的产品比较适合网络营销。企业在网络上向顾客提供的产品都是以纯信息形式出现的,是信息化后的有形产品、信息化后的服务产品以及纯信息产品。这些信息化以后的产品如果能够向网络顾客提供足够多的信息量,就能够吸引顾客购买,否则,就难以使顾客发生购买行为。因此,产品能否被信息化成了其是否适合在网络上销售的关健。

一般来说,技术含量越高,使用人工材料越多的产品,它们的可信息化程度越高,而艺术含量越高、使用天然材料越多以及很少使用视听来认识的产品,它们的可信息化程度越低。例如,图书是一种非常适合于网络营销的产品,之所以能够成为网上热销产品,是因为它具有很高的可信息化程度。图书本身就是传播信息的产品,稍微有选择地抽出一些内容组合起来就可以很好地把它的产品特性、质量等描述出来。因此,购书者可以在任何时候上网查阅新书目,不仅可以迅速捕捉到最新的出版信息,而且可以阅读到书中详细的目录,甚至是章节的片段。同时,网上书店所提供的关键词、作者、书名的查询,也大大方便了顾客,节约了顾客大量的时间。

2. 产品的标准化程度

传统的消费者习惯于从与产品的直接接触中收集信息,或者因产品特性不同而只能通过与产品的直接接触收集信息。譬如,专业人员可以通过食品油的物质组成比例了解它的质量、颜色甚至气味,而普通消费者只能通过嗅觉才能达到了解的目的。另外,有些产品只能通过直接接触才能真正认知其价值,如珠宝。因此,不能通过真实的触觉、嗅觉而展现的网络营销产品,最好是能够通过一系列的标准化数据来展示,以便于消费者比较。例如,可以通过一系列标准化的性能指标直接表述的电子产品,如笔记本电脑、手机等,就比较容易通过网络销售。

3. 产品的品牌知名度

在网络营销中,一方面,要在网络浩如烟海的信息中吸引浏览者的注意,必须拥有明确、醒目的品牌；另一方面，由于网上购买者面对很多选择，并且无法直接感知产品特性和进行购物体验，因此，购买者对品牌比较关注，具有品牌知名度的产品更易获得消费者的认可。因为名牌产品、名牌企业的产品或知名网站经销的产品，已经被众多消费者的购物实践证明货真价实、质量可靠，消费者在购物过程中不必再花费太多的精力和时间去比较选择，如海尔系列产品、TCL产品的网络营销都比较成功。但据调查，传统优势品牌在网上不一定占有优势，如可口可乐公司的网站就不是很吸引网民。所以，在网络营销中的产品品牌知名度来自网络市场，要和传统市场区分开来。

4. 产品的购买风险

由于许多人对昂贵产品的安全问题十分敏感，因此人们更愿意用传统的方式来购买金银首饰等贵重物品，而图书、音像制品、家用电子产品、礼品玩具、计算机硬件等则易于通过网络营销来开展业务。因为这类产品本身不贵重，而且有较长的保质期，邮寄过程中也不容易出现破碎或损耗。对于消费者来说，通过网络来购买这些产品，风险不大；对于厂商来说，这些产品是发展网络营销的首选种类。如当当网网上书店就是先在网上销售书籍，然后开始销售音像等制品的，并获得了极大的成功。

5. 产品的网络目标市场定位

消费者愿意接受网络营销的产品首先要借助网络这个工具，如果需求对象根本不上网，那么这个产品是不适宜在网络上销售的。那些拥有较多的上网人数的目标消费顾客群，符合时尚、个性化较强的产品，则比较适合网上销售，如手机、小饰品等时尚产品受到以年轻人为主要构成的网络消费群体的青睐。同时，由于网上用户在初期对技术有一定要求，因此与技术或与电脑、网络有关的产品，比较容易定位其用户族群，这些产品容易引起网上用户的认同和关注。目前在网上销售最多的企业是信息技术类企业，如美国的英特尔公司、思科公司和戴尔公司。

6. 产品的市场可到达性

网上市场是以网络用户为主要目标的市场，适合在网上销售或能发挥网络营销优势的产品一般是那些覆盖较大市场范围的且市场容量比较大的产品。如果产品的目标市场比较狭窄，虽然也能实施网络营销，但营销效益不佳，不能充分发挥出网络营销的优势。但是，如果网络目标市场覆盖范围很广，市场容量很大，而网络营销的可到达性很差，或者物流配送体系跟不上，又或者网络营销信息到达率很低，也不适合网络营销的开展，或者至少在一定时间内不能开展。

7. 产品对传统市场的扩展

一些补缺产品以及现实空间难以实现的产品，适合进行网络营销，因为网络空间的无限性与网络的搜寻功能可以满足消费者需要足够信息来决策的要求，也就是说这类产品在网络空间的信息具有质量优势。这些产品主要是借助互联网的便捷性而出现的服务产品，在网络上销售具有更大的可行性。如联邦快递公司的快递服务，通过整理业务流程，使其完全符合在网络运作的要求，从而能够为顾客提供诸如跟踪邮包等网上服务，为其赢得了更好的声誉。

另外一些需求量小、顾客地理分布很散的产品，由于受地理位置的限制，很难保证销量和客源，但是若将其放到网络的大市场中，所有联网的用户都可能是潜在客户。替代性不大，具有较强垄断性的产品，或者那些不太容易在线下设店经营的特殊产品，或者传统市场不愿经营的小商品,比较容易在网上销售。也就是说,利用网络优势而实现对传统市场扩展的产品适合上网销售。

三、适合网络销售的产品类型

网上零售商的目标顾客是网民,根据所选择的目标市场的情况,进行市场定位,选择合适的产品和服务进行销售。鉴于目前网民的特性和购买动机及网上零售商所面临的许多条件的制约,并不是所有的商品都适合在网上销售。随着网络技术的发展和网上零售环境的进一步完善,将会有越来越多的商品适合在网上销售。那么在现阶段,在网上商店销售哪些商品容易取得成功呢?综合考虑网上零售所面临的制约因素以及网上消费者的特点、购买动机,可以从产品的不同分类方式来探讨这一问题。

1. 根据产品的形态划分

在网上销售的产品,按照产品形态不同可分为两类:有形产品和无形产品,见表 5 - 1。产品的选择策略也要根据产品形态的不同而采取不同的方式。

表 5 - 1　网络营销产品按产品形态和产品类型的分类

产品形态	产品类型	产　　品
有形产品	普通产品	工业产品、农业产品和消费品等实体产品
无形产品	数字化产品	计算机软件、软件游戏、电子图书和报刊、研究报告、论文、电子贺卡等
	在线服务　信息咨询服务	股市行情分析、法律咨询、心理咨询、金融咨询、资料库检索、法律法规查询等
	互动式服务	网络交友、计算机游戏、远程医疗、法律救助等
	预约服务	旅游服务预约、医院预约挂号、代购入场券、房屋中介等

资料来源:魏兆连,刘占军.网络营销[M].北京:机械工业出版社,2016.

有形产品是指具有物理形状的物质产品,它包括工业产品、农业产品和消费品。在网络上销售有形产品的过程与传统的购物方式不同,网络上的交互式交流成为买卖双方交流的主要形式。

在网络上销售有形产品是由消费者或客户通过卖方的主页考察其产品,通过填写表格表达自己对品种、质量、价格、数量的选择;而卖方则将面对面时交货改为邮寄产品或送货上门的方式。有形产品由于涉及配送,鉴于目前的配送体系和支付方式等存在的问题,网上有形产品的销售受到一定的限制。

在有形产品中,从网民的特性和购买动机来看,比较适合网上销售的有:

(1)具有高技术性能或与计算机相关的产品。

(2)需要覆盖较大地理范围的产品。

(3)不太容易设立店面的产品。

(4)网络营销费用远远低于其他销售渠道的产品。

(5)消费者可从网上获取信息,并可立即做出购买决策的产品。

（6）网络群体目标市场容量较大的产品。

（7）便于配送的产品。

无形产品一般没有具体的物理形态，即使表现出一定形态也是通过其他载体体现出来的，同时，产品本身的性质和性能也必须通过其他方式才能表现出来。一般来说，无形产品非常适合网络营销。

在网上的无形产品可以分为两大类：数字化产品和在线服务。

在选择产品时，要充分考虑产品自身的性能。数字化产品是网上零售最成功的产品，它可以将其内容数字化，直接在网上以电子形式传递给顾客，而不再需要某种物质形式和特定的包装。它跨越时空，突出体现了网上销售的优势，所以生命力强大。

在线服务可以分为信息咨询服务、互动服务和预约服务。对于预约服务来说，顾客不仅注重能够得到的收益，还关心自身付出的成本。通过网络这种媒体，顾客能够尽快地得到所需要的服务，免除了排队等候的时间成本。同时，消费者能够得到更多更快的信息，享受到网络提供的各种娱乐方式。对于信息咨询服务来说，网络是一种最好的媒体选择。用户上网的最大需求就是寻求对自己有用的信息，信息服务正好提供了满足这种需求的机会。

2. 根据信息经济学对产品的划分

根据信息经济学可将产品从大类上划分为两类：一类产品是消费者在购买时就能确定或评价其质量的产品，称为可鉴别性产品，如书籍、计算机等；一类是消费者只有在使用时才能确定或评价其质量的产品，称为经验性产品。或者是将产品划分为标准性产品和个性化产品。前者如书籍、计算机等，后者如服装、食品等。一般说来，可鉴别性产品或标准化较高的产品在网上销售容易获得成功，而经验性产品或个性化产品则难以实现大规模的网上销售。从这方面来考虑，可适当将可鉴别性高的产品或标准化高的产品作为首选对象和应用的起点。目前，网民的消费呈现出个性化强的倾向，个性化强的商品可以在网上销售，但要考虑商品的定价和配送等因素。

3. 根据消费者购买行为的差异对产品进行划分

根据消费者购买行为的差异，产品可以划分为日用品、选购品、特殊品。

在日用品的购买中，人们以方便购买作为首选条件，购买前无须太多计划和选择。这类商品目前由于配送的原因和人们购物观念的影响在网上的销售量还很低，但是随着限制因素的消失，销售量会有明显的提高。

选购品价格相对较高，购买频率低，人们对产品不太熟悉，故购买过程的卷入程度高。对于一些人们主要通过品牌的知名度作为选择的主要因素的商品，在网上销售会有比较大的市场，如计算机、电视机等。对于以价格作为考虑的主要因素的商品，在网上销售的吸引力较大。相对而言，网上销售的商品要便宜于在传统店铺中销售的商品。当然也有些选购品，要通过感官进行体验或者经过试穿、试戴才能决定，在网上销售还有很大的局限性，如鞋、帽、服装、手表、首饰等。

特殊品是消费者有特殊的偏好，在购买时不计较价格和购买地点方便与否的商品。这类商品可以利用网络销售，只要满足消费者的特殊偏好、具有良好的商品质量和完善的配套服务作支持即可，如有特殊创意的产品，利用网络沟通的广泛性、便利性可以更多地向人们展示，满足了那些需求独特的顾客的心理。

第二节　网络营销产品的选择和采购

【学习目标】

1. 了解网络营销产品的选择要素、采购渠道及电商企业采购商品的流程；

2. 理解网络营销产品的采购特征；

3. 理解网络销售产品选择的步骤。

一、网络营销产品的选择要素

作为网店运营管理者,挑选网络营销产品是一项重要且长期的工作。网络营销产品挑选应考虑的要素有:

(1)货品有特色:在一定地域范围内或在一定的文化范围内有相当的知名度,或能形成爆款。

(2)货品适合在网上销售:既便于存储、运输等,也能够实现交付。

(3)货品有良好的质量:拥有与其价格相吻合的质量。

(4)货品价格合理:有利润、价格优势的保证。

(5)供货商的信用:响应速度是否有保证,能否多批次、少单量、快追单。

二、挑选网络营销产品的步骤

1. 市场需求分析

以在淘宝网开店为例,可以利用淘宝网以下一系列数据分析功能进行市场需求分析。

(1)数据魔方。数据魔方是淘宝官方出品的一款数据产品,主要提供行业数据分析、店铺数据分析。其中包含了品牌、店铺、产品的排行榜,购买人群的特征分析(年龄、性别、购买时段、地域等)。由于数据源自淘宝平台的实际销售数据,可靠度极高。

数据魔方还提供飙升榜、销量榜,关注榜单数据排行,通过对以上榜单的分析,找寻市场趋势和热点。

(2)量子恒道店铺统计。量子恒道店铺统计是为淘宝店铺量身打造的专业店铺数据统计系统,深度植入淘宝后台,通过统计访问使用者店铺的用户行为和特点,帮助使用者更好地了解用户喜好,为店铺推广和商品展示提供充分的数据依据。

(3)类目导航分析。类目导航是为了方便顾客挑选商品,通过技术后台,根据近期顾客在淘宝上搜索和点击的热点统计而进行的需求呈现。通过观察类目导航的变化,可以了解近期的需求热点。

2. 产品定位分析

品牌和店铺的定位是采购决策的核心依据。例如,欧莎的定位是:①为所有生活在世界各大都市的独立、自由、追求时尚和品质敏感的现代女性设计;②代表年轻人努力工作又享受生活的优雅生活方式,充满动感和浓厚的时代气息。

不论是企业还是个人,在做产品定位分析时最简单、最直接的方法就是认真、客观地研究以下问题:

(1)你的顾客是谁?

(2)你的顾客为什么会选择你?

(3)你的产品提供的独特价值是什么?

定位决定做什么、不做什么,这就是企业战略。

3.产品优势分析

企业或个人所经营的产品是否具有优势关乎经营成败。因此,对产品优势的分析至关重要。产品优势分析可从以下三个方面进行:

(1)毛利率:电子商务虽然节省了店铺租金,但是却增加了物流成本、流量成本、IT 成本等。因此,产品有足够高的毛利率是必要的条件。

(2)品牌影响力:在电子商务中,店铺和商品的虚拟性造成消费者在购买过程中天然地对店铺和产品缺乏信任,而店铺和产品的品牌是卖家长时间对消费者持续兑现承诺的积累,品牌就是信任的标签化。因此,拥有品牌影响力的网络销售产品更容易得到青睐。

(3)稳定的供应:网络销售产品价格和供应量的可持续性是一款优秀网络销售产品的重要特性。

4.测款

选择的网络销售产品是不是适销对路,要经过市场的检验,因此,小批量采购并上架测试是必要的步骤。

上架测款时,要关注以下数据:

(1)销量和转化率。

(2)收藏和收藏率。

(3)好评数量。

(4)商品页点击率。

(5)商品页跳失率。

5.供应商的选择

对供应商的选择要关注以下要素:

(1)品质:产品品质是顾客价值的核心,是顾客忠诚度的来源。

(2)产品性能:爆款的保证。

(3)成本:利润、价格优势的保证。

(4)响应速度:多批次、少单量、快追单是电商采购的特点,只有响应快速的供应商才是好的供应商。

三、网络营销产品的采购特征

网络营销产品与传统采购相比较有以下重要特征。

1.库存的周转速度不同

以服装经营为例,传统服装企业每年平均库存周转 5～6 次,而电商企业平均 30 天左右周转一次。按照这样的库存周转率,传统服装企业 100 万元的成本能够创造 500～600 万元销售额,而电商服装企业 100 万元的成本则能够创造 1 200 万元的销售额。

库存周转率的定义:库存周转率是企业一定时期销货成本与平均存货成本的比率。用于反映存货的周转速度,即存货的流动性及存货资金占用量是否合理,促使企业在保证生产经营连续性的同时,提高资金的使用效率,增强企业的短期偿债能力。

2. 产品开发的形态不同

传统企业的产品开发是市场预测性开发,传统企业由于供应链时间很长,反季节生产,产品风险大,而网络营销产品的开发是市场跟随性开发,紧跟市场热点,开发速度快,产品风险小,对供应商要求高。例如,著名服装品牌 ZARA 的口号是永远不会创造流行,永远紧跟流行。

3. 采购频次、单量不同

传统企业:批次少、单量大、响应慢;电商企业:批次多、单量小、响应快。

四、网络营销产品采购渠道

1. 个性化定制产品

优势:蕴含无限商机;较丰厚的利润。劣势:时间限制;价格相对较高;质量难以把握。

2. 特色地域产品

优势:有特色以吸引网购者。劣势:进货渠道相对单一。

3. 网货交易会

优势:精选网货;优质供应商;与供应商面对面;进货便捷;把握趋势。劣势:受时间、地域的限制(每年 3～4 次,地点:广州、杭州、成都、厦门和上海等);费用成本高。

4. 加盟与代理

优势:拥有品牌知名度;有较强的竞争力。劣势:自由度低;必须支付加盟费。

5. 国外代购

优势:有特色;品质好。劣势:退货难;无售后保障;收货时间长;挑选供应商不易;维权难。

6. 网站批发

优势:可以小批量采购;库存压力小;价格透明;资金周转快;款式更新快;方便、快捷、省心。劣势:无法看到实物;不了解供应商的实情。

7. 其他渠道

直接从厂家采购;从线下批发市场采购;外贸和 OEM 产品;库存积压;清仓处理商品;与实体店联合;收购二手商品。

五、电商企业采购商品的流程

商品采购是网络零售重要的经营环节之一,这一环节的工作通常由企业采购部门的采购人员根据企业高层的经营计划制订采购计划并加以实施。企业采购商品的流程如下所述。

1. 商品规划

商品规划的本质就是商品的选择,也就是确定销售商品的范围。建立一套合理的商品规划,包括风格、品类、数量和价格体系,对建立和维护品牌来说是非常重要的一个环节。商品的规划通常包括广度和深度两个方面。因为获得用户的方式和表现形式的不同,网络品牌的产品规划相对于线下品牌来说,具有更大的灵活度。有些企业每月上大量的新品,这是典型的以广度取胜;有些企业则每月就上那么几款新品,这是典型的以深度取胜。

商品规划的原则:①以目标消费群、商品定位、商品角色为依据;②以大、中、小类为架构,中小分类最重要;③以高、中、低档为层次。

2. 完善供应商的筛选标准

制订供应商筛选标准至少可以从以下三方面进行,而标准的高低要视具体情况而定。

(1)入库质检的退货率;

(2)产品销售的退换货率;

(3)一次到货率和延期到货率。

3. 制定采购计划

采购计划应明确以下信息且缺一不可:①供应商代码;②商品代码;③数量;④采购价格;⑤物流成本;⑥结算方式;⑦发货日期;⑧预计到货日期。

4. 到货准备

货到前应做好以下准备工作:①到货堆场的准备;②人力资源的准备;③货架的准备。

5. 到货点收

到货点收必须耐心细致地做好以下工作:①收包清点。货运大包的数量与货运清单是否一致,外包装是否破损。②详细到货清点。拆包清点,统计详细到货的商品种类和数量。③到货差异确认。根据实际到货情况与计划到货情况的差异,制定差异表,并第一时间与供应商确认,此表为结算的最原始凭证。

6. 到货检验

到货检验时以下工作缺一不可:①检验标准的确定(以顾客眼光为准);②大货检验;③根据检验结果编制检验报告;④与供应商确认检验报告,次品退还。

7. 入库上架

在货物入库上架前,必须首先做好以下仓库规划和准备工作,然后才能入库,否则入库工作将无法或很难完成。①商品与库位匹配;②整仓堆场;③零仓上架。

实　　　训

【实训指导】

训练项目:从一个网络创业者的角度,完成一份店铺商品选购计划,要求从市场分析、店铺定位、供应链管理等角度进行阐述。

【实训目标】

1. 使学生理解网络产品的内涵与特点。
2. 掌握网络营销产品选择和采购方法。

【实训内容与组织】

1. 学生自愿组成小组,每组 3～5 人。
2. 组长负责成员的分工与任务的具体安排。

【成果与检测】

1. 书面报告;
2. 在班级进行交流,每个小组推荐 1 个人进行介绍;
3. 由教师对学生评估打分。

习　　题

一、简答题

1. 简述网络营销产品整体层次。
2. 简述网络营销产品的特点。
3. 简述采购网络营销产品应考虑的要素。
4. 简述网络营销产品挑选的步骤。
5. 简述网货采购的重要特征。

二、论述题

1. 在大学生网络创业过程中,应如何选择网络商品渠道?
2. 挑选网货时应该如何把握才能挑选到适销对路的商品?

第六章　网络店铺的开办

【案例导入】

小店铺　大商机

孟翔,一位普通的个体经营者,从事户外用品经营十多年,从开淘宝小店创业到现在的小有规模,可谓是生意经营的老手。然而,最近两年门店销售额逐渐下滑,客流量降低。面对变化,孟翔虽然积极通过身边朋友介绍、名片派发和发传单带来一些客源,但销量却非常有限,实体店铺经营不温不火。

偶然在一次与客户交流中,孟翔发现网店的潜在商机,经过调查分析,决定选择在淘宝网注册网店,并邀请毕业于电子商务专业的朋友加入,为网店创建、设计和优化提供技术支持。淘宝网店开通并经营一个月后,他惊喜地发现,网店的户外用品卖到了全国各地,客源范围很快扩大了,生意迅速红火起来,不仅获得了丰厚的利润,还广交了热爱户外活动的各地朋友。

资料来源:甘志兰.网络零售经营实务[M].北京:中国人民大学出版社,2014.

第一节　网络店铺的开办流程

【学习目标】

1. 了解网店平台的类型,网络店铺开办前的准备工作;

2. 理解独立网店的优势;

3. 掌握开设网店的基本规划,开通淘宝店铺的流程。

网上开设零售商店有两种途径:一种是自建网店;另一种是到第三方网络零售平台(也称网络零售平台或市场)注册开店。由于网络零售平台开店门槛低,无需昂贵的设备和招聘掌握网络信息技术人才,因此,在网络平台上开店是许多大学生创业开网店的首选途径。

网上开店与传统实体开店建店的流程很相似,开实体店首先要了解开店经营的规则,然后自建或租用经营场所,最后完成给店铺取名字、做招牌、采购货架、装修店铺等一系列工作。网上开店也是如此,首先要到所选择的网络零售平台上了解开店规则,然后注册成为会员以获取虚拟的经营场所,最后完成给店铺取名字、做招牌、商品分类设置、装修店铺等系列准备工作。网上开店第一步是选择网店平台。一般而言,常见的网上开店平台是淘宝网,其实 B2B、C2C平台有很多,但淘宝网无疑是最有实力的,创业者在开店初期无须经营多个平台,可以待扩大规模后再在其他平台开店。

一、选择合适的网店平台

作为网上开店的创业者,选择什么样的平台与成本有很大关系,同时也会对自己的销售产生一定的影响。网上开店平台很多,创业者要对各种不同的开店平台进行比较和分析,这样才能确定适合自己的网上开店平台。

1. 在专业、大型电商平台上开设网店

像淘宝、拍拍等许多大型电商平台都向个人提供开店服务,卖家只须支付少量的费用(网店租金、商品登录费、网上广告费、商品交易费等),就可以拥有自己的网店。用这种方式开网店相当于在大商场里租一个店铺或柜台,借助大商场的影响与人气做生意。目前大多数网店都是采用这种方式。大学生开网店较多选用这种方式。

2. 自立门户型网店

自立门户型的网店是指经营者亲自动手或者委托他人设计网站,网店的经营与大型的电商平台没有关系,完全依靠经营者的宣传吸引浏览者。自立门户型网店的建设方式有两种:一种是完全根据商品销售的需要进行个性化设计,需要做注册域名、租用空间、设计网页、开发程序等一系列工作,费用较高;另一种是向一些网络公司购买自助式网站模块,操作简单、费用较低,但是缺乏个性。自立门户型网店的缺点是建设费用较高,同时还需要投入足够的时间与资金进行宣传。自立门户型的网店优点是网店形式不受限制,也不必交纳诸如商品交易费之类的费用。这一类网店相当于路边的小店,如何吸引消费者进入自己的网店,完全依靠经营者自己的推广。

3. 前两种方式的结合

既在大型网站上开网店,又有独立的网站,这种方式可以将前两者的优点结合,不足之处是投入相对较高。许多线下的商店经营者认识到了网络的作用,开始在网上销售商品,而一些取得不错收益的网店经营者也会考虑在线下开一家实体店,两者相结合,效果相当不错。

4. 独立网店 PK 自助式网店

独立网店相较于自助式网店有如下优点:

(1)有利于建立自有品牌。开设独立网店可以将自己的店名、店标以及品牌打出去。

(2)拥有独特的域名。独立网店的域名是创业者独有的,创业者可以将域名印刷到名片上或者通过其他途径进行宣传。

(3)独立的宣传平台。独立网店可以自己为自己做宣传,而不是将客户带到开店平台上顺便为开店平台做宣传。独立网店把宣传做到位,就能提升自己的知名度。

(4)独立的客源。独立网店最大的好处就是拥有独立的客源,而在开店平台上开店,创业者通过宣传带来的客户是大家共享的。

(5)拥有更多的功能。独立网店的系统更加强大,有很多功能是自助式平台不具备的。创业者可以根据自己的需求打造更完美的交易体系。

(6)拥有更多的展示机会。在自助式平台开店,展示位是有限制的,要获得一定的展示位并不是那么容易。如果创业者的商品较多,有很多商品在二级页面上连展示的机会都没有,只能通过买家的搜索搜到,而独立的网店则可以拥有丰富的展示位,并可以根据自己的需要调整需要展示的商品。

（7）可避免恶意低价竞争。自助式平台都会有比较价格功能,通过搜索可以轻松地将搜索结果按照价格排序。若创业者的商品价格高于竞争对手,那么客户就会选择其他网店进行购买,如果对手恶意低价竞争,那么创业者的店铺将受到严重打击,而独立网店则可以在很大程度上避免这种情况。

（8）能获得更大的市场。独立网店拥有企业标准色和视觉识别系统完美匹配的外观,而且支持多种语言。通过更改语言,可以轻松建立多种语言版本的网店,而这些是自助式平台做不到的。

二、创业网店的基本规划

网店的规划包括新手卖家熟悉什么行业、身边的资源是否丰富等。新手开店从零开始,对于是先做虚拟店铺赚信誉度还是先做代理,或者自己筹集资金做网店等,都需要有个大致的规划。

1. 做自己熟悉的行业

做熟悉的行业及产品,卖家才能比买家专业,才能应对自如。尤其是电子产品行业,如果卖家一窍不通,就很难给顾客推荐产品及进行售后服务。卖家应尽量找自己身边的资源,特别是进货渠道,一定要离自己近,这样能节省很多物流费用和交通费用,也能够节省卖家的时间,还可以避免大量库存。当批发市场或者厂家离卖家很近的时候,卖家可以随时去拿货,这能避免大量积压货物,降低风险。

2. 店铺的经营理念、名称和介绍要想好

做生意要有自己的理念——你卖什么,你的特色是什么,这些要通过店铺名称、店铺介绍来体现。店铺名称不宜过于复杂,体现主题和特色就可以了,名称好记,顾客下次还能快速找到你的店铺。

3. 产品价格要适中

消费者为慎重起见,在买贵重商品的时候,会去选择信誉高的店铺,所以初期卖较贵的产品是很吃亏的。店铺刚开张,可以选同类产品中价格相对低一些的产品,这能使消费者愿意在你的店铺里消费。

三、网络店铺开办前的准备

淘宝网是一个典型的第三方网络零售平台,下面将以在此平台建设网店为例,一步一步地从“做”中学会创建网络零售商店。

1. 网店的名称

综合网店所经营商品、服务、理念、目标、风格等因素明确网店名称,如果尚未定下店名,可暂时使用某个名称,网店开通后可以再修改。网店名称为 2～10 个汉字(或 4～20 个字母)。可以浏览淘宝网上经营商品与自己网店相类似的店铺名称,以获得想法。

2. 电子邮箱

网店信息注册、修改验证等功能,常常通过电子邮箱实现,需要具备自己常用的电子邮箱,

用于接收信息或邮箱咨询交流。

3.手机号码

网店信息注册、修改验证等功能,也常常通过手机号码实现,需要具备自己常用的手机号码,用于接收信息或短信互动。

4.身份证

身份实名认证等功能需要用手机摄像头对店主进行人脸认证,还需要在线提交身份证明的图片,通常是身份证正面和反面的照片各一张。

5.银行卡和网银

网上支付与收账需要与具有网银功能的银行卡关联绑定。可以在国内各大银行申请并开通网银,推荐使用银行提供的支付宝一卡通。

四、开通淘宝店铺流程

在注册为淘宝网会员、开通网上银行和支付宝后,要开一个淘宝店铺,还要需进行开店认证,要经历四个步骤。

第一步:登录淘宝网首页,单击"免费开店"或单击"千牛卖家中心"下拉按钮,在下拉菜单中单击"免费开店"命令,如图图 6-1、图 6-2 所示。

图 6-1　"免费开店"命令

图 6-2　单击"个人店铺入驻"图标

第二步:系统跳转"淘宝免费开店"界面,单击"个人店铺入驻"图标。大学生创业一般先开个人店铺,开店手续简单。

第三步:完善开店资料,单击"已准备好,开始开店",进入淘宝千牛工作台"淘宝免费开店"界面,如图6-3所示。

图6-3　淘宝免费开店界面

第四步:完成"支付宝实名认证"和"淘宝实名认证",可打开手机支付宝,用"扫一扫"快速拍摄证件,可实现极速验证,如图6-4所示。完成上述项后,创建店铺成功。

图6-4　淘宝身份认证

若是企业用户,具体操作流程是:注册淘宝账户并绑定企业支付宝账户→完成支付宝账户商家认证→完成店铺责任认证→创建店铺成功,这里不再详述。

第二节　网络店铺的设计

【学习目标】

1. 了解网络店铺设计需要准备的工具;
2. 理解店铺的 LOGO 设计要求;
3. 掌握店铺基本信息设置和店铺装修基础设置。

一、网络店铺设计的工具

1. 图形图像处理工具

(1)PhotoShop。主要用于证件图片处理、网店店招设计、网店店标设计、网店分类图片设计、网店商品图片处理、网店专题图片处理、网店图片广告设计和网店 gif 动画图片设计等,推荐专业用户使用。

(2)美图秀秀。美图秀秀是一款流行的图片处理软件,相比 PhotoShop 使用方法较为简单,其独有的图片特效、美容、拼图、场景、边框、饰品等功能,很适合网店入门级图片处理者使用。

(3)光影魔术手。它是目前常用的图像处理软件之一,主要对数码照片的画质进行改善及效果处理,具有处理速度快、实用、易于上手的特点,也是一种适合初学者使用的图形处理软件。

(4)Google Photos。它是 Google 推出的免费图片管理工具,可以通过简单的单次点击式对图片进行高级修改,只需动动指尖即可获得效果,也是很适合初学者使用的图形处理工具。

2. 数码相机/摄像机

数码相机/摄像机也是店铺开设和经营过程中应用较多的工具。在开店之初和日后的经营中都需要用到。它们主要用于证件拍照、商品图片拍照、形象素材拍照、合作供应商拍照、日常证据场景拍照、商品使用操作方法展示等。网上开店,选择一个价格实惠和功能实用的数码相机或摄像机很重要。第一,相机或摄像机要具有手动拍摄、微距、自定义白平衡、曝光补偿等功能 。第二,从性能上看,200 万左右像素即可满足商品图片拍摄需要。第三,重点考虑相机/摄像机的成像质量,通常根据 CCD 感光元件的尺寸数据衡量,即同样的像素条件下,CCD感光元件的尺寸数据越大,成像效果就越好。这几年来,CCD 从 30 万像素开始,一直发展到超过 1 000 万像素。考虑以上三点即可选择并购买到性价比高的产品。对于初学者,可以用高性能拍照手机替代。

二、店铺的 LOGO 设计

1. LOGO 分类

文字标志,主要由文字和字母等单独构成,适用于多种传播方式。图案标志,仅用图形构成,形象生动、色彩明快,且不受语言限制,非常易于识别。但图案标志没有名称,因此表意又不如文字标志准确。组合标志,就是把文字和图案组合而成的标志。这种标志发挥了文字及图案标志的优点,图文并茂、形象生动,又易于识别。淘宝网店的 LOGO 规格是 80PX×80PX,文件格式为 GIF、JPG、JPEG、PNG,文件大小在 80 KB 以内。

2. 设计技巧

(1)设计要有造型。网上店标的设计千变万化,因此,店标的造型优劣,不仅决定了其传达网上店铺情况的效力,而且还会影响到消费者对商品品质的信心与店铺形象的认同。

(2)设计要有识别性。通过独具个性的标志,与别的商铺及宝贝进行区别,是现代个人电子商务市场竞争的利器。

(3)设计要有统一性。标志的形象设计,需要与该网店的经营理念、文化特色,以及经营的内容和特点相统一。

(4)设计的系统性。标志的识别设计一旦确定,随之展开的就是标志的精致化,其中包括标志与其他基本设计要素的组合规定,目的就是要对未来标志的应用进行规划,达到系统化、规范化、标准化的科学管理。

(5)设计的时代性。面对网店发展迅速的社会,激烈的市场竞争形势,有必要对现有的标志形象进行商讨和改进,才能使网店的标志更与时俱进,具有鲜明的时代特征。

(6)设计的延伸性。标志图形要针对印刷方式、制作工艺技术、材料质地和应用项目的不同,采用多种对应性和延展性的变体设计,以产生切合、适宜的效果与表现。

可以说,制作出一个好的店铺标志,就等于成功了一半。

三、店铺基本信息

网店的基本信息主要包括店铺名称、简介和介绍。基本信息的优化可有效地推广网店,给客户留下好的难忘的印象。

1. 店铺名称

店铺名称中包括网店品牌、网店类型、网店主题、网店形式等信息。名称字数需适中,单词简单易读,阅读顺口。字数过少,不能完整表达和识别网店;字数过多,加大阅读困难,难记忆。避免生僻字,尽量告知主营商品。淘宝店铺名称可以多次更改,在店铺经营初期,推荐根据网店的经营分析和客户的趋势,适时地更改网店名称。

2. 店铺简介

简介信息是对网店名称的补充,信息要反映网店的店铺动态、主题、特色、服务和经营范围。信息直接在店铺简介中输入,如图 6-5 所示。

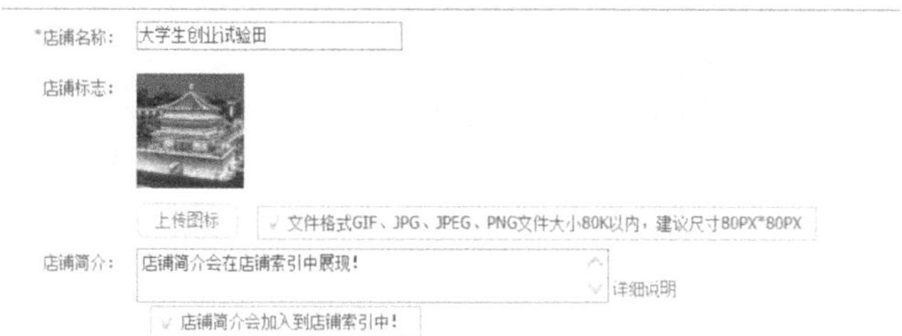

图 6-5　店铺简介

店铺简介是有字数限制的,关于简介,一定要抓住重点书写,不要堆砌与店铺无用的词,也不能太复杂,让浏览的买家不能快速阅读。店铺简介一般的书写方式都是掌柜签名、店铺动态、主营宝贝及其他修饰词。下面具体介绍三个主要部分怎么写。

(1)掌柜签名。要考虑店铺销售的人群是小孩,还是青年,或是老年。每个年龄段顾客的需求和认知会导致顾客对于这个店铺的认知和理解也有所不同,因而掌柜签名要符合人群口味。

(2)店铺动态。写最新的促销打折信息、节日活动信息和新品消息。比如近期全场几折,有哪些宝贝在打折,什么节日送优惠券,几号上新款宝贝,等等。

(3)主营宝贝。主营宝贝就写的比较专业了。比如说女装、男装、包包、鞋饰等就是属于你的主营宝贝。描述时可以加上主营宝贝风格,比如说复古、潮流等词。主营宝贝关键要真实、客观,若是描述不实,会造成顾客对店铺的不良印象。

3.店铺介绍

介绍信息是以图文方式呈现,直观形象地反映店铺给客户带来的价值,让客户更容易记住网店。图片信息能够体现网店的优势,以及网店给客户带来的实惠和价值。店铺介绍类型有简洁型、消息型、详细型、独特型。店铺介绍越详细越好,那样客户的信任度越高,可以介绍品牌历史、品牌故事、制作工艺、荣誉证书、服务内容、促销活动、员工风采及实体店铺形象等内容。

四、店铺装修基础设置

1.店铺招牌和店铺LOGO

登录淘宝网后,在淘宝首页单击"千牛卖家中心"进入淘宝千牛工作台,在页面左侧下拉滚动条至在"店铺管理"目录下,单击"店铺装修"链接,如图6-6所示。

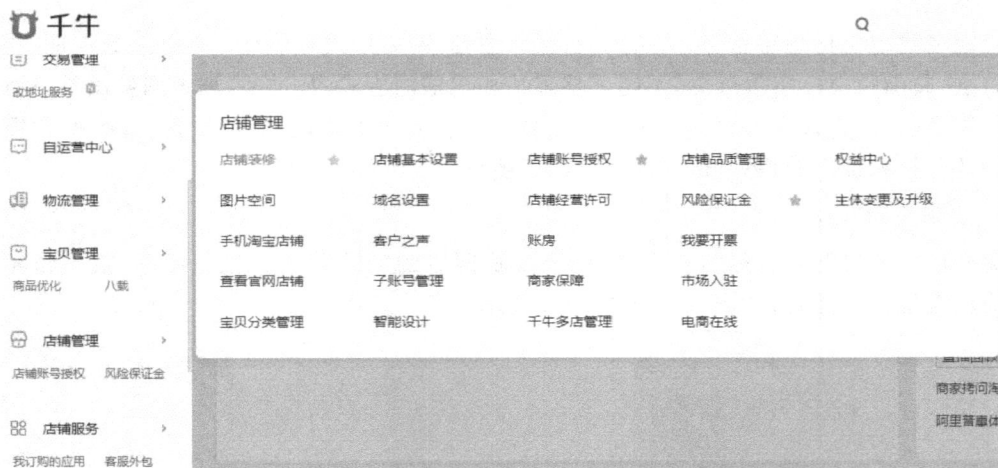

图6-6 单击"店铺装修"链接

进入"店铺装修"界面,先单击"通用设置",再单击"基础设置",可以设置店铺招牌和店铺LOGO,如图6-7、6-8所示。

图 6-7　单击"通用设置"链接

图 6-8　单击"基础设置"链接

2. 店铺印象

进入"店铺装修"界面,单击"通用设置",单击"店铺印象",可以添加视频的店铺介绍、店铺故事和文字店铺说明,如图 6-9 所示。

3. 图片空间

在淘宝千牛工作台界面,在"店铺管理"目录下,单击第二项"图片空间"链接,进入"素材中心",在这里可以上传装修店铺的各种图片,如图 6-10 所示。

图 6-9　单击"店铺印象"链接

图 6-10　单击"图片空间"链接

第三节　商品资料准备

【学习目标】

1. 掌握 FAB 产品介绍法；

2. 理解网络销售商品的固有属性和关键属性；

3. 掌握网络销售商品的使用方法与售后保养。

商品资料的准备是销售的基础，经营网店必须熟知商品的规格、质量、标准、价格、售后等，甚至还需要知道鉴别商品、正确使用商品、保养维护商品的知识。在学习需要准备哪些商品资料之前,我们可以先来了解一个非常有名的销售法则,这将有助于我们理解为什么要学习这些商品知识。

一、FAB 产品介绍法

这是传统行业销售员经常采用的一种销售方法,它简单而实用。FAB 是三个英文单词首字母的组合,F 是指特征(Feature),即产品的固有属性;A 是指优点(Advantage),即由产品特性所带来的产品优势;B 是指好处(Benefit),即顾客通过使用产品时所得到的好处,这些好处源自产品的特性和优点。

特征:产品的特征其实就是产品的固有属性,比如产品的原材料、产地、设计、颜色、规格等,这些都是用眼睛能观察到的外部信息。以某品牌服装为例,当你向顾客介绍说,我们的衣服全是美国进口布料时,这一句话告知顾客一个信息,就是这种衣服的原材料来源于美国。

描述产品本身所有的事实状况或特征,仅仅是停留在介绍产品的性质上,给顾客的仅仅是一些数据上的枯燥信息,很难激发顾客的购买欲望。所以我们在描述了产品特性后,接着就要进入更深层的解说,即优点阐述。

优点:我们仍以上述品牌服装为例,每一个特点都可以引申出产品的优点。比如在描述原材料来自美国后,我们可以告知顾客,该材料是最新的科技成果,不仅布料结实,还不易粘毛吸灰,不易附着水和油,不易退色,而且保暖透气。

好处:简单来说好处就是能够给客户带来的利益,特别是和其他商品不一样的利益。上述的品牌服饰,采用进口布料给客户带来的好处就是衣服穿着舒适,易于打理。这符合人们对衣着重要的两个需求。

由此可见,商品的好处来源于商品的特性和优点,这些是需要我们熟悉并向客户展示的,而商品的特性和优点来源于哪里呢?毫无疑问来源于商品的材料、规格、质量、标准等这些基础的信息。

二、商品的固有属性

一般商品通常包含产地、材质、规格、价格等基本信息,在销售过程中,顾客也经常针对以上信息发问,如果连这些基本问题都回答不了,那么顾客将会对客服的专业性产生怀疑,甚至进一步怀疑商品的真实性,销售就无从谈起了。

(1)产地。很多商品的品质跟产地是密切相关的,例如一些中药材。以枸杞为例,我国很多地区都产枸杞,但是以宁夏的枸杞为最优。当然回答这些问题不难,一般客服都可以回答。但优秀的客服还会告诉你:宁夏枸杞又以中宁县产的为最佳,因为那里地处内蒙古高原和黄土高原过渡带,属北温带大陆性季风气候区,光照充足,有效积温高,昼夜温差大,正是这一独特的地理环境和气候为枸杞生长提供了全国最优越的自然环境。客户知其然还知其所以然,自然能够给出一个很好的印象分。

(2)材质。简单地说就是商品的质地。这往往是决定商品价格的重要属性,也是客户发问的密集区。以家具为例,家具的材质可以有很多种,实木、人造板材、金属、玻璃、藤编、塑料等,最常见的是实木家具和人造板材家具。

实木家具按实木的用量不同分为纯实木家具、全实木家具、板木结合家具等。

人造板材家具的材质有密度板、中纤板、胶合板、大芯板、三聚氰胺板,前几种是基材,表面覆有木皮或纸,三聚氰胺板就是以前几种基材为主料,然后将处理过的纸热压在表面而成。

不同材质的家具价格相差非常大同,如纯实木家具的价格往往是人造板材家具价格的几倍以上,进口纯实木家具的价格则更高。从另一个角度来讲,了解消费者对商品材质的偏好,也能够有针对性地进行采购,客服人员除了了解不同的材质,还需要知道不同材质的优缺点以及价格。

(3)规格。指的是商品的物理形状,一般包括体积、长度、形状、质量等。通常每一种商品都有其相应的规格衡量标准,主要是为了区分类似产品,一般商品的规格都是从小到大有序地排列。区分规格的标准一般有大小、长度、质量、容量等。

大小:例如我们经常看到的计算机显示器或者电视机,从 17 英寸、19 英寸一直到 50 英寸、60 英寸以上的都有。

长度:例如钓竿、管材、布料,包括鞋子也可以看作是按长度来进行分类的。一般的长度单位有"米""厘米"等,也有"毫米"或更小的单位。鞋子通常是按标准的尺码,女鞋一般是 35~39 码,男鞋一般是 38~44 码,不过在实际销售中不同品牌的鞋子尺码和标准相比会有些许差距,这就需要客服积累经验,给顾客最准确的建议。

质量:像很多食品都是以质量为单位的,例如大米、茶叶、巧克力等。一般质量的单位采用"千克"(kg),"克"(g),也有用斤或者公斤为单位的。

容量:液体商品或者容器一般都采用容量单位,例如"升"(L),"毫升"(mL)等,常见的有各种饮料如牛奶、汽水、矿泉水等,还有某些电器也是以容量为单位,例如烧水壶、电热水器等。

以上列举的仅仅是常见的规格标准,很多特殊的商品有其行业特定的计量标准和单位,例如手机屏幕,除了尺寸还会有分辨率的标准;防晒霜的标准是 SPF(Sun Protection Factor,防晒系数),表明防晒用品所能发挥的防晒效能的高低。这就不单单是规格的问题了,更像是行业内的专业知识,所以从事网店客服,首先要了解其各种规格、规格的划分标准和计量单位,甚至是相关的行业知识。

(4)价格。价格是商品成交与否的一个重要因素,客户购物的时候,都会考虑价格因素,因此不单单要熟悉自己商品的价格,还需要参考同类卖家的定价,准确地说是了解行业和竞争对手的价格,明白自己商品的定位和价格区间,这样才能够准确解答客户关于价格的问题。例如客户问:"您的宝贝貌似比别家的贵一些哦?"通常的回答是从商品的产地、原材料、进货渠道等方面说明贵的原因,一般客户都可以欣然接受。如果不懂行情,认为客户只是为了压价,一味地坚持"我们的商品不可能比别家贵",那客户很有可能就选择别家了。

三、商品特性

商品特性通俗地说就是商品的卖点、商品的关键属性,或不同于其他同类商品的特点。从 FAB 法则的角度,如果说商品的固有属性相当于特征的话,那么"商品特性"就相当于优点。例如之前提到的"宁夏枸杞",因为产地宁夏日夜温差大、光照充足、碱性和砂质土壤很适宜枸杞生长,所以宁夏枸杞的特性就是花果多、果粒大、产量高、品质好,相对于其他产地的枸杞来说,品质要高出很多。那么它能够给人带来的好处就是养肝、滋肾、润肺的保健效果特别好。又例如服饰,以夏装为例,夏季一般出汗比较多,需要衣服透气、吸汗,很多商家都会以纯棉布料作为卖点,因为棉质的衣服具备以上特点。从棉料到透气、吸汗再到穿着舒适,这就是 FAB 法则的实际应用。

所以在讲解商品特性时,应当将其和商品的固有属性以及商品给客户带来的利益挂钩,它像一条纽带把这三者有机地结合到一起,给客户的感觉是商品的好处是实实在在的,有其特征作为依托的,那么客户会自然而然地相信销售人员的观点,有理有据则显得底气十足。

四、商品的使用方法及售后保养

在销售过程中,除了遇到咨询商品特性的问题,对于某些高科技电子产品或者操作比较复杂的商品,顾客还会询问其使用方法,以及售后保养等问题,这些同样是开办网络店铺必须准备好的资料。

1. 商品的使用方法

商品的使用步骤和方法可以用文字及图片说明的方式。因为人们对文字的视觉记忆远没有对图片的视觉记忆深刻,而且很多时候用文字和语言很难说清楚的操作细节,使用图片说明就能让人一目了然,所以比较推荐图片的形式,也可以利用图文结合的方式将商品的使用方法更好地展示给消费者,如图 6-11,图 6-12 所示。

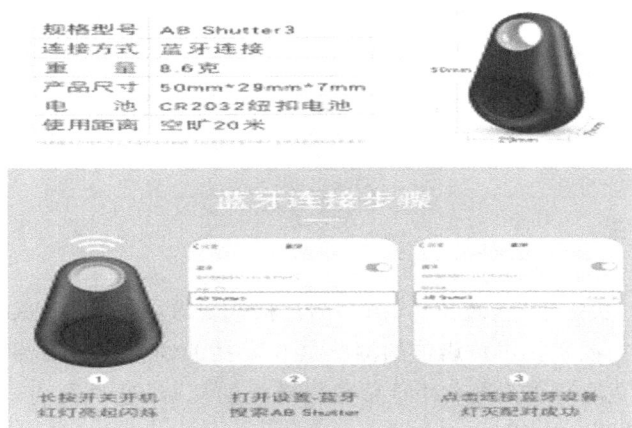

图 6-11　商品使用说明(1)

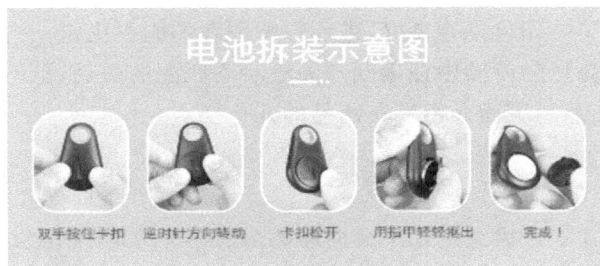

图 6-12　商品使用说明(2)

2. 售后及保养

商品使用和保养不当有可能缩短商品的使用寿命,许多售后问题就来源于不当的使用操作。因此需要采用特别的方式储存和保养的商品,一定要预先提醒客户,以免产生不必要的售后问题。通过查看商品说明书、相关信息或者上网搜索,都可以得到正确的使用及保养方法,卖家可以将这些内容在店铺里面进行展示,并拟定售后服务内容与交易条件,提醒买家一旦交易成功即代表认可并同意这些条款,享受的售后服务将按照约定进行,如图 6-13 所示。

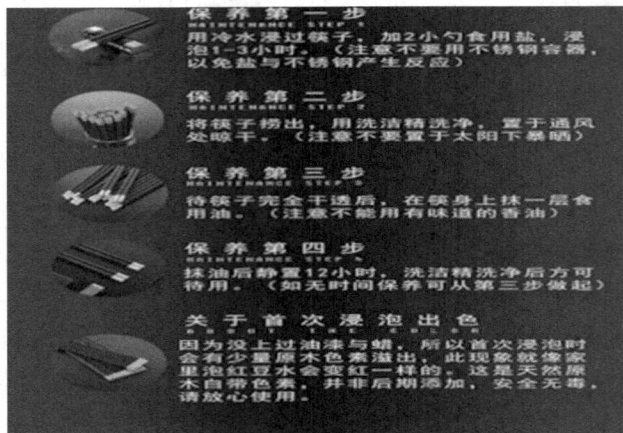

图 6-13 产品售后

第四节 商品的发布

【学习目标】

1. 了解商品的分类;

2. 理解商品描述原则,商品定价的重要性;

3. 掌握商品名称"关键字"设置技巧、商品图片格式要求,掌握淘宝商品发布基本操作。

商品发布质量的高低直接影响店铺的浏览量和商品的销售量。商品发布不是简单操作,其中还包含对顾客购买心理的分析,对商品零售模式的理解,这是网店运营者必须掌握的能力,是关系能否成交的第一个环节。

在发布商品之前,我们有必要了解哪些细节会影响商品发布的效果。发布商品并不只是将商品上传到网上那么简单,商品的名称、定价、描述等细节会影响到顾客是否能够搜索到这个商品,顾客对商品的第一印象是否良好,进而影响顾客的购买决定。大部分有过网购体验的人都知道,我们无法在海量的商品中搜索到与关键字不匹配的商品,更不会购买一件描述不清或者图片处理粗糙的商品。下面介绍发布商品的几个要点。

一、商品分类

目前淘宝网包含 13 个一级类目。了解商品的分类有助于快速地发布商品。文化玩乐是淘宝网的一个一级类目,分类下面又包含"乐器/吉他/钢琴/配件,古董/邮币/字画/收藏,书籍/杂志/报纸等"几个二级类目。每个二级类目下面又有众多的三级类目,每个三级类目下面包含更细更为具体的四级类目。例如从三级类目"管理"点进去,可以看到有财务管理、创业企业和企业家、电子商务、供应链管理分类等,如图 6-14 所示。大的网店,上货时几十、几百件一起上,这要求工作人员对分类非常熟悉。

图 6-14　淘宝网的四级类目

二、商品名称

除了直接点击广告或链接,消费者一般都使用商品名称进行搜索,所以是否能让顾客迅速找到所发布的商品,名称就显得尤为重要。对商品名称影响最大的是"关键字"设置。

淘宝网商品名称的容量是 30 个汉字,60 个字节,关键字一般可以设置为商品的属性、促销或者品牌名称,例如:"Zara 正品秋冬女士包包 2013 新款潮女包韩版单肩包菱格手提包邮",其中"Zara"就是品牌名称,"2013 新款潮女包韩版单肩包菱格"就是商品的属性,"包邮"就是卖家的优惠或者促销。以上列举的是常用的关键字的类型,因为这些词符合消费者购物的搜索习惯。我们可以对几种关键字进行不同的组合,上面这个例子就包含了三种。当然关键字远不止以上三类,作为卖家应当灵活地根据购物者的消费心理和消费习惯设置最合适的词,可以说关键字是花最小的代价把流量吸引过来的有效方法之一。

1. 关键字类别

关键字分为属性关键字、促销关键字、品牌关键字和评价关键字,可以选择一种使用,也可以选择多种混合使用,关键字越多机会就越多,这么做的目的只有一个,让别人有更多的机会发现你的店铺或者商品。

(1)属性关键字。属性关键字是关于商品的名称或俗称,商品的类别、规格、功用等介绍商品基本情况的字或者词。

(2)促销关键字。促销关键字是关于清仓、折扣、甩卖、赠礼等信息的字或者词。

(3)品牌关键字。品牌关键字包括商品本身的品牌和店铺的品牌,比如,耐克、雅戈尔、飞毛腿等属于商品本身的品牌关键字,柠檬清茶等属于店铺的品牌关键字。

(4)评价关键字。评价关键字的主要作用是对买家产生的一种心理暗示,一般都是正面的、褒义的形容词,如×钻信用、皇冠信誉、百分百好评、市场热销等。

2.关键字的位置

关键字的位置也很重要,最希望顾客看到的一类关键字,要放在宝贝名称的最醒目的位置。如商品侧重的是特价、促销,那么,这类关键字就应该用醒目的符号或者空格来分隔,而且位置不宜放在宝贝名称的中间,放在头尾效果会更好,让顾客很容易就能接受到信息,要更快地打动他们,刺激他们的购买欲望。

3.关键字推广原则

关键字就是大家在使用时出现的频率最高的字,当然,这里得纠正一种观点,就是像"的"这个字出现的频率虽高,但我们都没有把它设置为关键字。关键字经常出现的地方是在文章的标题、内容、某些分类、导航中,在标题与内容中较常见。对于淘宝来说,可以设置关键字的地方很多,对自己的店铺标题、空间、旺旺、旺旺群等设置顾客偏好型的关键字,被检索到的机会就大得多。

4.关键词的使用规则

(1)标题中禁止含有品牌、原单、正品、某明星代言、淘宝推荐、价格最低、同类宝贝中性价比最高等字样。如含有以上信息,宝贝将不予通过审核。

(2)标题控制在规定的字数内,要求主题明确,简单明了,能够突出宝贝特点。如果页面上设计了广告位的标题只展现16个字符,超出部分将无法显示,这样会影响展现效果。

(3)每个宝贝都有一个最基础的属性。比方说包包中的手提包就是一个基本属性,在取名时如果使用了手提包或者女包,则建议不要再使用斜挎包之类的属性,因为在关键词的角度看来,单个的手提包所占的权重值是100%,如果使用了几个关键词,比方说4个,那么每个的权重是25%。在排名取宝贝的时候,这4个关键词虽然都会搜索到此宝贝,但是每个的权重只有25%,总体排名就都在最后了。

三、商品图片

商品图片能够直观地展示商品的特点,网上购物中消费者无法直接触摸到商品,图片就成为他们对商品最重要的视觉信息来源,他们对商品的第一印象就来自于商家上传的照片,精美的图片能够激发消费者的购买欲望,促成销售。对商品图片的要求包括:

1.控制格式

上传的图片必须是JPG、JPEG、PNG或GIF格式,并且图片大小不得超过1 MB。

2.精致美观

有实力的商家一般会有专业的商品拍摄区和设备,普通商家用数码相机拍摄或扫描仪扫描后,可以使用PS、美图秀秀等软件对图片进行处理。图片要求画面上具有美感,可以设置一定的背景,但是不能处理过头,要求能够反映商品真实的外观、尺寸、色彩等特征,处理过火了反而让消费者觉得不真实。

3.注重细节

上传图片最好有正面图、背面图、侧面图、细节图等,给消费者更直观的感受,同时也是在暗示消费者"我们的商品是真实可信,经得起您用放大镜来研究的"。

四、商品描述

淘宝商品描述容量是 25 000 字节,足以添加更为详细的商品介绍和相关说明,所以在商品描述中商家可以尽可能地将其商品进行展示与说明。商品描述应遵循以下几个原则:

(1)细节描述能够正确反映商品属性,如图 6-15 所示。

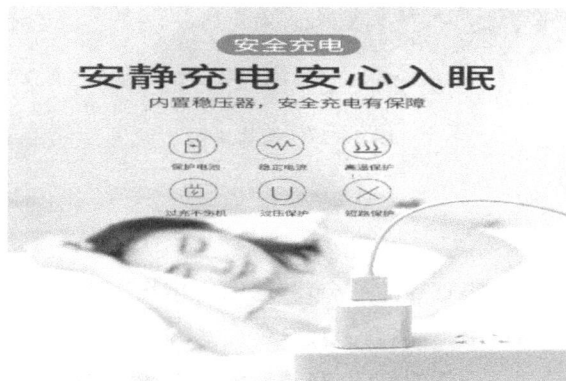

图 6-15　商品细节描述

(2)尽可能突出商品的卖点,如图 6-16 所示。

图 6-16　商品卖点展示

(3)语言描述流畅、有特色,各种类型都可以采用。例如说明型、幽默型、流行语、诗歌型,目的只求能够牢牢抓住消费者的眼球。例如,淘宝一家销售窗帘店铺的标语是"保证 100% 全遮光,从此您的房间暗无天日",融入幽默元素也可以让消费者的购物体验更加轻松愉快。

(4)交易说明尽量详细。专业的卖家一般会提供"买家必读""购物须知""配送说明"等内容,一方面可以给消费者更为详细的产品解释,为交易双方省去很多不必要的咨询和回答,让购物更有效率;另一方面也可以有效规避一些不必要的纠纷,如图 6-17 所示。

(5)包含尽量多的关键词,这样可以增加被买家搜索到的概率。

(6)描述符合买家的心理,起到推销、暗示的作用。例如可以加入工厂里的生产制作实景,可以加入淘宝买家对商品的各种好评,借此来推动销售。

图 6-17 购物说明

五、商品价格

给商品定价是网店运营中很重要的一个环节,因为市场上大部分消费者对价格是十分敏感的,大家常常看到商场、超市中,许多商品被定价成 9.99 元、4.99 元等,这就是一种被广泛应用的定价策略。不要小看这一分钱的差距,在消费者眼里却会被放大成 1 块钱、10 块钱以上,9 块多就买了,消费者感觉实惠多了,这就是消费心理。所以定价的时候一定要注意价格策略的应用,这部分知识可以在营销课程中学习。

在发布商品价格前,先要做好商品的定价规划。一般来说,店铺有要 5%～10% 的产品是用来引流的,这些产品给客户的感觉就是超值加超值,而这些产品销量起来后,可以在里面开设很多关联促销。同时,也有 10%～20% 的产品是高一档价格的,这些产品是用来提升品牌店铺形象的,也是满足一些优质客户对高端产品的向往的。随着人们经济能力的提升,对产品的要求也会升级,当然也要吸引一批对高端产品喜好的客户。在淘宝上搜索一下,我们会发现,低价的产品,卖家是最多的,大家搞来搞去,谁也赚不到钱。有一个权威的说法,每一个行业,第一名的企业占据了 50% 的利润,第二名只有第一名的一半,即 25% 的利润,以下每一名依此类推。那么依据这个规律,根据自己的实力,可以选择高中低端来细分市场,还可以选择高中低端的高中端来细分市场,从而据此定价。

六、商品的发布

在淘宝千牛工作台界面,在"宝贝管理"目录下,单击"发布宝贝"链接,进入"淘宝网商品发布界面",在这里先选择商品分类目录,至少是三级,设置好以后,单击"下一步,发布商品"进入商品"基础信息"界面,在这个界面录入宝贝类型、宝贝标题、类目属性、采购地等信息,如图 6-18 所示。

完成录入"基础信息"后,再按顺序录入"销售信息",如图 6-19 所示。

完成上述活动后,再依次顺序录入"图文描述""支付信息""物流信息"和"售后服务"信息。最后,单击"提交宝贝",完成商品发布,如图 6-20 所示。

图 6-18　"基础信息"信息录入

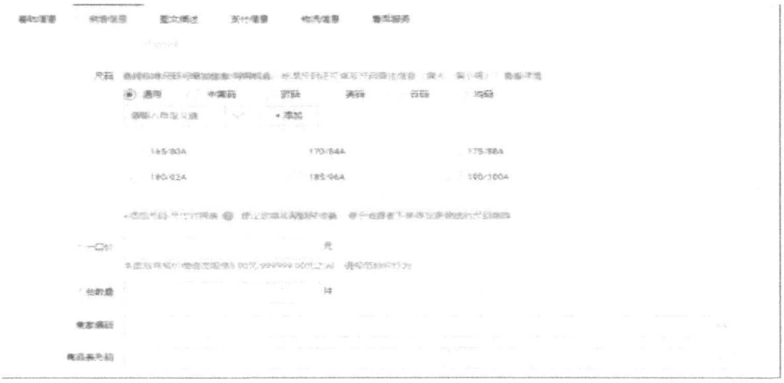

图 6-19　"销售信息"信息录入

图 6-20　提交宝贝信息

实　　训

【实训指导】

训练项目：以周围生活中的物品为例，在淘宝网上注册账号，并发布该商品。每个小组分别上台分享发布过程中遇到的问题及解决方法，共同选出最佳发布商品。

【实训目标】

1. 使学生了解网络店铺发布商品的流程。

2. 掌握网络店铺发布商品时资料的准备方法。

【实训内容与组织】

1. 学生自愿组成小组，每组 3～5 人。

2. 组长负责成员的分工与任务的具体安排。

【成果与检测】

1. 发言稿。

2. 在班级进行交流，每个小组推荐 1 个人进行介绍。

3. 由教师对学生评估打分。

习　　题

一、简答题

1. 陈述开通淘宝店铺的流程。

2. 淘宝店铺基本信息有哪些？

3. 网络店铺的 LOGO 设计原则有哪些？

4. 网店发布商品应关注哪些固有属性？

5. 举例说明，什么是商品的关键属性。

6. 网店商品图片的制作要求包括哪些？

7. 网店商品描述要遵循的原则有哪些？

二、论述题

1. 独立网店对比自助式网店有哪些优势？

2. 创业网店经营的商品应当如何定价？

第七章 网络店铺的基本运营

【案例导入】

淘宝开网店成功案例

如今,网购已经是许多人的一种生活方式,足不出户,轻轻按一下鼠标,就能买到特色商品。随着网购的人越来越多,开网店以其准入门槛较低吸引了一批又一批的卖家。然而,不少怀抱创业热情的卖家在经历多年打拼、挣扎后选择了放弃,而另一些人成功了。网店创业有什么秘诀吗? 怎样才能成为一名"大卖家"? 记者采访数位淘宝卖家,并走进他们颇具规模的"办公室",深入了解其网店创业的故事。

1. 80后创业的成功个案

1985年出生的毛毛,早在大三的时候就利用业余时间开了个网店,产品主要定位在走甜美路线的青春时尚服饰。在毕业时,毛毛店里每天都能接到20宗左右的订单,两年时间已经积攒了不少老客户。

当年,读计算机专业的她还找到了一份在IBM的体面工作,但她心里始终放不下网店。她毅然辞职,全身心投入到网店经营中。这位刚毕业的小姑娘就当上了老板,很快就请了一名员工,专门负责与买家在网上洽谈,提供咨询服务。

毛毛的目标很明确,她抓住了与供应商开展促销活动的契机,使网店的业务量迅速提升,从两三个蓝钻突破并占有皇冠地位,如今已经成为"四皇冠"的实力卖家,好评度保持在99%以上。目前,她采用了公司的运营模式,设计、推广、客服、查件、售后、批发以及投诉等岗位都安排专人负责。

日前,毛毛的网店又开始扩招员工,她面试了近十名应聘者。记者了解到,如今该店的经营已步入正轨,如网店页面的设计和更新由专门的技术人员负责;原来由毛毛一手经办的进货等环节,已交由采购员专职负责。此次招聘是由于仓库扩大,需要增加人员管理。毛毛本人则主要参与营销、活动策划等。

毛毛认为,网店涉及方方面面,但核心竞争力还是产品本身。随着行业的逐渐规范及商业化,若产品本身款式、质量等条件过硬,就不用担心卖不出去。毛毛告诉记者,为了使自己的产品更有价值,80%的产品都是特色商品,是经专门设计好模板后交由厂家生产的。

同在深圳的阿雪也是一名成功的网上卖家。阿雪也是在2006年开网店的,其创办的网上店铺"绝色衣仙子"目前在淘宝网上成交量近七万件、好评度为99.61%。阿雪认为,产品是最重要的,经营网店对人的最大要求则是要"嗅觉敏感"。

2. 把握商机脉搏可适时转型

"三皇冠"阿雪在大学本科时读的是中文师范,1997年毕业后到了佛山市南海区当一名中学语文老师。2001年,她转至广州从事杂志发行。她的文夫当时曾在同一座城市投资经营一家儿童影楼。两年后,阿雪转战深圳,从事保险培训工作。"影楼经营不太顺,上班攒下的钱都搭进去了。加上工作遇到了瓶颈,我们一直想寻找别的机会。"阿雪说,"听朋友说开网店是个不错的选择,主要是时间上很自由。"

阿雪的网店经历了几次转型,这对网店的生存和发展十分重要。刚开始时,网店只是阿雪的试验田,在销售方向上并不太明确。她记得,仅需七八件商品就可在网上开店了,于是她买来诸如居家收纳盒等日用品,拍下照片,上传至网页,就开始经营一个小店了。当时阿雪的销售是被动的,更多时候是坐等生意上门。在前半年,每个月才卖出十几件商品,销售状况并不乐观。

那段时间,阿雪一直琢磨今后的发展方向。爱逛街的她发现,深圳有不少品牌折扣店,许多衣服不但款式好看且折扣高,利润空间很大。此外,她从网上了解了更多的资讯,发现当时上海、成都等地也有卖家在做类似的生意,且效果不错。于是她便尝试做某几个品牌的代购。第一次转型给网店的经营带来质的突破,随后她还大胆地尝试"压货",即一次性大批量投资换季成衣。到了2008年初,阿雪发现有好多人都在跟风做同类产品的代购生意,竞争越来越大,商家间不停地展开"价格战"。她决定再次转型——通过代购时积累的人脉和信息资源,她了解了不少好货源,还多次跑到上海、广州等地的批发市场了解情况,后来将店铺的产品转为外贸成衣。

3. 开网店也需要策划

4月中旬,一款偏成熟的刺绣连衣裙稳坐排行榜榜首,成为周销量第一。这种刺绣连衣裙为阿雪的网店带来了非常可观的销量。"在货源的选择上,要切合时下的流行热点和趋势,根据自己的观察和思考,热推某种系列的高端品牌,是阿雪的策划之一。还有大大小小的促销活动的策划,都大大增加了网店的点击量。"阿雪说。

记者了解到,成功的卖家都很注重策划。正如阿雪所说,开网店的初期阶段靠的是苦力,只要勤奋,很多事情都能解决,因问题本身比较简单;到了"后皇冠"时期,考虑的问题则是发展方向、营销策划等问题,因此,难度大了很多。

毛毛特别注重节日、大型促销活动及换季"上新"等环节,她笑言本科所学的计算机专业使她获益良多,因为她的思维模式比较系统和具逻辑性,对于网店的经营和统筹特别有优势。记得在去年网站女装的活动中,毛毛提前一个月就开始进行活动预热,以一件月销量3 000件的衣服为例,原价80元"狠"推五折优惠还包快递。已经买了相同产品的老客户投诉怎么办?毛毛的团队考虑到了这些细节问题,他们还提供了退货服务。毛毛告诉记者,有时候"做生意亏一点没关系,最重要是网店的总体流量大了好多",而且许多网购人士有一种购物心理:购物时为了避免浪费邮费,通常会同时选择多件产品。

资料来源:https://www.hishop.com.cn/ecschool/wztb/show_10699.html

第一节 网络店铺的日常维护

【学习目标】

1. 了解进货管理、库存管理、图片管理、销售管理的基本活动;
2. 掌握发货管理基本要求。

一、进货管理

进货管理是对商品品质、价格、数量进行控制,规范进货流程和财务数据,保证合理库存,满足日常销售。

（1）优化品种:进货的前提是款式适销、质量过硬。

（2）货量控制:一般情况下新上货品种,首批进货控制在三套内即量少为宜;对于款式特别好,后期无货的品种,根据自己的资金实力和对市场行情的判断决定进货量。

（3）制定价格:对于新进货品,可以咨询比较同行销售情况和价格,针对情况制定销售价格,同时对商品进行文字说明并组织销售、客服等相关岗位人员学习。

（4）变动调整:对后期补货商品,如果和前批货质量或细节有差异的,应及时通知相关人员,协商是否需要更换网络图片、商品说明和调整价格。

（5）入库管理:货物到达仓库后,由仓管人员对商品进行数量清点,编制统一货号,录入当次入库单据,并和进货人员核对。

（6）单据管理:进货单据按照供应商分类存档,并记录下日期、金额、交通费用、实付金额与欠款等信息。

二、库存管理

库存管理的总体要求是库存数据准确、实时,方便销售查询、进货补货、快递发货。

（1）货品质检:存放前检查商品质量,有问题商品检出,列出换货出库清单(两份,一份交进货人员,一份留库房)单独存放,交进货人员换货,进货人员换回货物后,再进行换货入库处理;对于没有换到的货物,单独建账处理。

（2）入库码放:对货物进行分类、分码存放,便于取货。

（3）货品保存:存放注意防潮、防尘、防虫等,视商品的类别而定,外包装无尺码标识或标识不清晰的,用油笔重新标注;如无外包装商品,加上塑料包装后存放。

（4）商品出库:接到发货快递单后,立即安排发货,并在库存中做出库处理,出库时备注发货单号,对快递发货单进行分日期存放。

（5）商品退货:退货商品到库房后,检查商品是否完好,商品完好重新入库。

（6）定时盘点:每月进行一次盘点,盘点日期为 28～31 日。

三、图片管理

图片管理的总体要求是商品图片及时上传,整体图片版型好,细节图片清晰、色差微小、感观强。

（1）新货三天内完成商品拍照、图片处理,并上传到网店。

（2）自己拍摄的图片必须添加自有水印。

（3）图片尺寸根据淘宝的要求和排版合理调整,要求具有统一的尺寸。

（4）每款商品需要五个以上的卖点作为细节图片,对细节图片进行标注。

（5）商品描述模板采用同一模板,以统一风格。

（6）在大图上标注商品名称、商品货号、颜色、材质、尺码、商品说明等(商品说明可由进货人员提供)。

（7）平铺照片要求摆放整齐，力求摆放一致，提高整体拼图视觉效果。

（8）商品图片拍摄出来后，根据实物调整色差，将色差调整到最低限度。

（9）对原始拍摄图片分类进行保存，多张图片按照"货号＋编号"来命名；所有图片都要在另外的电脑中备份。

（10）将处理好的JPG图片上传到网络相册。

（11）对于商品中颜色已售完或部分码已售完，而且后期长时间无法补货的，修改原来的图片，用文字在上面标注，然后重新上传修改后的图片到网络相册同目录上。要求修改后的文件名和原有文件名一致，淘宝商品页面无需再编辑。

四、销售管理

销售的总体要求是规范网络销售流程。

（1）熟悉商品的基本知识。

（2）礼貌接待顾客，快捷回复顾客提出的问题，严禁慢待和使用侮辱性语言，对顾客提出的要求最大限度满足，确实不能满足的向顾客说明，做到不卑不亢地拒绝。

（3）登录旺旺时，选择共享旺旺登录，便于以后查询聊天记录。

（4）设置自动回复。在需要顾客等待回复的情况下，设置自动回复语句，提醒顾客大概等候的时间，回来后立即给予回复。

（5）顾客付款后，将买家收货信息复制发给顾客再确认一次，避免收货地址等信息错误；同时再次确认商品与快递方式是否正确。

（6）顾客付款成功后，立即通知库房人员打印快递单，并将需要发货的商品预留。

（7）及时回复顾客的留言。

（8）随时关注出售中宝贝数量，有下架商品，在仓库中立即上架，保证所有有货商品都是在线销售状态；部分商品网上数量已经销售完的，在仓库的"全部卖完的商品"中直接添加修改宝贝数量即可上架重新销售；检查有无违规商品，如果有，会显示在仓库"待处理的违规宝贝"中。

（9）随时关注橱窗位使用情况，若橱窗位未使用完，立即利用橱窗位推荐商品。

（10）随时关注买家评价，对交易已经成功的商品进行评价。

五、发货管理

发货的总体要求是发货及时、准确，保证顾客收到的货物完好。

（1）打印快递单：在发货单上输入收货地址、单位、姓名、电话、邮编，并在发货商品地注明商品的型号、规格等具体信息，多件商品用"；"隔开。

（2）顾客付款后，立即打印快递单，并将需要发货的商品取出。

（3）快递单打印好后，在已经卖出的宝贝中点击发货，选择快递公司并输入发货单号。

（4）包装人员按照发货快递单从库房取货，点清数量，确认规格，避免少发、漏发并仔细检查商品是否完好。

（5）包装规范：按照公司规定的标准进行包装并发货。

（6）快递公司人员收货时，快递单上需要填写质量和价格，发货人员需核对质量和尺码，有问题的让快递公司人员更改；快递单需要留底，并核对底单和发货单数量是否一致；快递人员需要在每单上签上本人名字；快递发货底单按日期由快递公司保存，便于以后查询。

（7）因为快递公司原因造成丢货或损坏的，将快递底单单独存放，并打印该交易的淘宝交易信息证据，以便向快递公司尽快索赔。

（8）快递公司月结账单时，仔细核对当月每笔发货单和单价，合计金额是否和快递公司一致；同时查看该月该公司丢件、损坏件或未到件是否抵扣；月结账单和发票交管理人员妥善保存。

第二节　网络店铺客服服务

【学习目标】

1. 了解网络客服基本的知识要求、接待客户要求、售后服务职能；

2. 掌握网络客服促销工作技巧。

在传统行业，客服工作早已有之，并且形成了各种客服类别，例如文字客服、语音客服和视频客服，又如人工客户和电子客服，客服的工作早已受到各类企业的认可，但是从来没有哪家企业像网店一样，将客服提升到如此重要的地位。

什么是网店客服呢？简单地说，网店客服指的是在网店的运营和销售等过程中，为客户提供相关服务的人员。这些服务包括线上服务和线下服务、售前服务和售后服务等。在客服的工作中往往又以线上的服务为主，线上服务是网店客服工作量最大，也是最重要的一部分工作。目前淘宝网、阿里巴巴、易趣网、京东、苏宁、亚马逊这些知名的网购平台都有专门的客服。在淘宝网，网店客服就是阿里软件提供给淘宝掌柜的在线客户服务系统（阿里旺旺），旨在让掌柜更高效地管理网店、及时把握商机、从容应对繁忙的生意。这种服务形式对网络有较高的依赖性，所提供的服务一般包括客户答疑、宝贝推荐、促成销售、售后服务等。

一、网店客服应具备的基本知识

1. 商品的专业知识

客服应当熟悉商品的产地、种类、材质、尺寸、用途，熟悉商品的受众、适用范围、使用要点、使用禁忌等，对商品的清洁、维护、修理等也要有一定的了解，还要掌握一些行业知识，在面对客户咨询的时候，能够快速做出应答，举一反三，赢得客户的芳心自然不是难事。

2. 网店运营规则

网店运营规则在第三节会具体介绍，这里不再赘述。熟悉这些规则一方面有助于塑造专业的服务形象、高效地管理网店、减少不必要的损失，另一方面在客户遇到问题的时候，能够及时为客户解答，特别是一些刚接触网购的客户，给客户留下好的第一印象，销售达成的可能性就非常大。

3. 物流及付款知识

（1）付款方式：一般通过支付宝和货到付款的方式进行网上交易。

（2）物流知识。

1）了解不同的物流及其运作方式。

邮寄：邮寄分为平邮（国内普通包裹）、快邮（国内快递包裹）和 EMS；

快递：快递分为航空快递包裹和汽运快递包裹；

货运：货运又分为汽运和铁路运输等。

最好还应了解国际邮包（包括空运、陆路、水路）。

2）了解不同物流的其他重要信息。

了解不同物流方式的价格：如何计价，还价空间还有多大等问题；

了解不同物流方式的速度；

了解不同物流方式的联系方式：在手边准备一份各物流公司的电话，同时了解如何查询各物流方式的网点情况；

了解不同物流方式应如何办理查询；

了解不同物流方式的包裹撤回、地址更改、状态查询、保价、问题件退回、代收货款、索赔的处理等；

常用网址和信息的掌握：快递公司的联系方式、邮政编码、邮费查询、汇款方式、批发方式等。

二、在线接待

1. 接待客户

"接待客户"中的"接待"是狭义的，它是指网店销售中最开始的迎接、接洽客户这个过程。在迎接客户时要做到的是热情招呼、热心接待。

（1）热情招呼：例如当旺旺提示有顾客咨询时，应迅速回复并主动问好。如果临时不在电脑旁边，可设置自动回复，回复的内容可以是本店的特色或近期优惠活动，返回后应第一时间向顾客致以歉意并解释，获得对方的谅解。问候和致歉用语应当统一、规范、得体、大方，在聊天过程中可多用旺旺表情，既可缓解聊天氛围，也可以拉近与客户的距离。例如，问候语："您好，欢迎光临本店，客服代表 008 号很高兴为您服务，请问有什么可以帮助您？"或者简单地说："您好，请问有什么可以帮助您？"致歉语："不好意思，刚才有事临时离开，给您造成不必要的等待请您见谅！"

（2）专业应答：主动询问需求，推荐最适合客户的商品。推荐时给客户发送商品的链接，避免让客户自己费力寻找。回答顾客问题时应用语专业，常见的问题可以在平时的工作中收集和整理，并将问题进行分类，如质量问题、价格问题、支付问题、物流问题和售后问题等。一旦遇到相关或类似问题可以在最短的时间内给予回复，而且可以保证所有客服对问题的解释都有统一的标准，这对塑造店铺形象无疑是非常有利的。

2. 宝贝推荐

很多网店客服兼有推广的职能，通常有两种情况：一种是根据营销策略，给客户发送店铺广告、优惠活动、商品信息等；另一种是把店铺的商品或活动有机地植入到销售中，既宣传了店铺也带动了销量。因为前者不属于在线接待的范畴，这里着重介绍后者。

优秀的客服不仅要懂得如何接待客户，更要懂得如何引导消费者。与顾客沟通时可有意识地推荐店铺的商品，如提供一些搭配建议、推荐促销活动商品、推荐最新款或店铺的优惠信息等。

客服可以说："亲，这款鞋子是我们店销量最高的，你眼光很不错哦！好多客人还挑了运动休闲装搭配一下，现在刚好我们也在做新客户优惠活动，我把链接发给您，您也可以关注一下。"

3.促成销售

虽然岗位里有"客服"两字,除了"服务","销售"也被列为网店客服最重要的工作,这也是网络商务赋予"客服"工作的新内涵。业务型企业都是依赖销售而生存的,网店也不例外,网店客服的工作直接影响到销售业绩。在销售过程当中,网店客服既要面对客户的疑义,对待客户的议价,同时也要促成交易。

(1)排除客户的疑义。只有把客户的疑义排除,才有可能让销售更进一步。面对客户的疑义,要用真诚的态度打动他,用专业的知识使他信服,还要掌握一些技巧和方法,下面举例来说明:

1)顾客说还需要考虑一下。

方法一:用询问的方式让顾客讲出真实的想法,比如"您看,还有哪些细节您想要了解的?"或者"您看,还有哪些是我解释得不够清楚的?"

方法二:通常客户说考虑,一般都是在纠结价格的问题,可以把商品的价格转移分解,让客户感觉并没有那么贵,比如"将产品价格分解到月、星期、日,每一天的花费才这么一点。"或者告知可以附送一些礼品或一些其他的优惠,促使客户早作决定。

方法三:让顾客产生一定的紧迫感,比如说:"我们现在的折扣是限时优惠,过了这段时间就恢复原价了。"或者说:"现在的库存已经不多了,销售情况也很好,要当机立断哦!"

2)顾客怀疑产品的质量。

方法一:用当下产品的销量和好评来打消顾客的疑虑。

方法二:让顾客坚定自己的购买决策是正确的,这种方法对某些人是特别有效的。如:"我跟您沟通,感觉很多方面您都相当的专业,您不信任我没有关系,您也不相信自己吗?"

3)顾客说还不太想购买。

这个时候就需要做出判断,顾客是还在犹豫还是真的不考虑买,如果属于前者,应尽量去争取,例如,争取客户共鸣,"其实我很理解您的感受,要做这个选择确实有点为难,我也遇到过类似的情况,当时我没有购买,不过事后我确实一直很怀念那件衣服。其实宝贝很便宜,值得我们尝试一下。"

如果是后者也可以说:"嗯,没有关系,您也可以去挑挑别的宝贝,我感觉另一款也许更适合您。"这样客户既不反感,很好地维护了客户关系,无形中也把销售进行了转移。

(2)理智对待议价。其实议价严格上来说也可以归入客户疑义,但是因为议价现象太普遍了,每个客服都碰到过,所以单独作为一个情景进行讨论。

面对讨价还价,首先需要阐明店铺立场:店铺的价格都是很低的。如果客户始终纠缠于价格,也要有技巧地降价,让客户觉得优惠来之不易。对于一次性购物较多或所购买的商品价值较高的顾客,在允许的情况下可以主动在价格上给予适当的优惠。议价中有几点原则可以掌握:

1)如果已经是底价,应当直接但是委婉地和客户说明。语气要坚定,态度要柔和。例如,"亲,这已经是最低价了,我们已经是不赚钱了,请您原谅,没有降低的余地了。"

2)附送一些小礼品,作为对不降价的弥补,既照顾了顾客的心理,也保持了自己的原则,小事情上可以显得慷慨。

3)不一下亮底牌,一步到位降得太多,反而让顾客对店铺的信誉和产品的质量产生怀疑。

如果需要降价,尽量不完全满足买家的要求,一般是双方各退一步,或者是一步步有条件地降价,从消费心理学上来说这种"艰难"的降价方式也会让顾客有一种成就感。

4)如果无法接受顾客的议价,应委婉地拒绝并说明原因,或将顾客的注意力转向买赠活动之类的折中优惠方式。对于顾客的无理要求应尽量避让,切忌相互攻击、相互谩骂。

5)对商品进行比较,突出购买的商品是物有所值的,可以和同类商品进行比较,也可以和日常的消费进行比较,如果参照商品选得好,会很有说服力。

(3)促成交易。在大部分交易中,当解决了客户的疑义和价格问题之后,订单基本是十拿九稳了。但是也有客户迟迟不下单的情况,这时候要根据具体的情况采取对策完成临门一脚。

1)当顾客出现购买信号,却又犹豫不决时,可采用"二选其一"的技巧来促成交易。譬如,可以对他说:"请问您需要第 3 款还是第 5 款?"或是说:"请问您喜欢红色的还是黑色的?"这种问话技巧,在线下门店或者其他行业的销售中都经常采用。

2)帮助准顾客挑选。许多准顾客即使有意购买,也不喜马上下单,他总要东挑西拣,在选择产品颜色、规格、式样时犹豫不决。这时候就需要改变策略,暂时不谈订单的问题,转而热情地帮对方挑选,一旦上述问题得到解决,订单也就落实了。

3)积极引导,转移目标。当顾客问到某种产品,正好没有时,可以转移顾客的购买目标。举例来说,顾客问:"这款有金色的吗?"这时,不可回答没有,而应该反问道:"我们有黑色、紫色、蓝色的,在这几种颜色里,您比较喜欢哪一种呢?"

4)主动推荐。当顾客拿不定主意,需要客服推荐的时候,基于客户的需求,可以尽可能多地推荐符合他的要求的款式,在每个链接后附上推荐的理由,而不要找到一个推荐一个。例如,"这款蓝色韩版的比较修身""这款是我们最受欢迎的款式之一",等等,以此来促成交易。

4. 售后服务

售后服务可以说是客服岗位赖以存在的核心职能,虽然网店客服被赋予很多新的工作内容,但是售后服务仍然是其铁打不动赖以存在的根本。售后服务的工作也是很细致、很烦琐的,需要具备足够的耐心。在线售后服务一般包括追踪订单、处理货到付款订单、发货通知、中差评处理等。

(1)及时追踪订单。对于拍下商品未付款的客户,可以通过旺旺、手机发送信息或发邮件进行提醒,例如,"亲爱的顾客,本店今天截单时间快到了,如果您现在付款,今天就可以发货,以节省您的等待时间,感谢您对我们工作的支持,如果打扰到您我们十分抱歉。"如顾客迟迟未支付,不要催促,可以委婉地询问对方,是否在支付过程中遇到了困难,是否需要帮助,这样既可以提高咨询转化率,顾客也易于接受,还提升了店铺的服务形象。对于那些无意购买、一时冲动拍下的客户,与客户联系问清购买意向之后,可以手动关闭订单,方便其他同事工作。

(2)货到付款处理。淘宝网开通货到付款功能,对于买卖双方都是一件好事,但是货到付款需要卖家多支付手续费,所以价格会比网上标价贵一些。很多买家并不清楚,收到货物的时候,会认为店铺有意欺骗,拒收订单。店铺需要的是口碑和形象,这样失去的可能不是一个客户而是一群客户。所以对于客服来说,看到货到付款的订单,应当立即联系买家,告知货到付款的价格情况,如果买家仍然同意,就可打单发货了。

(3)发货通知。货物发出之后,可给客户发送信息,告知包裹已经发出,这样有助于提升客户体验,发展忠实客户。

(4)中差评处理。相信有很多店铺被信誉度折腾得欲哭无泪。中差评不是魔鬼,中差评不可怕,可怕的是不去处理。客户不会无缘无故地给中差评,当发现中差评的时候,应第一时间跟客户沟通,了解来龙去脉,晓之以理,动之以情,一般客户都会修改评价的。对于一些靠恶意评价来获得不当利益的买家,客服要注意收集信息,以便为后面的投诉、翻案收集证据。

网店客服的分工已经达到相当细致的程度,有专门负责销售的客服,有专门接受投诉的客服,还有专门帮店主打包的客服等。专业大型的淘宝卖家制定了《网店客服手册》,对网店进行流程化管理,按照流程工作,网店工作将会变得井井有条。

第三节　网络店铺的运营规则

【学习目标】

1. 了解支付宝规则、阿里旺旺使用规则、淘宝网评价规则、橱窗推荐规则、淘宝用户行为管理规则、店铺名称及其他信息规则;

2. 了解不当注册的认定与处罚规则、投诉与举报规则。

规则不仅是供大家共同遵守的制度或章程,也是一种管理手段,主要用于人们对特定行动的预先警示和对后果的提前了解,有效防止此特定行动所产生的危害。本节以淘宝网为例,简介在淘宝平台上运营网络店铺的主要规则。

作为一个第三方的交易平台,为了防止各种不诚信行为的发生,杜绝不正当竞争,淘宝网制定了一系列规则和措施来约束及规范用户在此平台上的行为。但是淘宝网上的规则也不是一成不变的,它会随着平台的升级以及市场变化而不断增补和完善。因此,要想在这个平台上生存和发展,必须时刻了解并遵守平台的规则。任何一个网络零售平台的规则都可以在其平台的帮助中心查看和学习。

一、支付宝与淘宝账户的绑定规则

1. 支付宝账户的绑定规则

(1)支付宝账户和淘宝账户只能进行一对一的绑定,一旦淘宝账户绑定了认证过的支付宝账户,则意味着其淘宝 ID 通过了支付宝认证。

(2)一个身份证可以对多个支付宝账户进行认证,但是有相同身份证认证的支付宝账户只能选择其中一个与淘宝 ID 进行一对一的绑定。如果通过某个身份证认证过的支付宝账户已经绑定了淘宝某 ID,那么其余由该相同身份证认证的支付宝账户将不能与任何淘宝 ID 成功绑定。

2. 支付宝账户解绑的原则

(1)已经通过认证的支付宝账号,且已有卖家记录(包括发布宝贝,其中宝贝发布在仓库也不可以,作为卖家的投诉/举报记录等),则不能取消绑定;此类账户如果没有任何卖家记录(包括发布宝贝,其中宝贝发布在仓库也不可以,作为卖家的投诉/举报记录等),可以联系淘宝客服申请解除绑定。

(2)没有通过认证的支付宝账户,但有正在进行的支付宝交易,则无法解除绑定,需交易完成后再联系淘宝客服,申请解除绑定;此类账户如果没有正在进行的支付宝交易,可以登录"我的淘宝"→"支付宝专区"→"管理支付宝账户"自行解除绑定;解绑后,如需重新绑定新的支付宝账户,只要到相同入口设置,即可重新绑定一个新的支付宝账户。

二、阿里旺旺的使用规则

因为阿里旺旺的使用规则条数较多,以下重点总结一下,具体可以查看淘宝网站。

(1)在阿里旺旺的使用中禁止发送违法消息、广告消息、垃圾消息。

(2)禁止利用阿里旺旺进行传销,销售违法产品,发送垃圾邮件,发布未经证实的广告消息,或者关于虚假产品信息等。

(3)禁止利用阿里旺旺对网络进行破坏;利用阿里旺旺传送电脑病毒,或者钓鱼网站,破坏他人电脑;私自访问阿里旺旺的网站和账户,变动 ID 或者他人的其他信息;在没有经过同意的情况下破坏阿里旺旺系统。

(4)禁止通过阿里旺旺传输不正常文件,未经允许删除他人资料;使用他人阿里旺旺侵犯他人权益;通过阿里旺旺骚扰或者跟踪威胁他人等。

如果触犯以上的规定,那么淘宝将对违反规则的人进行处罚。处罚主要分为四级处罚,分别是:

一级处罚:通过邮件系统阿里旺旺警告一次。

二级处罚:限制使用阿里旺旺的部分功能。

三级处罚:冻结阿里旺旺账号,时间长短视事情的严重性而定。

四级处罚:屏蔽以后发送相关的内容。

三、淘宝网评价规则

淘宝的评价分为好评、中评和差评三类。好评得 1 分,中评不得分,差评扣 1 分。在淘宝平台上,除了天猫店铺之外,店铺的信用累积都来源于此。淘宝网信用积分对应的信用级别显示是从心级、钻级、皇冠级到金冠级别,信用级别在 4 分以下为无心级,达到 4 分则为一心,达到 11 分上升为两心,如图 7-1 所示。买家的信用级别评定标准与卖家相同,差别只是使用不同的图标来加以区分。

4分-10分	♥	10001分-20000分	♛
11分-40分	♥♥	20001分-50000分	♛♛
41分-90分	♥♥♥	50001分-100000分	♛♛♛
91分-150分	♥♥♥♥	100001分-200000分	♛♛♛♛
151分-250分	♥♥♥♥♥	200001分-500000分	♛♛♛♛♛
251分-500分	♦	500001分-1000000分	♕
501分-1000分	♦♦	1000001分-2000000分	♕♕
1001分-2000分	♦♦♦	2000001分-5000000分	♕♕♕
2001分-5000分	♦♦♦♦	5000001分-10000000分	♕♕♕♕
5001分-10000分	♦♦♦♦♦	10000001分以上	♕♕♕♕♕

图 7-1　卖家淘宝计分对应的信用级别

如果在交易完成后,卖家给买家做出了好评,但是买家并没有评价,那么在 15 天之后,系统会自动默认给予卖家好评。如果一方在评价期间内做出中评或差评,另一方在评价期间内未评价,系统不给评价方默认评价。每个自然月内,相同卖家与买家之间的有效评价计分不超过 6 分。在 14 天内,相同买家与卖家之间就同一款商品有多笔支付宝交易,则多个好评只计 1 分,多个差评也只计 1 分。

在好评下面我们会看到有 4 个动态评分,即宝贝与描述相符、卖家服务态度、卖家发货速度、物流公司服务等 4 项。除了最后一项例外,其他三项的评分会直接影响到卖家的店铺动态得分,这也就意味着,买家动态评分过低,将直接影响卖家申报淘宝各种活动。同时,动态评分一旦生效即无法修改。

四、橱窗推荐规则

对于买家来说,在进入店铺之后,首先看到的就是卖家橱窗推荐的商品,而且这也是最直接、最吸引买家眼球的地方。因为在这可以直接看到此商品的图片与价格,会影响买家的购买欲望。

没有缴纳消费者保障服务的店铺,一心以下 5 个推荐位,二心为 10 个推荐位,卖家每升一个等级加 5 个推荐位,皇冠封顶,此时的橱窗推荐位数量标准为 50 个。缴纳消费者保障服务费的店铺则是在未缴纳卖家的基础上增加 5 个推荐位。新店主在首次开店的前 3 个月会额外获得 10 个扶持性的奖励推荐位,3 个月后将不再享受。

每周统计各类目下店铺支付宝成交金额,排在前 1 000 位的店铺获得 5 个推荐位的奖励,1~20 的店铺获得 20 个推荐位奖励,有效期为一周,过期收回。

五、淘宝用户行为管理规则

所有淘宝网用户可以在淘宝网发布商品,交流沟通,但是不能违反淘宝网用户行为管理规则,如果违反规则,淘宝将根据此规则处罚措施对该用户进行处罚。

淘宝处罚措施说明:

如果用户违反淘宝网和支付宝服务协议或相关规则,淘宝有权视情节轻重进行处罚,或者中止、终止向用户提供服务。处罚措施包括公示处罚、限制权力、删除评价、删除商品、删除店铺、冻结账户和永久封号等。

违规行为计分说明:

(1)违规行为计分按每一自然年为一个计分周期。

(2)违规计分扣满 12 分,淘宝网将对账户做冻结处理,但不限制网站登录,用户需要在学习期后参加淘宝考核,待考核通过后才能解除冻结。

(3)学习期按计分周期内的冻结次数乘以 3 计算,如果用户在计分周期内未被扣满 12 分,则下一自然年 1 月 1 日零时起计分清零。

(4)对于情节特别严重的违规行为,淘宝有权对用户做永久封号处理,不再进行考核和开通。加入消费者保障计划的用户,一旦扣分满 10 分将被强制退出消保。

六、不当注册的认定与处罚规则

不当注册,是指用户通过软件、程序等方式,大批量注册淘宝账户,或通过已注册的淘宝账户,滥用会员权利损害他人合法权益、妨害淘宝运营秩序的行为。

通过已注册的淘宝账户,滥用会员权利损害他人合法权益、妨害淘宝运营秩序的行为,具体指会员通过注册的淘宝账户,滥用购买商品、申请退款、发起投诉或索赔等会员权利,包括但不限于以下情形:

(1)利用他人的违规行为,以发起投诉等手段,谋取额外财物或其他不当利益的;

(2)通过使用无效的或不准确的收货地址和(或)收货人信息,导致卖家无法按时发货等手段,从而出现违规情形,妨害淘宝运营秩序的;

(3)利用一个或多个账户,在短时间大量拍下商品不付款,导致卖家商品下架,影响卖家正常经营秩序的。

七、店铺名及其他信息规则

淘宝店铺不仅是一个重要的交易管理工具,也是卖家或者企业的外在形象,因此,淘宝网对店铺名称以及店铺中其他信息的展现进行了规范和限制,其主要内容如下:

(1)未经淘宝许可,店标、店名、店铺公告及个人介绍页面禁止使用含有"淘宝网特许""淘宝授权"等含义的字词。

(2)未经许可,严禁使用淘宝网专用文字和图形作为店铺宣传的文字和图形。

(3)店标、店名、店铺公告及个人介绍页面中禁止使用带有种族歧视、淫秽和不健康信息的词汇及语言。

(4)店名、店标不得使用我国及其他国家的国名、国旗、国徽、军旗、勋章等文字和图形,以及和国际组织、知名品牌相同或相近的文字与图形。

(5)如用户或店铺不具有相关资质或未参加淘宝相关活动,不允许使用与特定资质或活动相关的特定含义的词汇,例如,天猫、消费者保障计划、先行赔付等。店铺名不允许命名为××商盟,非商盟店铺不允许在店铺中使用商盟进行宣传。

(6)店铺公告及店铺个人介绍页面禁止使用夸大宣传并带有欺骗性的、含有不真实内容或者误导消费者的内容。

(7)店铺公告及店铺个人介绍页面可以用于介绍卖家的业务,但不可以包含卖家个人网站的路径或链接。

除了上述规则以外,涉嫌违反法律的内容也是被禁止使用的,向顾客传达正面、健康、积极向上的信息,有助于商家建立良好的店铺形象,更容易使顾客产生信赖感和安全感。

八、投诉与举报规则

1. 淘宝网的投诉规则

淘宝的投诉体系由定义、申诉和处罚三部分组成,对于网上交易产生的纠纷,用户可以在网上成交0~60天内根据各投诉类型的投诉条件就该笔交易在网上投诉交易对方。

用户可以针对网上成交不买、网上成交不卖、卖家拒绝使用支付宝或诱导买家收货、收款不发货、商品与网上描述不符和恶意评价这6个方面提出投诉申请。被投诉方在收到投诉后的5个工作日内应进行解释,并尽量与投诉方达成共识,用户提交上述申请时需提供相关证据,淘宝网会在对方解释的基础上进行协调并处理。

2. 淘宝网的举报规则

为维护淘宝的交易秩序,保障用户的合法权益,对淘宝上出现的不良信息或者不良交易行为,用户有权就违规情况进行举报。

举报人必须是通过支付宝认证的用户,而且整个举报过程中,举报方是匿名的,所有的个人信息受淘宝保护。被举报方在收到举报后的 3 个工作日内要去进行申诉,并尽量提供凭证以证实自己申诉的有效性,淘宝网会在被举报方申诉的基础上进行核实并处理。

用户可以就别人盗用自己的图片发布商品或者发现有人出售禁售物品的行为进行举报,盗用图片的处罚有“撤销”“公示警告 7 天”以及“公示警告 7 天并限制发布商品 7 天”这三种不同程度的处理意见;出售禁售品的举报经淘宝核查与事实不符,即做“不成立”处理,如果举报事实成立,则根据情节轻重分别做出“下架或删除”和“永久冻结账号”的处理。

【实训指导】

训练项目 7.1:某网店工作人员在发货的时候把面单贴错了,结果导致客户收到宝贝的时候发现包裹里不是自己网上下单所订的货物,客户立刻把情况反映给网店的客服人员,并声称,如果两天内收不到货物就要退款。请帮助客服人员制定一个处理办法。

训练项目 7.2:有位女士在小李的网店购买一双皮鞋,下单之前她询问是否能够提供发票,小李手上刚好没有发票了,请问该如何跟顾客解释,如果顾客同意小李过几天给她寄送发票,请问发票的邮寄费用该由谁来承担? 如果顾客是恶意差评师,在付款之后投诉小李没有寄送发票,请问小李要如何妥善解决?

实　　　训

【实训目标】

1. 使学生了解网络店铺运营规则。
2. 掌握网络店铺客服技巧。

【实训内容与组织】

1. 学生自愿组成小组,每组 3～5 人。
2. 组长负责成员的分工与任务的具体安排。

【成果与检测】

1. 发言稿。
2. 在班级进行交流,每个小组推荐 1 个人进行介绍。
3. 由教师对学生评估打分。

习　　　题

一、简答题

1. 简述网店进货管理的主要活动。

2. 简述网店库存管理的主要活动。

3. 简述网店销售管理的主要活动。

4. 简述网店图片管理的主要活动。

5. 简述网店发货管理的主要活动。

6. 简述淘宝对违规网店的处罚措施。

7. 简述淘宝网的投诉和举报规则。

二、论述题

1. 论述网店客服应具备的基本知识。

2. 网店客服应如何排除客户的疑义？

3. 网店客服应如何对待客户的议价？

第八章 网络店铺的新媒体营销

【案例导入】

短视频时代已经到来,看 3 个品牌的 3 个案例的营销改变

对于在社交网络媒体上获取信息的用户来说,以短视频为主的富媒体已经成为他们的第一选择。而随着移动互联网的大面积普及,人们也越来越倾向于随时随地以短视频分享个人动态。短视频可以更加直观地满足用户的表达以及沟通需求,同时满足人们展示以及分享的诉求。

社交网络从 2016 年开始,基本完成了从图文到富媒体形式的转变。今年 4 月,艾媒咨询发布《2016 — 2017 年中国短视频市场研究报告》。报告显示,2016 年中国移动短视频用户规模为 1.53 亿人,预计 2017 年将达到 2.42 亿人,增长 58.2%,2018 年将达到 3.53 亿人。

人类在这个移动互联网时代可以说再次陷入"娱乐至死"的困境,只不过现今的娱乐不是电视节目,而是娱乐、八卦、搞笑、消遣的短视频。

但对于品牌来说,如何利用这种趋势做好营销是另一个重要的课题,毕竟时代已经变了。

面对短视频时代的全面到来,不少品牌已经针对此做出了营销的改变。以下 3 个案例就部分代表了这种变化。

1. 从 TVC(商业电视)广告营销到短视频营销:优衣库轻薄羽绒服营销

优衣库在 2016 年冬天针对其轻薄羽绒服的上市,推出了 6 支魔性视频,每支视频 15 秒,视频中的主角分别用闽南话、广东话、东北话、山东话、上海话、四川话唱 rap(那个时候中国有嘻哈还没有诞生),表达他们对优衣库羽绒服轻薄、轻松的感受。优衣库的这个方言版系列视频,时尚有范的形式与接地气的方言形成的趣味落差,引发了不少 UGC(用户原创内容)。

同时,优衣库在官方微博上发起投票,邀请用户投票选出最喜爱的方言版本,不少粉丝都是从自身出发,对自己家乡方言无条件支持。

对于大部分品牌来说,曾经新品上市拍一个 TVC 在电视台投放是一种标配,但在社交媒体环境下,传统 TVC 那种空洞乏味的形式已经很难引发粉丝的共鸣。优衣库这种接地气,融入粉丝生活场景的系列短视频则容易引发共鸣。从时长来看,可能 TVC 并没有比短视频长多少,但短视频营销相对 TVC 内容上更社会化,也更病毒化,因此也更容易引发网友的主动分享。

2. UGC 营销由文字图片到短视频:惠普(HP)笔记本营销

自社交网络诞生以来,品牌营销几乎绕不开 UGC 这个词,随着从图文到富媒体形式的转

变,基于社交网络的品牌 UGC 也逐步发生这样的变化。在社交网络诞生之初,最有名的 UGC 是文字形式的"凡客体",以及前几年罗永浩发起图文形式的"漂亮得不像实力派"。2015 年,星巴克在 Snapchat 上做的星巴克滤镜广告则是一种有趣的小视频形式:用户上传自拍照 片或视频,使用上面的星巴克专属滤镜,眼睛就会放大,然后蹦出星享卡上标志性的星星。

2017 年 7 月,HP 为了推广畅游人笔记本,邀请了杨洋、柏邦妮、"伟大的安妮"等知名艺人 及"网红"拍摄广告。同时由于该系列笔记本定位年轻,目标受众是 18~28 岁初入职场的年轻 用户,因此选择陌陌作为推广平台(陌陌用户中 19~33 岁的年轻人比例达 77%)。HP 邀请了 陌陌上 4 位人气颇高的年轻人,为惠普畅游人笔记本证言,拍摄了 4 支风格不同的短视频,所 拍摄的视频,讲述了 4 个年轻人的奋斗故事。他们通过短视频将自己真实的生活状态,坚信的 理念展现出来,代表着年轻人勇敢追梦、执着、不走寻常路的态度。

短视频拍摄完毕后,惠普借助红人自身及平台的影响力向全陌陌用户进行投放,依托陌陌 平台的社交属性及红人的粉丝影响力,引发了大量用户 UGC 参与品牌短视频营销,让曝光实 现了最大化。

所有视频内容在陌陌平台上除了支持用户的评论、转发、点赞等形式的互动外,均携带品 牌完整的转化路径,传播品牌的同时也实现了销售转化,这不禁让人想到了微博粉丝通的广告 模式。

3. 由冠名、植入式营销到与机构或自媒体定制短视频栏目:淘宝二楼

为某档栏目冠名,或在某档节目中植入是比较传统的视频营销方式。伴随着社交网络的 深度发展,一些大的流量平台和自媒体(大 V)开始为品牌深度独立制作内容或栏目,比如优酷 与奔驰联合制作的《侣行》,自媒体二更与新浪美食制作的《一个人的美食》都是这种改变的 体现。

你可能还记得淘宝二楼的《一千零一夜》,在这个案例中,淘宝不再单纯是一个广告投放平 台,而是作为一个流量平台加内容制作方为一些站内品牌进行短视频营销。《一千零一夜》每 一集时长大概 5 分钟左右,它不是传统的广告,而是基于某个美食品牌讲一个关于美食的故 事,是为某个美食品牌的定制化故事。《一千零一夜》在当年是叫好又叫座的短视频营销形式, 据说在第一集《一千零一夜之鲅鱼水饺》上线的 2 个小时之内,就卖掉了近 20 万只饺子。

在短视频社交时代,除品牌营销的三个变化外,我们在此也可以看到一些平台方的变化。 比如淘宝着力制作短视频内容,整合直播流,努力从纯电商平台转化为附带内容营销属性的电 商平台。陌陌在惠普笔记本的营销之后,吸引了阴阳师、海尔、荣耀等品牌的关注,并与陌陌进 行了红人营销的合作,包含直播及短视频红人营销。陌陌借此顺势推出了基于平台视频红人 的"陌陌明星"营销平台,开始为品牌主提供集内容生产、内容分发、内容互动、内容转化为一体 的视频营销解决方案,陌陌也从基于位置的社交平台逐渐成为顺应短视频时代的内容营销社 交平台。

随着移动互联网的发展以及网民获取信息习惯的改变,GIF、音频、视频的形式将成为社 交网络信息流中越来越重要的媒介形式。上文所说的品牌基于短视频营销的 3 大变化:从 TVC 广告营销到短视频营销,UGC 营销由文字图片到短视频,由冠名、植入式营销到与机构 或自媒体定制短视频栏目,将会在未来越来越多地发生。

资料来源:https://www.digitaling.com/articles/40564.html

第一节　新媒体营销概述

【学习目标】

1. 了解新媒体含义、特点和类型;

2. 掌握新媒体营销的含义和优势。

近几年,大数据、物联网、云计算蓬勃发展,5G、AI(人工智能)、VR(虚拟现实)等新技术迅速兴起,科幻电影中人人相联、物物相联、人物相联的虚拟场景快速成为现实。所有人都清晰地意识到:在新技术驱动下,传统互联网正在发生一场彻底的革命与升级,一个无所不包、全智能的全联接时代正快速向我们走来。

全联接改变了人们的交互模式,也打破了原有的营销生态。很多旧有的营销手法已然失效,全新的玩法体系正在快速形成。在全联接时代,需要用全新的视角去理解媒体、理解营销。比如,以 Facebook、Twitter、微博、微信为代表的社会化网络的出现与崛起,不仅改变了人们的社交沟通习惯,还重新定义了新媒体营销的核心内涵。当前,评判一场营销活动效果好坏的标准,不再是干巴巴的数据报表,而是它能否刷爆潜在客户群体的朋友圈。

此外,以电视、报纸、杂志为核心的上一代精英式媒体的影响力正在大幅下滑,营销传播渠道越来越强地呈现出多元化态势。简单、粗暴地购买广告位,效果已然日渐式微;企业品牌塑造的核心已由单纯的"眼球"转向了更具杀伤力的"口碑"。也就是说,当前企业营销的终极目标不再是知名度,而是美誉度。正是在这样的大背景下,新媒体营销凭借其独特的商业思维和执行技法,快速从边缘走向核心,一个又一个营销神话也随之而出。

一、新媒体

1. 新媒体含义

联合国教科文组织曾将新媒体定义为"以数字技术为基础,以网络为载体进行信息传播的媒介",对新媒体的技术特征和传播形态作了较明确的限定,更接近人们对新媒体一词的认知习惯。

在人们的使用习惯和普遍认知中,新媒体主要指的是互联网、连接了互联网的电脑、智能手机和其他移动上网设备,而并未把使用了数字技术的数字电视、通信卫星、数字广播等以传统形式存在的媒介当成新媒体。尤其在营销领域,话及新媒体营销,主要指的是以"新形态"的互联网、移动上网设备等为终端进行的营销活动。

本书对新媒体界定采用国内的通用概念,即新媒体是利用数字技术,通过计算机网络、无线通信网、卫星等渠道,以及电脑、手机、数字电视机等终端设备,向用户提供信息和服务的传播形态。从空间上来看,"新媒体"特指当下与"传统媒体"相对应的,以数字压缩和无线网络技术为支撑,利用其大容量、实时性和交互性,可以跨越地理界线最终得以实现全球化的媒体。

广义的新媒体包括两大类:一是基于技术进步引起的媒体形态的变革,尤其是基于无线通信技术和网络技术出现的媒体形态,如数字电视、IPTV(网络电视)、手机终端等;二是随着人们生活方式的转变,以前已经存在,现在才被应用于信息传播的载体,例如楼宇电视、车载电视等。狭义的新媒体仅指第一类,基于技术进步而产生的媒体形态。

实际上,新媒体可以被视为新技术的产物,数字化、多媒体、网络等最新技术均是新媒体出现的必备条件。新媒体诞生以后,媒介传播的形态就发生了翻天覆地的变化,诸如地铁阅读、写字楼大屏幕等,都是将传统媒体的传播内容移植到了全新的传播空间。这种变化包含如下几个技术元素:

首先,数字化的出现使大量的传统媒体加入到了新媒体的阵营,这一改变主要呈现为媒体的技术变革,不论是内容存储的数字化,还是传播的数字化,都大幅度提升了媒介的传播效率。

其次,媒介形态也因新技术的诞生而呈现出多样化,网络电视、网络广播、电子阅读器等均将传统媒体的内容移植到了新的媒介平台上。

可以从以下四个层面理解新媒体的概念。

(1)技术层面:利用数字技术、网络技术和移动通信技术。

(2)渠道层面:通过互联网、宽带局域网、无线通信网和卫星等渠道。

(3)终端层面:以电视、电脑和手机等作为主要输出终端。

(4)服务层面:向用户提供视频、音频、语音数据服务、连线游戏、远程教育等集成信息和娱乐服务。

2. 新媒体的特点

以数字技术为代表的新媒体,其最大特点是打破了媒介之间的壁垒,消融了媒体介质之间,地域、行政之间,甚至传播者与接受者之间的边界。新媒体还表现出以下几个特征:

(1)媒体个性化突出。由于技术的原因,以往所有的媒体几乎都是大众化的。而新媒体却可以做到面向更加细分的受众,可以面向个人,个人可以通过新媒体定制自己需要的新闻。也就是说,每个新媒体受众手中最终接收到的信息内容组合可以是一样的,也可以是完全不同的。这与传统媒体受众只能被动地阅读或者观看毫无差别的内容有很大不同。

(2)受众选择性增多。从技术层面上讲,在新媒体那里,人人都可以接受信息,人人也都可以充当信息发布者,用户可以一边看电视节目、一边播放音乐,同时还参与对节目的投票,还可以对信息进行检索。这就打破了只有新闻机构才能发布新闻的局限,充分满足了信息消费者的细分需求。与传统媒体的"主导受众型"不同,新媒体是"受众主导型"。受众有更大的选择,可以自由阅读,可以放大信息。

(3)表现形式多样。新媒体形式多样,各种形式的表现过程比较丰富,可融文字、音频、画面为一体,做到即时地、无限地扩展内容,从而使内容变成"活物"。理论上讲,只要满足计算机条件,一个新媒体即可满足全世界的信息存储需要。除了大容量之外,新媒体还有易检索性的特点,可以随时存储内容,查找以前的内容和相关内容非常方便。

(4)信息发布实时。与广播、电视相比,只有新媒体才真正无时间限制,随时可以加工发布。新媒体用强大的软件和网页呈现内容,可以轻松地实现 24 小时在线。

新媒体交互性极强,独特的网络介质使得信息传播者与接受者的关系走向平等,受众不再轻易受媒体"摆布",而是可以通过新媒体的互动,发出更多的声音,影响信息传播者。

3.新媒体的类型

(1)手机媒体。手机媒体是借助手机进行信息传播的工具。随着通信技术(例如 4G)、计算机技术的发展与普及,手机逐渐成为具有通信功能的迷你型电脑。手机媒体是网络媒体的延伸,它除了具有网络媒体的优势之外,还具有携带方便的特点。手机媒体真正跨越了地域和电脑终端的限制,拥有声音和振动的提示,能够做到与新闻同步;接受方式由静态向动态演变,受众的自主地位得到提高,可以自主选择和发布信息,信息的及时互动或暂时延宕得以自主实现;使得人际传播与大众传播完满结合。

(2)数字电视。数字电视就是指从演播室到发射、传输、接收的所有环节都是使用数字电视信号或对该系统所有的信号传播都是通过由 0 和 1 数字串所构成的数字流来传播的电视类型。数字信号的传播速率是每秒 19.39 兆字节,如此大的数据流的传递保证了数字电视的高清晰度,克服了模拟电视的先天不足。

(3)互联网新媒体。互联网新媒体包括:网络电视、博客、播客、视频、电子杂志等。

网络电视(Internet Protocol Television,IPTV)是以宽带网络为载体,通过电视服务器将传统的卫星电视节目经重新编码成流媒体的形式,经网络传输给用户收看的一种视讯服务。网络电视具有互动个性化、节目丰富多样、收视方便快捷等特点。博客指写作或是拥有 Blog(或 Weblog)的人;Blog(或 Weblog)指网络日志,是一种个人传播自己思想,带有知识集合链接的出版方式。

博客(动词)指在博客的虚拟空间中发布文章等各种形式信息的过程。博客有三大主要作用:个人自由表达和出版;知识过滤与积累;深度交流沟通。

播客通常是指那些自我录制广播节目并通过网络发布的人。

视频(Video,又翻译为视讯)泛指将一系列的静态影像以电信号方式加以捕捉、纪录、处理、储存、传送与重现的各种技术。连续的图像变化每秒超过 24 画面以上时,根据视觉暂留原理,人眼无法辨别单幅的静态画面,看上去是平滑连续的视觉效果。同时,视频也指新兴的交流、沟通工具,是基于互联网的一种设备及软件,用户可通过视频看到对方的仪容、听到对方的声音,是可视电话的雏形。视频技术最早是为了电视系统而发展,但是现在已经发展为各种不同的格式以利于消费者将视频记录下来。网络技术的发达也促使视频的纪录片段以串流媒体的形式存在于因特网之上并可被电脑接收与播放。

电子杂志一般是指用 Flash 的方式将音频、视频、图片、文字及动画等集成展示的一种新媒体,因展示形式如传统杂志,具有翻页效果,故名电子杂志。一般一本电子杂志的体积都较大,小则几兆,多则几十兆上百兆,因此,一般电子杂志网站都提供客户端订阅器,供杂志的下载与订阅,而订阅器多采用流行的 P2P 技术,以提高下载速度。电子杂志是 Web2.0 的代表性应用之一。它具有发行方便、发行量大、分众等特点。

(4)户外新媒体。户外新媒体是新近产生的,是有别于传统户外媒体形式(广告牌、灯箱、车体等)的新型户外媒体。户外新媒体以液晶电视为载体,如楼宇电视、公交电视、地铁电视、列车电视、航空电视、大型 LED 屏等,主要是新材料、新技术、新媒体、新设备的应用,或与传统的户外媒体形式相结合,使得传统的户外媒体形式有质的提升。

二、新媒体营销

1. 新媒体营销含义

新媒体营销是指利用新媒体平台进行营销的方式。在 Web2.0 带来巨大革新的时代,营销方式也带来变革,具备了沟通性(communicate)、差异性(variation)、创造性(creativity)、关联性(relation),体验性(experience),互联网已经进入新媒体传播时代。

新媒体营销与传统营销区别在于:传统营销主要靠广告以及公关,追求的是所谓的"覆盖量"(或者叫到达率,Reach),在报纸杂志上就是发行量,在电视广播上就是收视(听)率,在网站上,便是访问量。将广告或者公关文章加载到覆盖量高的媒体上,便可以吸引到较多的注意。这个模式笔者称之为登高一呼式的传播模型。这种传播方式本质上属于宣传模式(propaganda),基本上传播路径是单向的。基于新媒体的营销模式,则是将 propaganda 向 involvement(参与度)改变。新媒体营销借助于新媒体中的受众广泛且深入的信息发布,使目标客户参与到具体的营销活动中。比如说,利用博客所完成的话题讨论:请博客作者们就某一个话题展开讨论,从而扩大商业公司想要推广的主题或品牌的影响范围。

总体来说,新媒体营销是在特定产品的概念诉求的基础上,对消费者进行心理引导的营销推广方式。新媒体营销的渠道,或称新媒体营销的平台,主要包括但不限于门户、搜索引擎、微博、微信、SNS、博客、播客、BBS、RSS、百科、手机、移动设备、APP 等。新媒体营销并不是单一地通过上面的渠道中的一种进行营销,而是需要多种渠道整合营销,甚至在营销资金充裕的情况下,可以与传统媒介营销相结合,形成全方位立体式营销。

2. 新媒体营销优势

新媒体营销已经开始逐渐成为现代营销模式中最重要的部分。互联网已经成为营销者的必争之地,成为营销者的创意舞台。互联网如何与其他媒体合作以达到最佳的效果,是营销者非常关心的一个问题。埃斯特等在《广告期刊》(*Journal of Advertising*)发表了一项研究。在这项研究中,他们比较了不同媒体组合的效果,其中包括电视的单独运用、互联网的单独运用以及电视与互联网的联合运用。此项研究发现,电视与互联网联合运用的效果最好,其优势主要表现为在消费者中赢得更多的关注;广告传递的信息更容易被消费者相信;消费者更加认同广告产品。

第二节 短视频营销

【学习目标】

1. 了解短视频的含义、特点和类型及短视频的主流平台;

2. 掌握短视频的创意要求,企业如何运用短视频营销。

据统计,2019 年短视频行业月活跃用户数达 5.05 亿。在我国移动互联网 11 亿用户的基础总量下,相当于每 2 个互联网用户就有 1 人使用短视频 APP。如果说 2017 年是自媒体的元年,那么 2018 年就是短视频的天下。可以说 2017 年到 2019 年是短视频发展的风口元年,各家都在抢占短视频的流量,不管是客户还是品牌,都慢慢地开始用短视频去进行自己的营销。

一、短视频营销的含义与特点

1.短视频营销的含义

短视频是指在各种新媒体平台上播放的、适合在移动状态和短时休闲状态下观看的、高频推送的视频内容,几秒到几分钟不等。内容融合了技能分享、幽默搞怪、时尚潮流、社会热点、街头采访、公益教育、广告创意、商业定制等主题。由于内容较短,可以单独成片,也可以成为系列栏目。

具有营销意义的短视频一般要求:①长度保持在10分钟以内;②整个视频内容的节奏比较快;③视频内容一般都充实、紧凑;④适用于碎片化的消费方式。

与电视视频相比,短视频主要通过网络平台进行传播,其文件格式主要包括以下四种:①MOV(苹果公司研发的音频视频格式);②WMV(微软公司推出的视频编解码格式);③RMVB(多媒体数字容器格式);④AVI(音频视频组合格式)。

2.短视频营销的特点

短视频的出现丰富了新媒体原生广告的形式,短视频需要清晰明了地为消费者展示产品的质量、特性、款式等内容。不同于微电影,短视频制作不需要特定的表达形式和团队配置要求,它在制作的过程中只选择其中一个要点说出来即可,内容要么有趣,要么有指导意义,要么能产生互动,要么能引发情感共鸣。只要短视频有一个吸引人的点,就会有人观看。

(1)性价比更高。短视频具有推广价格低廉和受众群体精准等优势。与传统的广告营销少则几百万元,多则几千万元的资金投入相比,短视频营销的成本算是比较低的,这也是短视频营销的优势之一。成本低主要表现在3大方面,即制作的成本低、传播的成本低及维护的成本低。

短视频营销还拥有传播速度快、难以复制的优势,因为短视频营销本身就属于网络营销,所以短视频能够迅速地在网络上传播开来,再加上其时间短,适合现在快节奏的生活,因此更能赢得广大受众的青睐和欢迎。

(2)营销效果更好。与文字和图片相比,短视频的真实性更高,再加上都是连续的片段,不会造成视觉上的太大偏差。对于消费者来说,短视频交代的信息量更大、更连贯,真实性也更强。

营销效果好体现在消费者可以边看短视频,边对产品进行购买,这是传统的电视广告所不能拥有的优势。因为一般消费者在观看了电视广告之后,不能实现快捷购物,一般都是通过电话购买、实体店购买及网上购买等方式来满足购物欲望。在这些方式中,消费者都不可避免地会遇到一些问题,如在电话中无法很好地描述自己想购买的商品的特征、不想出门逛街购物等。而短视频可以将产品的购买链接放置在展示产品画面的四周或短视频播放窗口的周围,这样一来,就可以实现"一键购买"了。

短视频营销的效果得益于"边看边买",虽然图片、文字也可以传递信息,但不如短视频来得直接和富有画面感,更加容易激发消费者的购买欲望。同时,在短视频营销目前的变现模式中,电商这部分内容还是很值得挖掘的,因为电商发展得比较好,能够为短视频营销大展身手提供良好的平台。

短视频营销还具有指向性强这一优势。一是短视频平台通常都会设置搜索框,对搜索引擎进行优化,受众一般会在网站上对关键词进行搜索,漫无目的地闲逛的概率不大,这一行为使得短视频营销更加精准。二是短视频平台会发起活动和比赛,聚集用户。

（3）社交媒体属性更强。一方面,用户通过参与短视频话题,突破了时间、空间、人群的限制,参与线上活动变得简单有趣,也更有参与感;另一方面,社交媒体为用户的创造及分享欲提供了一个便捷的传播渠道。

用户在与短视频进行互动的过程中,不仅可以点赞、评论,还可以转发。一条包含精彩内容的短视频,如果能够引发广大用户的兴趣并被他们积极转发,那么就很有可能达到病毒式传播的效果。例如,美拍、梨视频等平台上的火爆视频都可以通过转发来增加热度,实现短视频的营销。短视频平台除了自己转发和传播,还积极与新浪微博这样的社交平台达成合作,将内容精彩丰富的短视频通过流量庞大的微博发布出来,进而吸引更多的流量,推动短视频的传播。

二、短视频的营销方式

1. 贴片广告

贴片广告指在视频片头、片尾或插片播放的广告。作为最早的网络视频营销方式,贴片广告可以算是电视广告的延伸。贴片广告的强制性显示和广泛性存在,使其成为成本较低、成效较高的一种营销方式。同样,由于贴片广告一般会在视频播放前或播放过程中自动播放,给用户观赏视频内容造成干扰,所以用户体验较差,不受用户喜欢。为了改善用户体验,目前有些视频广告已经增加"跳过"选项,将广告的点播权下放给用户,但这样肯定会降低广告效果。

2. 内容营销

内容营销不是传统的广告植入,而是把商品包装成内容,内容即广告。相对于传统的广告,原生内容让广告与网站融为一体,与用户之间的接触更为精准,传播效果更具冲击力,与受众之间的关系也更为融洽。

3. 用户自创内容

用户可将自制的视频内容上传至互联网平台进行展示和传播。为了实现用户自创内容营销,各大视频平台服务商相继推出了一些工具及平台服务,如抖音、快手、优酷的"拍客"、爱奇艺的"啪啪奇"等。这些工具和平台服务既让用户和企业的自创内容分享变得更容易,也使移动用户自创内容成为视频营销新的增长点。

4. 解答客户疑问

拍摄商品短视频,为客户解答疑问是短视频营销最基本的应用。很多品牌使用短视频营销就是从这里开始的。有时候,简短的"如何……"短视频可以快速并有效地解答客户的疑问。

5. 将商品制作过程整合成视觉展示

如果说一张图片可以道尽千言万语的话,那一段视频中可以表达的内容更是远超过想象。将商品的制作过程拍摄成一支短视频展现给潜在消费者,是一种利用短视频功能的营销方式,如咖啡馆可以展示他们的咖啡制作工艺,蛋糕房可以展示蛋糕的制作过程等。

6. 展示品牌

短视频营销提供了一个充分展示企业品牌文化和特点的机会,让企业在竞争者中脱颖而出,如可拍摄制作公司活动视频、节日员工采访视频等。对于短视频营销来说,品牌需要在很短的时间内展现其想要表达的重点,将该重点展现给粉丝,同时向粉丝传递品牌文化。

三、短视频主流平台

1. 抖音

抖音是由今日头条旗下研发的一款短视频应用软件,其开发者是北京微播视界科技有限公司。抖音于 2016 年 9 月上线,是一个专注年轻人的音乐短视频社区。用户可以选择歌曲,配以短视频,形成自己的作品。它与小咖秀类似,但不同的是,抖音用户可以通过视频拍摄快慢、视频编辑、特效(反复、闪一下、慢镜头)等技术让视频更具创造性,而不是简单的对嘴型。抖音平台一般都是年轻用户,配乐以电音、舞曲为主,视频分为舞蹈派与创意派,共同的特点是都很有节奏感。

抖音的崛起,一是跟智能手机的普及有着重大的关系,二是抖音团队通过各种辅助的方式和手段,降低了拍摄短视频的难度。用户可以选择歌曲,通过视频拍摄快慢、视频编辑、视频特效等技术,让视频更具创造性,形成自己的作品。

2. 快手

同样作为短视频平台,快手与其他应用的不同之处在于它可以把录制的视频按照帧数进行精细剪辑。在快手中,用户可自定义的内容包括滤镜、相框、场景、配乐等。

"高级"编辑是快手与众不同的地方。通过"高级"编辑,用户可以把录制的视频转化为连续的若干帧图片,并对每一帧图片进行"文字""贴纸""画笔""删图"处理。使用"高级"编辑功能,用户可以更方便地制作与编辑视频内容。

快手的用户定位是"社会平均人"。快手大部分用户分布在二三线城市。把所有的快手用户抽象成一个人来看,他相当于一个"社会平均人"。中国人口中只有百分之七在一线城市,更多的则是在二三线城市,所以这个"社会平均人"就落在了二三线城市。

3. 西瓜视频

西瓜视频是字节跳动有限公司旗下的个性化推荐视频平台,由今日头条孵化。西瓜视频通过人工智能帮助每个人发现自己喜欢的视频,并帮助视频创作人轻松地向全世界分享自己的视频作品。西瓜视频主打个性化短视频推荐,集合了互联网流行的搞笑、体育、纪录片、经典动画、探秘未知等视频,播放清晰、流畅。个性化智能精准分发是西瓜视频作为短视频聚合平台的核心优势,方便用户看到自己喜欢的短视频内容。

边看边买是西瓜视频上线的一项服务于创作者,并为创作者带来收益的功能。在视频中插入与视频内容相关的商品卡片,用户观看视频时点击商品卡片完成交易,创作者即可获得佣金分成收益。

4. 美拍

美拍是一款来自美图秀秀旗下的短视频拍摄应用。美拍可以将整段的视频拍摄成 MV 特效,美拍有自动配乐、智能剪辑、顶级滤镜功能,使得普通用户可以拍摄出美轮美奂的 MV。

其特点是可以在直播中使用魔法自拍表情,首创 MV 特效、智能剪辑与精美滤镜,视频美颜、实时美肌。

5.秒拍

秒拍是炫一下公司推出的产品,是目前新浪微博官方短视频应用,拥有大量内容创作者以及丰富的内容分发渠道。秒拍主要面向发布视频的人,媒体属性十分突出,请了众多明星为秒拍代言和做推广。秒拍是一个集观看、拍摄、剪辑、分享于一体的超强短视频工具。其特点是支持手动缓存自己喜欢的视频,想看就看,不费流量。拍摄视频可识别多种手势及表情,也是一个好玩的短视频社区。

四、短视频营销的创意要求

1.短小精悍

视频越短、内容越集中,可以让用户在短时间内收获更多信息,所以越能吸引到更多粉丝。一个视频要在极短时间内表现出所有的内容是一件极不容易的事,既考验创作者的创意能力,又考验创作者的剪辑水平和对整个视频的把控能力。

2.逻辑要简练

现在的年轻人对消费需求越来越高,很多人喜欢短视频,也是因为短视频制作的品质越来越高了。短短几秒的时间,就能表现一个有意义的内容,这符合了很多人的阅读习惯。即使只是拍几秒的短视频,也要下很多工夫。因此在短视频的创意上须不断推陈出新,不断提升叙事能力,内部逻辑简练,把一个很短的故事讲好。

3.轻松娱乐,内涵丰富

现在很多人有一个习惯,喜欢在业余时间打开短视频软件来刷一下。而那些轻松娱乐的视频,则是繁忙工作的调味剂,让生活充满乐趣。内涵丰富、风格独特的短视频非常受欢迎。

4.节奏感强,有煽动力

音乐是影视作品中一个重要的元素,起着不可代替的作用。很多短视频突然火起来,其中的音乐也起着非常重要的作用。制作短视频的时候,可以使用现在比较火的音乐,也可以选择一些还没有火起来的音乐,这就需要对短视频音乐有很强的敏锐度。如果音乐火了起来,那也会把相关视频带火。

5.画面要精致,要让人看得舒服

越来越多的品牌和视频制作商将加入到短视频制作的行列中来,短视频的精品化是必然的趋势。短视频朝着向大众输出有价值、能够打动人心的内容的方向发展,用娱乐互动的新方式,融合新场景,帮助企业更好地传播品牌。随着短视频门槛越来越高,就需要我们不断提升自己的能力,拍摄和制作精良的短视频。

五、企业如何运用短视频进行营销

1.了解平台特性,选择与自身品牌气质符合的平台

每个短视频平台都有自己的特点,这就需要短视频营销者在发起营销活动时选择适合自己的"战场"。比如抖音 15 秒的视频时长是标准 TVC 的时长,可以展现较为完整的品牌故事和产品概念;小红书一开始是一个生活方式分享社区,随后便开放了品牌方、MCN和达人等入口,其用户群体以女性居多,所以非常适合美妆产品的推广。

2.有新意和有创意的内容

短视频有时间限制,不适宜承载信息量过大的内容。在创作题材方面,可以将产品、功能属性等融入创意,结合当下流行的热点,进行创作。

3.避免硬性推广

避免在短视频中硬性推广产品。当然,可以选择在视频中展示品牌的历史、价值观或者使命。

4.利用热点话题,优化标题

在标题命名上,多采用一些有代入感的说法,能引起用户的认同感,并适当抖一些"包袱",让用户产生好奇感。或者结合热点话题,带上"♯",利用话题功能吸引大众,增加热门度,也更易于与粉丝互动。

5.利用社交媒体,打通传播渠道

通过关联社交媒体的账号,实现二次传播或多次传播,将视频的影响力不断扩大,保持热度。

6.坚持下去,持续更新

短视频运营和公众号运营有异曲同工之妙,需要保持稳定更新,这样就能吸引并保持一批粉丝。长久不更新的账号很有可能因此而掉粉。保持持续更新就需要视频制作人员结合时下热点,融入创意,进而产生稳定、常规的内容。

7.与粉丝保持互动

同样的优质内容,相同播放量的视频,官方会把更多权限分给经常和粉丝互动的账号,这样会有更多推荐和曝光。经常与粉丝互动,不仅可以在评论区找到新的内容创意,还将为品牌收获一批铁杆粉丝。

第三节 直播营销

【学习目标】

1.了解直播营销含义、特点和优势;
2.掌握直播营销的操作流程。

一、直播营销的含义、特点和优势

直播有多火?从亚马逊近10亿美元收购Twitch开始,视频直播行业一直是热门话题。如今国内外各大社交平台都纷纷加入直播的大战中,国外有Facebook、Twitter等,国内有QQ、微博、陌陌……扎克伯格说:"直播是目前最让我感到激动的事,我被直播迷住了。"争奇斗艳的各大直播平台前所未有地造就着网红经济神话,迅速聚拢的流量也让"无直播,不传播"成为刷屏广告营销界的当红口号。这不禁让大众思考,直播会是下一个改变世界的媒介吗?

1. 直播营销的含义

直播营销是指在现场随着事件的发生、发展进程,同时制作和播出节目的营销方式,该营销活动以直播平台为载体,达到企业品牌的提升或是销量的增长的目的。

在传统的市场营销活动中,企业呈现产品价值主要依靠户外广告、新闻报道、线下活动等形式,企业实现价值交换则是借助推销员销售、自动售货机贩卖、电话下单与发货等方式。

互联网直播的出现,给企业带来了新的营销机会。借助直播,企业可以在上述呈现产品价值环节支付更低的营销成本、收获更快捷的营销覆盖;在上述实现价值交换环节实现更直接的营销效果、收到更有效的营销反馈。

直播平台的出现,可以让许多实时发生的事件呈现"第一现场",改变媒介传播的形态,直播也因此成为目前许多新媒体以及移动互联网媒体转型的方向。不仅仅是大家所看到的映客、花椒、斗鱼这些热门的直播平台,网易新闻、今日头条等移动端媒体也都在向直播转型或者渗透,还有许多微信端的自媒体也开始加入直播的行列中,很多明星在做 IP 的同时也在尝试直播这种形态,直播成了新的媒介变革风口。

2. 直播营销的特点

直播营销的核心价值在于它聚集注意力的能力,其特点和优势使其成为企业品牌提升或产品营销推广的标配。

网络视频直播是指利用互联网和流媒体技术进行直播。它融合了图像、声音、文字等多种元素,通过真实生动的实时传播和强烈的现场感,能达到使远程客户端用户印象深刻、记忆持久的传播效果,逐渐成为互联网的主流表达方式。

(1)直播营销是即时事件。由于直播完全与事件的发生、发展进程同步,因此可以第一时间反映现场状态。无论是晚会节目的最新投票、体育比赛的最新比分,还是新闻资讯的最新进展,都可以直接呈现。

(2)直播用大众化媒介。收听或观看直播通常无须专门购买昂贵的设备,使用电视机、计算机、收音机等常用设备即可了解事件的最新进展。也正是由于这一特点,受众之间的相互推荐变得更加方便,更有利于直播的传播。

(3)内容直达受众。与录播节目相比,直播节目不会做过多的剪辑与后期加工,所有现场情况直接传达给观众。因此,直播节目的制作方或主办方需要花费更多的精力去策划直播流程并筹备软硬件,否则一旦出现失误,将直接呈现在受众面前,从而影响制作方或主办方的品牌形象。

3. 直播营销的优势

直播营销是一种营销形式上的重要创新,也是非常能体现出互联网视频特色的板块。对于广告主而言,直播营销有着极大的优势。

(1)在某种意义上,在当下的语境中直播营销就是一场事件营销。除了本身的广告效应,直播内容的新闻效应往往更明显,引爆性也更强。一个事件或者一个话题,可以更轻松地进行传播和引起关注。

(2)能体现出用户群的精准性。在观看直播视频时,用户需要在一个特定的时间共同进入播放页面,但这其实是与互联网视频所倡导的"随时随地性"背道而驰。但是,这种播出时间上的限制,也能够真正识别出并抓住这批具有忠诚度的精准目标人群。

(3)能够实现与用户的实时互动。相较传统电视,互联网视频的一大优势就是能够满足用户更为多元的需求。不仅仅是单向的观看,还能一起发弹幕吐槽,喜欢谁就直接献花打赏,甚至还能动用民意的力量改变节目进程。这种互动的真实性和立体性,也只有在直播的时候能够完全展现。

(4)深入沟通,情感共鸣。在这个碎片化的时代里,在这个去中心化的语境下,人们在日常生活中的交集越来越少,尤其是情感层面的交流越来越浅。直播,这种带有仪式感的内容播出形式,能让一批具有相同志趣的人聚集在一起,聚焦在共同的爱好上,情绪相互感染,达到情感气氛上的高潮。如果品牌能在这种氛围下做到恰到好处的推波助澜,其营销效果一定也是四两拨千斤的。

二、直播营销模式

直播作为互动性与实时性极强的社交媒体形式,其营销优势主要体现在提供用户的真实使用场景,增加产品体验感。此外,用户的高频互动行为可使营销者实时接收到营销效果反馈,即时解决用户问题,增强营销效果。直播营销模式主要有以下几种。

1. 直播＋发布会

直播＋发布会的形式已成为各大品牌抢夺人气、霸占流量和制造热点的营销法宝。

资料:直播＋发布会太疯狂

2016 年 3 月 25 日,11 位美拍达人现场直播周杰伦出任唯品会 CJO(首席惊喜官)发布会,1 小时内带来 20 万互动人次及高达 550 万的点赞,当之无愧成为业界最早使用"直播＋发布会"玩法的案例典范。

在"11 位达人＋周杰伦(网红＋明星)"的双重粉丝经济下,通过直播场景形成了一个共同的兴趣社群,打破了传统发布会在时间、空间、形式上的制约,实现了"网红带领粉丝全民穿越,360°无死角观看直播"的神奇效应。不仅圈住了直播现场外的人气和注意力,还通过打赏、互动、点赞等实现了双向互动、高关注度和持续热度。

2016 年 6 月 30 日,在 vivo X7 发布会现场,同样有网红们的靓丽身影。vivo 官方邀请到了来自美拍、一直播、映客三大平台的四大知名主播进行现场发布会直播,2 小时内吸引近 160 万用户观看,获赞超过 250 万。主播们在线对 vivo X7 新品手机进行全面展示及亲自体验,手机 1600 万柔光自拍、内存运行快等产品亮点也在直播互动中得到了完美解读。

资料来源:张文峰,黄露.新媒体营销实务[M].北京:清华大学出版社,2018.

2. 直播＋产品体验

通过邀请人气网红站台背书,往往能为品牌带来高人气,形成良好的广告转化效果。该形式适用于快消(如食品、饮料、化妆品、服装、日化)、3C 数码、智能硬件、景区、餐饮、娱乐、线下服务等多个行业,是个普适性极高的玩法。

3. 直播＋日常活动

以性感著称的 Calvin Klein(简称"CK")在 Twitter 的直播平台 Periscope 上,直播了它极具标志性的 2016 秋季广告大片制作全程,包括选秀、幕后花絮等。"所有镜头都通过 Gopro

相机和 iPhone 完成,你会觉得很真实,很原始,很自然。"CK 首席营销官认为,实时直播不容易修饰,因而看起来更加真实。

老牌 B2B 企业,百年来一直走在营销前沿的 GE(美国通用电气公司),也成为直播营销的尝试者。2015 年 7 月,GE 推出了一场为期五天的无人机直播,从东海岸到西海岸,在五个不同的地点对五项业务现场(如深海钻井、风力发电等)进行全方位扫描。同时,GE 也在社交媒体配合解答了观众诸如"工人们站在百米支架上工作如何克服恐惧?"等好奇探究,激发了他们对科技和公司的兴趣。

4. 直播＋解密

"直播＋解密"是行业内较为创新的营销方法,通过"网红记者"将不利于传播、不被公众熟知的品牌优势传播出去。例如,有趣的产品制造过程、不好表达的企业实力、小众的产品或服务以及美容整形过程等。

5. 直播＋广告植入

广告植入一直以来都备受品牌偏爱,通过直播口播或原生内容插入的形式既摆脱了生硬传播,同时更能收获粉丝好感,获得良好转化效果。

6. 直播＋名人访谈

企业"大佬"参与访谈直播,对于传递企业文化、提升企业知名度及市场好感度、塑造良好的企业公关形象等都起着积极作用,是一种十分值得尝试的直播营销方法。

7. 直播＋产品售卖

"直播＋产品售卖"将流量变现、产品售卖紧密结合,成为当下的变现利器。

三、直播营销的操作流程

1. 精确市场调研

直播是向大众或者个人推销产品,推销的前提是推销人员深刻地了解到用户需要什么,自己能够提供什么,同时还要避免同质化的竞争。因此,只有精确地做好市场调研,才能做出真正让大众喜欢的营销方案。

2. 项目自身优缺点分析

做直播营销,营销经费充足,人脉资源丰富,可以有效地实施任何计算。但对大多数公司和企业来说,没有足够充足的资金和人脉储备,这时就需要充分地发挥自身的优点来弥补;一个好的项目也不仅仅是人脉、财力的堆积就可以达到预期的效果,更需要充分地发挥自身的优点,才能达到意想不到的效果。

3. 市场受众定位

营销能够产生结果才是一个有价值的营销,我们的受众是谁,他们能够接受什么,等等,都需要做恰当的市场调研,找到合适的市场受众是做好整个直播营销的关键。

4. 选择直播平台

直播平台种类多样,根据属性可以划分为不同的几个领域。如做电子类的辅助产品,直播推销衣服、化妆品等,都将会带来意想不到的流量。所以,选择合适的直播平台也是一个关键环节。

5. 设计良好的直播方案

做完上述工作之后,成功的关键就在于最后呈现给受众的方案。在整个方案设计中需要销售策划及广告策划的共同参与,让产品在营销和视觉效果之间恰到好处。在直播过程中,过分的营销往往会引起用户的反感,所以在设计直播方案时,如何把握视觉效果和营销方式,还需要反复不断地商讨、斟酌。

6. 后期有效反馈

营销最终是要落实在转化率上的,实时的及后期的反馈要跟上,同时通过数据反馈需要不断地修整方案,将营销方案可实施性不断提高,以求达到最优效果。

实　　训

【实训指导】

训练项目8.1:以小组为单位自拟或自选网店经营项目,用手机拍摄短视频,并编写短视频营销推广方案。

训练项目8.2:以小组为单位调研一个网络直播平台,关注其开展的直播活动,收集一个直播案例,分析其直播营销模式。

【实训目标】

1. 掌握短视频营销基本知识和技能。
2. 掌握直播营销模式基本知识和技能。

【实训内容与组织】

1. 学生自愿组成小组,每组 3~5 人。
2. 组长负责成员的分工与任务的具体安排。

【成果与检测】

1. 制作短视频或完成案例分析报告。
2. 在班级进行交流,每个小组推荐 1 个人进行介绍。
3. 由教师对学生评估打分。

习　　题

一、简答题

1. 简述新媒体的特点。
2. 简述短视频营销的特点。

3.简述短视频创意营销的要求。

4.简述直播营销的特点。

5.简述直播营销的优势。

6.简述直播营销的模式。

二、论述题

1.简述短视频主流平台的商业模式。

2.简述直播主流平台的商业模式。

下篇 创业管理

第九章　创业计划书

商业计划书是融资的"敲门金砖"

很多人这样说:商业计划书是融资的"敲门金砖",含金量低的商业计划书,无法吸引投资人的眼球,我却不完全同意这样的说法。

商业计划书的专业性以及行业撰写要求,甚至是计划书的外包装,都对吸引投资人的眼球起着巨大的作用。因此,我一直提供商业计划的撰写服务。但是,我们不妨问一句:"仅仅靠商业计划书就能融资成功吗?"

我基本同意把商业计划书作为"敲门金砖",毕竟这是接触有效投资人的第一步。但是,我想说的是,我们需要的不仅仅是吸引投资人的"眼球",我们需要的是吸引投资人的"真金白银",而这个吸引的过程,绝对不是几十页 A4 纸就可以决定的。

商业计划书,不是靠模版就能套用的。计划书虽然有它相对固定的一面,比如,该含有哪些章节、按照什么顺序、甚至具体到用什么字体比较合适、字的间距与字符的大小等,都有些不成规矩的规矩。但是,毕竟全世界也没有形成文化或法律要求必须那么写。所以,商业计划书并不难写。

其实,撰写计划书关键在于对资本市场以及投资人心理的把握,看你多大程度上用文字与投资人进行沟通并达成共识,多大程度上迎合他们的审阅喜好,甚至于,多大程度上加大文字上的渲染才恰到好处……这些,就需要经验与相对的专业性了。

但是,计划书已经写得很完美了,也吸引了投资人的眼球了,那么,我们还应该做些什么呢?我告诉你,肯定不是等着钱进你的口袋。

商业计划书就是企业发展的指导性文件,它的内容,其实就是企业发展的纲领和步骤,不要以为写份形式上完美的计划书就圆满了。其实,计划书的本质内容才最重要。

首先,你得告诉投资人你是做什么的。项目介绍需要描述:你的项目本身之外,一定要多考虑一下项目的"周围经济"。比如,你的项目在市场中占有什么地位,核心竞争力到底核心在哪里,哪些竞争企业的产品或技术实力可以弥补你的缺憾。未来多少年内,你的项目或产品能够做大做强。没有远见的企业家,我们称之为个体户,只为今日温饱,不求明日大计。因此,计划书背后,你要全面了解你的项目所处的环境及发展趋势。

其次是管理计划。说到管理,大家都知道它的定义,就是对企业一切资源的有效利用,让其发挥最大值。资源中最大的资源,就是你的人、你的团队。那么,团队是什么?团队不是"人数"。1 000 人的集团,也不一定可以称为团队;3 个人,却一样可以得天下。

团队要的是集体的协作能力、思考能力、自主能力。有这些,你就可以自豪地说:"我的团队……"否则,就算对别人说:"我们这些人……"你们只是"人"而已……

另外,学历代表过去,学习才代表将来。如果你的团队成员不够优秀,起点都很低,那么的确会有一部分因素影响投资人对你的认可。但是,请相信大部分有眼光的投资人,还是比较欣赏"未来"型的创业者,他们不太喜欢听你讲过去的英雄事迹,他们会更多地关心你对未来的设计和思考。

可见,计划书背后,你要严谨地规划好你的管理思路。如你的团队如何建设,组织结构如何设计,激励政策及人力资源如何配置等。

最后就是营销计划。俗话说:"酒香不怕巷子深。"大家都知道,那是计划经济时的产物,而我们现在面对的是全球市场,这个"巷子"未免太"深"了些,所以再香的酒,也需要出去吆喝几声。商业计划里面,你可以狮子大张嘴地向投资人索取营销费用,或者可以在央视竞个广告标王。一夜成名的企业和产品,在这个社会中并不少见。可是,你的计划里面除了"出名"之外,还有什么可持续提升产业经济链的东西吗?广告及营销,其实要做的就是"让消费者知道你的产品或服务"有哪些好处,而这些好处,你真的可以持续提供吗?如果是包装出来的,那么广告费花完的时候,也是企业末路之时。

因此,计划书背后,你要科学地给产品及企业未来定位,不要停留在自我陶醉和自我膨胀中。当然还有风险预测及控制、财务计划等。

无论计划书里面阐述了什么,你都要设身处地想一想,你是真的在做企业发展规划,还是仅仅在畅想未来?你所阐述的思路,在后期的执行中,是否有足够的可执行性,是否有足够的能力去将想法变成现实?

资料来源:张玉利,薛红志,陈寒松,等.创业管理[M].4版.北京:机械工业出版社,2017.

第一节　认识创业计划书

【学习目标】
1. 理解创业计划书的概念;
2. 理解创业计划书的作用;
3. 了解创业计划的分类。

一、创业计划书的概念

创业计划书,又称商业计划书,是指对与创业项目有关的所有事项进行总体安排的文件,包括人员、资金、物质等各种资源的整合、前景展望、战略确定等。最初出现在美国,当时被当作从私人投资者和风险投资家那里获取资金的一种手段。这些投资者会成为公司的股东之一,并提供保证金。在目前以及将来的国内外投融资市场上,不管面对何种类型的投资方,创业计划书已经成为针对各类潜在的投资者而一开始就需要准备的一项重要的书面资料。

创业计划书是将创业者的理想和希望进一步具体化,它一般要考虑到公司未来3～5年的发展情况,并在公司运营中根据需要相应地进行调整。创业计划书是创业者叩响投资者大门的"敲门砖",是创业者计划创立的业务的书面摘要,一份优秀的创业计划书往往会使创业者达到事半功倍的效果。

二、创业计划书的作用

在创业初期，创业者不可能对市场有很详细的调查数据，也无法准确地了解竞争对手的情况，创业计划书不一定能为未来规划出必然的蓝图，但是创业计划书至少有着以下几个方面的作用。

1. 指明创业目标和方向

创业目标的不同决定着创业企业的未来发展与走向的不同。创业计划能使读者坚信其创业项目具有商业价值，相信创新企业必然有光明的前途。创业计划有助于提高和巩固创业者及其员工对企业战略目标的信心，也有助于树立投资者对新创企业的信心，使得创业者的创业计划及其依据得到充分理解和支持。

2. 是获得经营资源的工具

美国一位著名风险投资家曾说过："风险企业邀人投资或加盟，双方各有打算，仅靠空口许诺是无济于事的。"对于正在寻求资金的风险企业来说，创业计划书就是企业的电话通话卡片，创业计划书可使项目易于获得资金、人员、市场等各方面的条件支持。

（1）获得外部资金。创业者能否成功编写创业计划书，不仅是能力的表现，也决定着创业者能否有机会顺利掘到第一桶金。投资人依据创业计划书来考察创业者是否能清晰分析和把握企业将面临的方方面面的问题，创业者是否拥有与创业成功相关的知识、能力、经验，所提供的产品或服务是否具有市场竞争力和良好的市场前景，并且考虑能否获得预期的回报。

（2）获得员工支持。员工是创业需要的重要的人力资源。员工要将其人力资本投资到新创企业，旨在获得个人利益和成长。创业计划书能描绘出企业的发展前景和成长潜力，使员工对其充满信心，同时明确从事的项目和活动、充当的角色。

（3）获得重要顾客。创业是要为市场提供新的产品或服务。创业能否成功取决于顾客对新产品的接受程度。顾客更换供应商要付出成本。如果新产品提供的收益大于付出成本，则顾客是愿意接受的。创业计划书能为顾客提供充分的新产品信息，使其对新产品充满信任，并购买或承诺建立长期稳定的合作关系。

3. 为创业者提供了创业指南

具体包括认识并关注客户；认清企业在产业价值链中的位置；熟悉企业所在的行业；善于利用外部资源；加强管理团队建设和企业文化建设；关注财务管理和企业的现金流；正确对待技术；等等。尤其是对于现金流的关注，过去往往容易被我们忽略。不要过分注重技术，在技术人员占主导地位的创业企业，容易陶醉于自己技术的先进性，而对客户需要和消费习惯不注意研究。有很多技术和产品很好的企业创业失败，而技术水平一般的企业大获成功的例子。建议刚起步的创业者把 50% 的精力放在营销上，把 30% 的精力放在团队建设上，而只把 20% 的精力放在技术和其他方面上。

4. 帮助创业活动有序发展、持续进行

面对纷繁复杂、瞬息万变的市场经济，创业者不能依靠自己的想象任意而为，也不能只凭兴趣大胆妄为，或凭自己的感觉摸着石头过河，这样成功概率很低。要想取得创业的成功，既要讲究艺术，也要讲究科学。根据创业的需要，制定适合自己的创业规划就是讲究科学的体现。只有这样才能保证自己的创业活动不受外界变化的干扰，更有把握使创业获得成功。

5.有利于企业的经营管理

完美的创业计划可以增强创业者的自信,创业者会明显感觉到对企业更容易控制、对经营更有把握。因为创业计划提供了企业全部的现状和未来发展的方向,也为企业提供了良好的效益评价体系和管理监控指标。创业计划使得创业者在创业实践中有章可循。

创业计划还可以激励管理层以及公司普通员工。创业初期,创业者一般都有同样的感受,就是"人才可遇而不可求"。创业初期的企业往往缺乏吸引力,要留住人才谈何容易,关键得看创业计划能否打动他们的心。创业初期一个很重要的问题就是如何让每一位成员了解本企业的发展战略和创业计划,并朝同一目标努力。如果企业内部的每一个员工对企业的发展战略有不同的想法,则企业就很难取得什么成就。通过创业计划,把所有成员凝聚在一起,真正做到心往一块想,劲往一处使。

三、创业计划的分类

1.具体的和方向性的创业计划

罗宾斯把创业计划分为具体的创业计划和方向性创业计划。

(1)具体的创业计划。具体的创业计划是清晰定义的没有任何解释余地的计划,它具体地陈述了目标,不存在模糊性,不存在理解意义上的歧义。例如,一个创业者试图提高其所在部门在未来12个月内的工作产出,使之较过去提高8%,他就应当建立具体的程序、资源分配预算,以及活动的进度计划,以达到其目标。具体的创业计划的缺点是它所要求的清晰性和可预见性在某些条件下并不具备,如创业环境。

(2)方向性创业计划。方向性创业计划是一种具有灵活性的计划,它设立了一般的指导规则。方向性创业计划提供了焦点,但是并不限定管理者在某个具体的目标上采取具体的行动。方向性创业计划不会详细地规定在未来6个月内削减4%的成本、增加6%的收入或管理者应当具体做什么。方向性创业计划更多的是以利润在未来6个月提高5%~10%的方式来表述的,灵活性是方向性创业计划的一种内在特征,但是这种灵活性必须与清晰性的目标进行适当的权衡。

2.简略的、普通的和详尽的创业计划

创业计划制定者遇到的最普遍问题是,创业计划的篇幅应该多长,内容应该详细到什么程度。实际上,创业计划可长可短、可详可简,并无一定的格式。

(1)简略创业计划。简略的创业计划书只要点到为止,能提供一些关键的问题,并给予扼要切实的回答就行。它是一种10页左右的创业计划,非常适合处于发展早期,还不准备写详尽创业计划的企业。简略创业计划的制定者可能正在寻找投资者,以便为撰写详尽创业计划进行必要的分析工作(如创业环境分析、行业分析、竞争者分析、市场调查与分析)。

(2)普通创业计划。普通创业计划一般长达20~35页,这种计划比简略创业计划详细,用来清楚说明新创企业的经营与计划,通常为投资者审阅。普通创业计划书固然要力求周详,但这并不意味着要把所有的细枝末节都列进去。

(3)详尽创业计划。详尽的创业计划往往是新创企业撰写的企业运营计划,它主要面向企业内部读者,它是企业经营的蓝图。一般而言,这种计划长达40~100页,其最大特点在于涵盖大量细节信息。对新创企业而言,设计良好的企业运营计划能为管理者提供运营指导。

第二节 如何编写创业计划书

【学习目标】

1. 了解撰写创业计划书前的准备工作;
2. 理解创业计划书的编制原则;
3. 掌握创业计划书的主要内容。

一、撰写创业计划书前的准备工作

1. 明确创业计划的范围

"读者是谁"常常会影响到创业计划书的实际内容和计划的焦点问题。创业计划书很难面面俱到去照顾每一位读者的兴趣的,所以创业计划书应该满足特定群体的需要,要有针对性,应该重点突出。在撰写创业计划书时,创业者必须从不同的角度进行广泛而又深入的思考,以确定计划的范围。

(1)创业者的角度。创业者比任何人都了解包含在这家风险企业中的创造力和技术。创业者首先必须很清晰地表达出这家企业是经营什么的,有什么特色,有什么卖点。

(2)市场的角度。创业者如果是一位技术专家,他往往只会考虑技术和产品本身,而不考虑产品能否卖得出去,这是失败的前奏,创业者必须以用户的眼光来审视企业的经营运作,应该采取一种以顾客为导向的市场营销策略。这就需要进行大量的市场调查工作,甚至还得亲自请教于市场营销专家。

(3)投资者的角度。创业者应该试图用投资者的眼光来考察企业的生产经营,投资者往往特别关注计划中的财务规划。如果创业者不具有财务分析和预测的能力,就应该聘请外部的财务专家提供帮助。

2. 明确需要搜集的信息

正式撰写创业计划书之前,应根据未来企业的目标搜集相应的信息。

(1)市场信息。产品或服务的潜在市场信息对创业者尤为重要。为了判断市场规模,创业者需要明确地定义市场。了解目标顾客的性别、收入、地域、是企业还是个人、是城市居民还是农村居民等。目标市场的确定将会使新创企业的市场规模和市场目标比较容易确定。这些资料主要来源于相关组织已经公布的信息,也可以自己通过市场调查获得。为了确保市场信息的真实性、及时性,创业者往往要花费较多的资源去进行市场调查。

(2)运营信息。创业计划书撰写过程中,可能需要的运营信息主要包括以下几类:

1)地点。计划中应该明确企业坐落的地点,这就需要提前去物色合适的地点。确定地点主要应该考虑是否方便顾客、是否接近供应商以及分销商、价格或租金的高低、周围顾客群的消费能力和消费习惯、当地的法律规定等。选址是关乎创业成败一个非常重要的工作,必须遵循一定的原则,充分考虑各方面的因素。

2)生产制造。为了保证生产的正常进行,企业需要拥有或掌握哪些技术,同时也应该明确具体的工序是由企业自己完成还是分包给其他企业,如果是分包,则由谁来完成及确保质量等。

3）原材料。生产产品需要哪些原材料，这些原材料由谁来提供，以及原材料的价格、原材料的供给有没有保障等。

4）设备。需要哪些设备，设备的维护和保养怎么解决，设备是选择购买还是租赁，从哪里购买或租赁等。

5）劳动技能。需要工人掌握的技能，员工的工资如何确定，是计时还是计件，如何对员工提供技能培训，员工的招聘何时开始等。

6）生产或办公场所的大小。确保企业运作需要的空间大小，这些场所是自己购买还是租赁等。

7）其他相关的开支。如办理证照的费用、购置办公用品的费用等。这些信息是反映企业正常运作所必须的，在计划中必须加以明确。

（3）财务信息。创业者必须对企业的资金需求、资金周转、盈利能力有一个全面的评价。这些信息主要是想说服投资者因为所创企业将来会盈利而对该企业进行投资。主要信息如下：

1）资金的需求和来源。创办这家企业需要多少资金，为什么需要这么多的资金，创业者自己准备出资多少，不足的资金准备如何解决。

2）未来的销售情况。未来三年能实现多少销售额及相应的费用开支，能否实现盈利，何时开始有利润，每年的利润是多少。

3）资金的周转。未来三年的现金流量如何，能否应付日常的开支和偿还债务的需要。

4）企业的投资收益率如何，投资回收期多长。

5）风险资本的退出。如果引进风险资本，风险资本将何时、以何种方式退出。这就需要创业者及其参与者根据过去的市场情况和企业的具体状况加以分析确定。

二、创业计划书编制原则

1．立题新颖，创意实在

一个成功的创业计划书往往与新颖的立题密切相关。自主创业的项目要标新立异、独树一帜，一个新颖独特的项目往往会更容易引起投资者的注意。但创业计划书不能是空泛构想，更不能夸夸其谈，要由整个团队根据市场状况和技术发展实实在在地集体讨论撰写，避免个人包揽，也不允许外聘咨询公司代笔。

2．市场导向

企业利润来自于市场的需求，没有依据明确的市场需求分析，所撰写的创业计划书将会是空泛的。因此创业计划书应按照市场导向的观点来撰写，并充分显示对于市场现况的掌握与未来发展预测的能力与具体成就。

3．简明扼要，层次清晰

创业计划书的编制要条理清晰、简明扼要。要达到计划书编制的简明扼要，其最好的方法是将计划书分成几个层次，每个层次中都要有明确描述概括性信息的主题，一些详细的计算过程或分析步骤可以放在计划书的附录中。这样可以使读者能够尽快地掌握创业计划书的基本要点，了解支持创业主题的要素。

4. 逻辑严明

一份优秀的计划书可以让读者轻松读完并能轻松理解，这就要求方案撰写必须体现出严密而清晰的逻辑性。方案整体必须有一个清晰的逻辑架构，各部分顺理成章、转接自然；方案的每个部分甚至每个段落同样要有各自的逻辑结构，切不可简单堆砌素材和结论。当然，计划书可以有不同的逻辑体系，可以是先提出问题和需求，然后提供解决方案，再论证可行性，也可以是先提供解决方案，然后解释方案所针对的问题与需求，再论证可行性。但不管采用什么逻辑思路，必须做到清晰流畅。

5. 言之有据

商业构想的表达非常注重事实基础和数据基础，空洞苍白的道理和口号不但不能达到煽情的效果，反而无助于读者真正理解方案的具体内容，甚至会招致读者反感。只有事实和数据才具有说服力，所有撰写方案尽可能用事实和数据说话。

6. 营运评估

通常投资者都是以投资回报或者潜在回报来评价创业计划书，因此，计划书中的财务决策数据要经过慎重考虑和精心准备。对于特定环境下不确定导致的营运预算结构，要进行专门的讨论。在营运评估中，不仅要进行财务数据的预测，还要进行非财务数据的预测。

三、创业计划书的主要内容

1. 封面、标题及目录

封面上应该有醒目名称，同时要有公司名称或团队名称、地址、电话。封面页之后应有与正文内容和页码匹配的目录，目录是读者阅读的首要指南，也是体现创业者思路和能力的第一印象、目录中除了列出每部分的大标题外，还应列出较深层次的小标题。当然也可在目录之前增加一页，写明方案的目的、保密提示、方案版本、编撰日期、关键观点与资金需求等内容。

2. 计划摘要

计划摘要也称执行摘要，是投资者最先阅读的部分，它浓缩了创业计划书的精华。如果摘要不能引起投资者的兴趣，后面写的再好也没有用。摘要应该简短回答关键问题，它是创业计划书的重要组成部分，需要付出特别的努力。计划摘要一般有以下内容：

(1)公司名称与经营团队介绍；

(2)主要产品与业务、盈利模式、市场潜力、技术和资源保障；

(3)公司主要发展战略、公司的现状与发展规划；

(4)关键市场机遇和竞争环境；

(5)主要财务数据，包括投资预算额及五年的营业收入预测、资产负债预测、损益预测；

(6)申请融资的金额、形式、股权比例及价格；

(7)资金需求的时机与运用方式；

(8)未来融资需求及时机；

(9)投资者可获得的投资报酬。

专栏:马云 6 分钟打动孙正义

1999 年 10 月的一天,马云被安排与雅虎最大的股东孙正义见面。一推门进去,马云原以为是一对一的见面,结果是一大屋子的人,包括摩根士坦利公司的人。原定一个小时的创业计划阐述,马云刚讲了 6 分钟的创业计划摘要,孙正义就从办公室的另一头走过来,说:"我决定投资你的公司。"就这样,马云获得了孙正义 2 000 万美元的投资。

分析:计划摘要是创业计划书的核心所在,也是最能打动风险投资商的关键内容。

3. 创业企业简介

通过企业介绍,投资者可以对要创立的企业有一个大概的了解。其内容主要有:

(1)公司成立的时间、法律形式与创立者;

(2)公司股东结构,包括股东背景资料、股权结构;

(3)公司发展简史,包括现状;

(4)公司业务范围;

(5)公司宗旨与公司战略;

(6)公司未来五年的发展规划及更长远的设想。

4. 产品或服务

投资人最关心的问题之一就是产品、技术或服务能否以及在多大程度上解决现实生活中的问题,或者产品(服务)能否帮助顾客节约开支、增加收入,这就是客户价值。

产品和服务编制的主要内容及针对的问题见表 9-1。

表 9-1 产品和服务编制的主要内容

	针对问题
产品/服务简介	产品/服务设计的背景是什么? 产品/服务有哪些? 如何设置和分类? 产品/服务如何组合成为业务模式? 产品执行的技术标准是什么
产品/服务的特性	目标顾客是谁? 产品/服务的主要特点、用途、应用范围是什么 产品/服务的技术原理是什么? 技术水平如何? 产品/服务与市场上现有产品/服务相比的优势在哪里
研发计划及进度表	研究与开发的目的、投入、研发力量、研发决策机制; 未来产品/服务规划
知识产权策略	现有或正在申请的无形资产情况(知识产权/专利/商标等)

5. 市场分析

市场分析是企业编制创业计划书的依据,它对整个产业链及竞争状况进行详细的分析,是制定企业战略的依据。市场分析通过对宏观和微观环境的分析,说明市场机会在哪里,有多大,为什么创业企业及其产品(服务)具有可行性,为什么公司的战略和营销策略是可行的,为什么公司及业务可以持续发展,这一部分是创业计划书中的重要内容,在计划中具有承上启下的作用,需要较大篇幅论述。具体可以从以下几个方面来进行:

(1)整体市场。描述企业所在产业的整体市场,包括该市场的现状、销售额、利润、增长率的预计。此外,还应该回答:谁是该行业的领导者? 为何他们取得成功? 市场的定位及范围?

(2)细分市场。将注意力缩小到企业的细分市场中,首先提出决定消费者购买的基础,然后列出潜在的消费者以及他们感兴趣的原因。

(3)竞争因素。这方面很重要,应当描述并解释各种因素怎样影响企业的销售额和利润水平。应该同时分析企业竞争力的本质和吸引力。分析产业竞争的五种作用力,列出所有的竞争对手,通过一些关键数据比较自己的企业与其他竞争企业的优势与不足,再在一个小范围市场内,与几个主要竞争对手进行优、劣势比较,给出企业竞争地位的一个大概陈述。对于创业者、投资者,准确的竞争评估能帮他们估计企业未来的灵活性、成功率、回报率和潜在利润。对过去、现在和未来的客观的评估帮助创业者将目标市场定位在力量相对强大且竞争较弱的范围内。

(4)宏观环境。评价各种宏观环境因素的影响,通过分析政治环境、经济环境、技术环境、社会人口环境和生态环境,给出最好、最有可能以及最坏的情况的分析说明。

市场分析是企业编制创业计划的依据,这一部分就是要让投资者确信创业者已经详细、完整地理解了竞争环境和宏观环境。

6. 营销策略

营销策略是创业计划的重要组成部分,它主要描述企业的产品或服务将如何进行分销、定价和促销。营销策略的制定是创业计划制定中最富有挑战性的环节。制定营销策略应该考虑的因素主要有消费者的类型和特点、相关产品或服务的种类和特性、企业自己的实际情况、外部环境因素等。

(1)市场机构和营销渠道的选择。

(2)营销队伍和管理。

(3)促销计划和广告策略。

(4)价格决策。

创业初期,企业往往采取低价格、高投入的营销战略,如花大量的金钱做广告、搞促销、向批发商和零售商提供更多的返利,以求尽快打入市场。这一阶段,企业不应该期望有太多的回报,而应该做亏钱的准备。只要企业能够坚持下去,并且不断地扩大销售,总会等到赚钱的那一天。

7. 销售预测

销售预测受三方面因素的影响:

(1)销售数量和市场规模。

(2)由于企业的营销努力,企业可以获得的市场份额。

(3)定价策略。

应该对企业的销售额做详细的预测,给出企业在最佳情况、一般情况、最坏情况下的预测结果。

8. 运营计划

如果新创企业属于制造业,那么计划中必须要制定生产计划。这个计划主要描述产品完整的生产制造过程。

(1)生产地或营业地的选址和布局规划。

(2)产品制造的流程和所需的生产工艺与技术。

(3)资源和原材料供应。

(4)生产和服务的能力计划。

(5)原有的生产设备和需购置的设备。

(6)产品标准、质量控制和生产成本控制。

(7)产品的包装盒储运。

9. 管理团队与人力资源计划

许多风险投资者宁愿投资具有二流创意的一流团队,也不愿意投资于具有一流创意的二流团队。创业者在组织计划中要详细说明创业团队需具备的能力、团队关键管理人员及其主要职责、企业的组织结构、组织模式,描述企业董事会、其他投资者的所有权状况,团队成员的敬业精神,企业中的技术、管理、商业技能和经验应有合理的平衡。

(1)管理层介绍。列出组成管理团队的关键人员的名单和基本信息,包括每个成员的教育背景、工作经历、工作业绩、领导能力等。创业者应当把管理团队中每个人的技术和特长结合起来,以确保管理团队较高的工作效率。

向投资者展示管理团队的能力结构、教育结构、年龄结构等方面的互补性,让投资者感到企业团队结构合理、能力卓越,足以保证公司以后的成长和发展。拥有稀缺的、难以复制的人才是风险投资者选择管理团队的标准,所以对人才的肯定是项目被成功投资的关键一步。

(2)人力资源管理。投资者对企业的激励约束机制特别看重,要在创业计划中说明所有员工,包括管理团队中的关键成员的薪酬水平和分发方式、员工的持股计划、股票期权实施办法、红利分配原则,员工升迁发展的机会、员工股票持有和处置的限制、员工凭业绩分配股票期权及其他奖金计划,企业有什么样的企业文化,如何增强企业的凝聚力,如何加强对员工的持久激励,企业的内部约束机制和外部约束机制,企业吸引人才的计划,以及吸引人才的原则、条件和待遇等。

(3)组织机构与法律结构。组织机构就是实现企业如何进行分工、分组和协调合作的组织形式,包括公司的组织机构图,各层级、各部门的角色与职责,各部门的主要负责人及主要成员。

法律结构中应该阐明股权协议、雇佣协议、公司所有权。另外,在这一部分还应当对董事会、顾问、咨询人员的作用进行说明,明确职责。

10. 财务计划

财务计划常常被认为是创业计划书的核心和灵魂,投资者可以从财务计划中看到一个好的创业计划如何转化为利润。一份完整的财务计划应包括以下内容(见表9-2):

表 9 - 2 财务计划表

序号	内容	序号	内容
1	财务计划说明	7	工资福利费用测算表
2	固定资产投资明细	8	成本费用明细预测表
3	流动资金投资明细表	9	利润及利润分配明细表
4	启动资金预算合计表	10	现金流量预估表
5	销售收入测算表	11	资产负债预估表
6	销售收入税金及附加测算表		

11. 风险分析

任何一家新创企业都面临一些潜在的风险。创业者有必要进行风险估计以便及早制定有效的战略来应对。新创企业面临的风险有生产风险、管理风险、市场风险、财务风险等其他风险。

投资者会担心自己的投资是否会因为风险因素而遭到损失,要想融资成功,就要说明企业将怎样对这些风险进行控制,以证明企业的抗风险能力。

12. 附件

附件一般包括以下内容:
(1)能够证实前述各项计划的资料;
(2)详细的制造流程与技术方面的资料;
(3)各种参照对象的佐证资料;
(4)创业者详细经历与自传。

第三节 创业计划书应注意的问题

【学习目标】
1. 了解编写创业计划书时要强调的事项;
2. 了解编写创业计划书时应避免的问题。

创业计划书的编写水平高低是获得风险投资或者创业投资成败与否的重要因素,如果创业计划书中所描述的企业给人感觉只是勉强维持,或者说对新企业的论证依据不够充分的话,那么创业计划很难获得成功。

一、编写创业计划书时要强调的事项

虽然创业计划书的形式大同小异,但不同形式的计划书中都应包括创业计划书的基本要素。编制创业计划书时要注意以下内容的提示,其目的是能给投资者留下深刻的印象。

1．执行总结或前言

这部分是对计划书的高度概括,通常是在创业计划书完成后编写此部分,这部分内容的主要作用是引起投资者或者读者的兴趣。其主要概述"是什么、怎么样、为什么、在哪里"等问题,篇幅不要过长,一般不超过两页。

2．公司基本资料或背景描述

这部分内容要清楚描述本企业的独特性,说明创业企业未来的潜力和发展能力。

3．营销策略和市场

这部分内容要明确目标市场、市场定位和市场份额,充分论证自身优于竞争对手,使投资者相信你有能力实现销售计划、有能力应对竞争。

4．管理体系

这部分内容详细说明创业企业的组织形式,介绍公司管理层关键人物或创业团队主要成员的履历。具有丰富阅历和实践经验的管理者以及一支精干的创业团队是创业公司组织机构和人力资源的重要保证,也是投资者关注的重点。

5．投资和财务分析

这部分内容做出切合实际的资金需求和使用预测,编制预计财务报表,对投资报酬率、投资回收期等关键财务数据进行预算。这些指标是对将要付诸实施的创业计划的最好支撑,如果有风险投资的话,要说明风险投资的退出方式。

6．风险分析

这部分内容要说明当外部环境发生变化时,创业企业所在的行业的调整和同业间的竞争可能会出现产品削价、生产或服务成本提高、生产计划或销售计划不能完成、研发费用提高等风险,在创业计划书中应对上述风险的应对措施或方案给予预测和分析。

7．风险投资的退出

这部分内容要说明风险投资的退出方案,包括对退出时间、所有权的转移方式、企业战略的延续性和高级领导层的变化做出说明。

二、创业计划书编制应避免的问题

1．计划书应该适当简洁

创业计划书除了要求对创业计划的目的、过程和结果进行表面描述外,还要求简洁,尽量避免长篇幅的描述。由于创业计划书的读者大都是投资家、金融资产管理者和政府、企业的关键人物,他们都不愿意看到一篇主题不突出、篇幅冗长的创业计划书。

2．创业计划书的结构要有逻辑性,并需要进行适当的包装

创业计划书中的目录、计划摘要、正文、图表和附录等部分要有连贯性和逻辑性,前后内容要相互呼应,不能相互矛盾。计划书的装订要进行适当的包装,体现庄重、大方。

3．计划书中的关键数据要面向未来,避免夸大

计划书应说明创业企业的趋势,指出创业企业未来将实现的数量指标。例如,投资回收

期、投资报酬率和风险的预测和计量,而且这些预测数据的提供要有依据,令人信服,防止夸大其词,对重大风险应有足够的估计。

4. 创业团队取胜的证据

创业团队关键人物的技能和团队人员之间的互补功能对创业企业取胜至关重要。通常,投资家在审查创业计划书时,非常重视创业团队的人员构成。创业计划书中应提供团队关键人物的能力证明资料,如专利发明、获奖证明、工作技能和主要经历等。

5. 确定目标市场,避免过度多样化

为了说明创业企业产品或者服务的销路,计划书中要明确强调目标市场,充分说明商业机会,避免试图创造多样化的市场或者多种投资,因为一个企业开办初期应首先集中力量开拓明确的目标市场。

6. 起草计划书要使用合适的人称

创业计划书可以由创业团队自己编写,也可以委托咨询公司编制。通常参加创业大赛是创业团队亲自参加,这时的计划书中使用的称谓通常是"我""我们"等第一人称。如果计划书是委托咨询公司起草,而且该计划书不是以竞赛形式递交,最好以第三人称角度措辞,而使用"他""他们"等人称。无论使用何种称谓,都要避免使计划书带有个人色彩,努力做到内容客观、公正。

第四节　创业计划书的有效展示

【学习目标】

1. 了解展示创业计划书时口头陈述的步骤;

2. 掌握创业项目路演的 PPT 关键信息。

创业计划书完成后,创业者常常需要参加各种正式或非正式的路演活动,向潜在投资者或者创业团队其他成员展示计划书。创业计划书展示的方式有口头陈述、项目路演等。

一、口头陈述

口头陈述也就是人们常说的电梯演讲(Elevator Pitch),指创业者在两分钟之内,向投资者介绍创业项目。口头陈述的时间往往很短,短到仿佛只是双方共同乘坐了一段电梯。口头陈述应当是经过精心设计与准备、风趣且灵活的。创业者需要准备一份纲要,列出所有投资者感兴趣的重点信息,切忌死记硬背地陈述内容。

准备口头陈述时可遵循以下步骤:①全面了解大纲内容;②纲要中可使用关键词,举例、形象化或细节描述;③反复排练,把握时间;④熟悉展示时所用工具,如笔记本电脑、iPad 等;⑤在展示的前一天完整演练,掌握每一个细节。

创业者陈述时有时难免会紧张,但要避免出现过度紧张的局面。为此,要多练习,并对自己的项目有足够的热情、自信和魄力,要极具感染力地去展示你的创业计划。学术研究发现,创业者对于商业计划书的展示非常重要,尤其是创业者在展示过程中表现出来的热情与准备程度。热情洋溢的创业者将会展示出强烈的正面情绪,他们使用口头语言和肢体语言来表达他们对于创业活动的信心和投入。

在听取创业者的口头陈述时,投资人往往是比较苛刻甚至有时是怀有对立情绪的,会对创业项目或团队泼冷水,从而验证其能力和勇气。为此,创业者应做好相应的准备,虚心接受有益的建议和意见。如果得不到投资,也是一次学习的经历和推广创业项目的机会,能为下一次的展示增添自信。创业者应该明确自己的目标,在基于综合思考和理性分析下,对自己要阐述的内容始终保持自信和激情,将自己要传达的信息准确无误地传递给投资者。

二、项目路演

项目路演就是创业者在正式场合向台下众多的投资方讲解自己的企业产品、发展规划、融资计划。项目路演分为线上项目路演和线下项目路演。线上项目路演主要是通过互联网对项目进行讲解;线下项目路演主要通过活动专场对投资人进行面对面的演讲以及交流。

创业者在向投资人做比较正式的陈述或路演时,需要借助演示文稿,即用 PPT、Prezi 等形式来图文并茂、视图化地展示创业项目。在资本市场蓬勃发展的今天,投资人通常每天都会评估很多项目,很多创业者用 PPT 等演示文稿取代厚厚的商业计划书。在演示的过程中,常常还需要接受投资人的质疑、解答投资人的问题。

创业者在讲自己的项目时,似乎总有千言万语。但一份好的演示文件是简练的、具有高度针对性的,要求内容既简短又突出重点。PPT 演示文件的内容结构基本跟执行总结和完整版商业计划书一样,总体篇幅应控制在 15～20 页,这样易于演示,同时也不至于使投资人失去耐心。PPT 重点关注以下关键信息:①需求痛点。投资者希望清楚了解创业项目解决了顾客的何种难题或痛点,而不仅仅是解决了顾客的痒点。②市场份额。创业项目如何在市场竞争中获得份额。③商业模式。投资者希望了解企业是如何盈利的。④财务现状与预测。具体项目的成本预算并预测未来的收入、利润和回报率。⑤打动投资人。陈述的目的就是使投资者有意愿进一步讨论商业计划书的细节。因此,创业者的热情尤为重要,要让投资人相信这是一个激动人心的项目。

实　　　　训

【实训指导】

训练项目:编写一份大学生创业计划书

【实训目标】

1. 理解创业计划书主要内容。
2. 掌握创业计划书基本框架。

【实训内容和组织】

1. 每 3～5 个同学组成一个创业团队或小组,每个团队独立完成一份创业计划书。

2. 创业计划书内容完整、符合要求。

3. 语言精练、言简意赅、用语规范。

4. 遵循创业计划书的编制原则。

5. 创业计划书中涉及的调研企业或产品必须信息真实,查询有据。

【成果与检测】

创业计划书最后由教师打分或者外加小组互评打分,打分依据:

1. 创业计划书内容的完整性。

2. 创业计划书语言的精练性和用语规范性。

3. 创业计划书的可行性。

习　　题

一、简答题

1. 什么是创业计划书?创业计划书有什么作用?

2. 编制创业计划书的原则是什么?

3. 创业计划书应包含哪些内容?

4. 编制创业计划书时应注意哪些问题?

5. 项目路演 PPT 关键信息有哪些?

二、论述题

1. 一份优秀的创业计划书对成功创业的作用有多大?

2. 简述如何做好创业计划的电梯演讲。

第十章 创业融资

杨致远的创业故事

杨致远创办雅虎的故事已经成为互联网领域最经典的传奇了。

1990年，杨致远以优异的成绩进了离家不远的斯坦福大学，并在这里结识了同班听课的戴维·费罗，并逐渐形成了共同的兴趣爱好。两人都迷上了互联网，每天数小时泡在网上，分别将自己喜欢的信息链接在一起，上面有各种东西，如科研项目、网球比赛信息等。雅虎就从这里发展起来。开始时他们各自独立地建立自己的网页，只是偶尔对彼此的内容感兴趣才互相参考，渐渐地他们链接的信息越来越广，他们俩的网页也就放在了一起，统称为"杰里万维网向导"，他们共享这一资源。随着搜集的网站越来越多，两人就分类。每个目录又容不下时，再细分成子目录，这种核心方式至今仍是雅虎的传统。不久，他们的网站吸引来了许多用户。人们纷纷反馈信息，还附上建设性意见，使内容更加完善。到1994年冬，两人忙得连吃饭、睡觉都成了奢侈，学业也扔在了一边。他们开始着手网站的商品化。1995年，雅虎的网站名称正式确立为"Yahoo!"，雅虎公司宣告成立。

杨致远和费罗开始为雅虎的成功欣喜若狂，它们发现通过网络赚钱的时机开始成熟。杨致远认识到，必须制定一个周密的创业计划，通过广告盈利。杨致远找到正在哈佛商学院读书的老同学布拉迪，迅速起草了一份创业计划书。带着这份计划书，杨致远到处寻找风险投资者。这段时间，它们一边维护日益膨胀的网络资源，一边为新创企业筹资，每天只睡4个小时。杨致远先后与MCI、微软以及Cnet进行了谈判，但只得到网景公司的资助。1995年1月，网景公司把网景浏览器一个重要的按钮——网上搜索指向了雅虎。网景浏览器的成功使得雅虎迅速名震互联网，但仍然没有解决最要紧的资本问题。在几经曲折之后，杨致远找到了红杉资本公司，它是硅谷最负盛名的风险投资公司，曾向苹果、Cisco等著名公司投资。红杉公司起初有些犹豫，因为雅虎实在太与众不同了，与网景的情况不一样，雅虎本身只是网上提供服务，而且是免费的，其商业潜力在哪里呢？不过，杨致远和费罗最终使红杉公司相信了自己的眼力和抢先占据的网上有力位置，如果发展顺利，其战略优势十分明显。1995年4月，红杉投资雅虎近200万美元，同时还找了一位合适的经理人选——蒂姆·库格，费罗和杨致远就可以专注于研究工作。后来费罗负责技术开发，杨致远负责对外公关。美国在线（America On Line，AOL）很快提出收购雅虎，要使杨和费罗都成为他们的雇员，并保证可以让他们成为富翁。两人经过慎重考虑，为了不葬送自己精心哺育的雅虎，拒绝了AOL。于是，AOL扶持了另一家引擎公司想挤雅虎。在竞争压力下,雅虎不得不开展第二轮筹资战,此前虽有不少广告收入,但转化为现金的数量极有限。这时日本的风险投资机构 Softbank 开始向雅虎投资,这使雅虎公司走向了新阶段。1995 年 11 月 Softbank 买下雅虎 5% 的股份,后来投资增加到 6 000 万美元。雅虎第二轮筹资的落实使其有能力扩大服务项目,并成功地应付一些不利的现实情况。比如与网景合作的变故虽然使雅虎的信息检索流量减少 10%,但雅虎很快度过了难关。1996年 3 月 7 日,雅虎股票正式上市,其市场价值达到 8.5 亿美元,是红杉资本投资时的 200 倍。在不到一年的时间里,红杉和 Softbank 的投资大获成功。

资料来源:龚荒.创业管理:过程 理论 实务.[M].北京:清华大学出版社,2011.

第一节　创业融资方式

【学习目标】

1. 了解创业融资的方式;

2. 了解创业融资的分类。

创业融资是指创业者为了将某种创意转化为商业现实,根据未来新创企业经营策略与发展需要,经过科学的预测和决策,通过不同渠道、采用不同方式向风险投资者或债权人筹集资本,组织创业启动资本的一种经济行为。创业者应该根据新创企业在成立前后的资本需求特征,结合创业计划以及企业发展战略,合理确定资本结构以及资本需求数量。

一、融资方式

融资方式是指企业筹集资本所采取的具体形式和工具,体现着资本的属性和期限。目前我国企业主要的融资方式及特点如下:

1. 吸收直接投资

这是指企业以协议等形式吸收国家、其他单位、民间或外商直接投入的资金,并由此形成企业全部或部分资本金的融资方式。它是非股份有限公司筹措资本金的基本方式。

2. 发行企业股票

发行股票筹资是股份公司按照公司章程依法发售股票直接筹资,形成公司股本的一种筹资方式。发行股票筹资要以股票为媒介,仅适用于股份公司,是股份公司取得股权资本的基本方式。

3. 发行企业债券

发行债券筹资是企业按照债券发行协议通过发售债券直接筹资,形成企业债权资本的一种筹资方式。在我国,股份有限公司、国有独资公司等可以采用发行债券筹资方式,依法发行公司债券,获得大额的长期债权资本。

4. 银行借款

银行借款筹资是企业按照借款合同从银行等金融机构借入各种款项的筹资方式,它广泛适用于各类企业,是企业获得长期和短期债权资本的主要筹资方式。

5. 商业信用筹资

商业信用筹资是企业通过赊购商品、预收货款等商品交易行为筹资短期债权资本的一种筹资方式。这种筹资方式比较灵活,为各类企业所采用。

6. 租赁筹资

租赁筹资是企业按照租赁合同租入资产从而筹集资本的特殊筹资方式。各类企业都可以采用租赁筹资方式,租入所需资产,并形成企业的债权资本。

7. 民间借款

这是向非金融机构的民间资金取得借入资金的一种重要方式,同银行贷款相比,更加灵活快捷,但筹资成本可能较高,适合中小规模的融资。能否获得借款主要看自己的社会关系及口碑信用。

二、融资的分类

根据不同的口径和特点,对融资进行如下分类:

1. 债权融资与股权融资

创业融资活动按照资本的来源和方式,可以划分为股权融资和债权融资。债权融资是指企业通过举债的方式进行融资,债权融资所获得的资金,企业需要支付利息,并在借款到期后向债权人偿还本金。股权融资则指企业通过出让部分企业所有权,通过企业增资的方式引进新的股东的融资方式。股权融资所获得的资金,企业无须还本付息,但新股东将与老股东同样分享企业的赢利与增长。

2. 内部融资和外部融资

创业的全部融资按资本来源的范围,可以划分为内部融资和外部融资两种类型。内部融资是指创业者自己或家庭通过原始积累形成的资本来源。内部融资是在创业者个人、家庭或者亲朋内部形成的,一般无须花费融资费用。对于创业者而言,内部融资主要来源于创业者父母、亲朋的支持,也有个别来自于自己的积累。外部融资是指内部融资不能满足需要时,向上述人际圈之外融资而形成的资本来源。对于很有发展潜力的创业项目来讲,内部融资往往难以满足需要。因此,创业者就需要开展外部融资。外部融资大多需要花费融资费用。创业者应在充分利用了内部融资后,再考虑外部融资问题。

3. 直接融资和间接融资

创业融资活动按其是否以金融机构为媒介,可以分为直接融资和间接融资。

直接融资是指资金经营者与资金需求者在金融市场上相互之间直接进行的融资活动。创业者作为货币需求者,可以直接发行融资凭证给货币资金供给者。直接融资的资金供求双方直接联系,根据各自需要实现资金融通。双方直接形成债权与债务的关系,债务人面对直接债权人的监督,在经营上会有很大的压力,从而促进资金使用效益的提高。通过发行长期债券和发行股票筹集资金具有长期使用的特点,但直接融资的双方在资金数量、期限、利率等方面比间接融资受到的限制更多。对资金供给者来说,直接融资风险,由于缺乏中介的缓冲,比间接融资大。

间接融资是指资金供给者与资金需求者通过金融中介机构进行的融资活动。创业者作为货币需求者,通过银行等金融机构筹资。间接筹资中银行等金融机构网点多,吸收的存款起点低,能够广泛筹集闲散资金,形成巨额资金。由于金融机构的资产负债多样化,融资风险又多样化分散承担,安全性较高。但由于中介的介入,隔断了供求双方的直接联系,一定程度上减少了对投资对象经营状况的关注和筹资者在资金使用方面的压力和约束。

4. 长期融资和短期融资

根据创业融资期限的不同,可以划分为长期融资和短期融资两种类型。

长期融资是指创业需用期限在一年以上的融资,通常包括各种股权资本和长期借款、应付债券等债权融资。短期融资是指创业需用期限为一年以内的融资,一般包括短期借款、应付账款和应付票据等项目,通常是采用银行贷款、商业信用等筹集方式完成的。

第二节 创业融资渠道的选择

【学习目标】

1. 了解创业融资的渠道;

2. 了解创业融资渠道选择方式。

一、融资渠道

融资渠道是指企业筹集资本来源的方向和通道,体现着资本的源泉和流量。企业的融资渠道可以归纳为以下七种:

1. 政府财政资本

政府财政资本历来是国有企业筹资的主要来源,政策性很强,通常只有国有企业才能利用。现有的国有企业,包括国有独资公司,其筹资来源的大部分是在过去由政府通过中央和地方财政部分以拨款方式投资而形成的。政府财政资本具有广阔的源泉和稳定的基础,并在国有企业资本金预算中安排,今后仍然是国有企业权益资本筹集的重要渠道。

2. 银行信贷资本

银行信贷资本是各类企业筹资的重要来源。银行一般分为商业性银行和政策性银行。在我国,商业银行主要有国有四大行及交通银行、招商银行等;政策性银行有国家开发银行、农业发展银行和中国进出口银行。商业银行可以为各类企业提供各种商业性贷款;政策性银行主要为特定企业提供一定的政策性贷款。

3. 非银行金融机构资本

非银行金融机构是指除了银行以外的各种金融机构及金融中介机构。在我国,非银行金融机构主要有租赁公司、保险公司、信托投资公司、证券公司、小额贷款担保公司、典当机构等。它们有的集聚社会资本,融资融物;有的承销证券,提供信托服务,为一些企业直接筹集资本或为一些公司发行证券筹资提供承销信托服务。这种筹资渠道的财力虽然比银行要小,但具有广阔的发展前景。

4.其他法人资本

其他法人资本有时亦可为筹资企业提供一定的筹资来源。在我国,法人可分为企业法人、事业法人和团体法人等。它们在日常的资本运营周转中,有时也可能形成部分暂时闲置的资本,为了让其发挥一定的效益,也需要相互融通,这就为企业筹资提供了一定的筹资来源。

5.民间资本

民间资本可以为企业直接提供筹资来源。我国企业和事业单位的职工和广大城乡居民持有大笔的货币资本,可以对一些企业直接进行投资,为企业筹资提供资本来源。

6.企业内部资本

企业内部资本主要是指企业通过提留盈余公积和保留未分配利润而形成的资本。这是企业内部形成的筹资渠道,比较便捷,有盈利的企业通常都可以加以利用。

7.境外资金

主要是指外国投资者以及我国港澳台地区投资者投入的资金,是我国外商投资企业和境内外资企业的重要资金来源。目前,境外资金也开始介入我国的创业投资领域,成为一支活跃的力量。

二、创业者对创业融资渠道的选择

图10-1为创业者创业融资提供了参考方案,但创业者应该根据设立企业的具体情况,灵活地选择创业融资渠道,而不能简单按固定模式照搬。

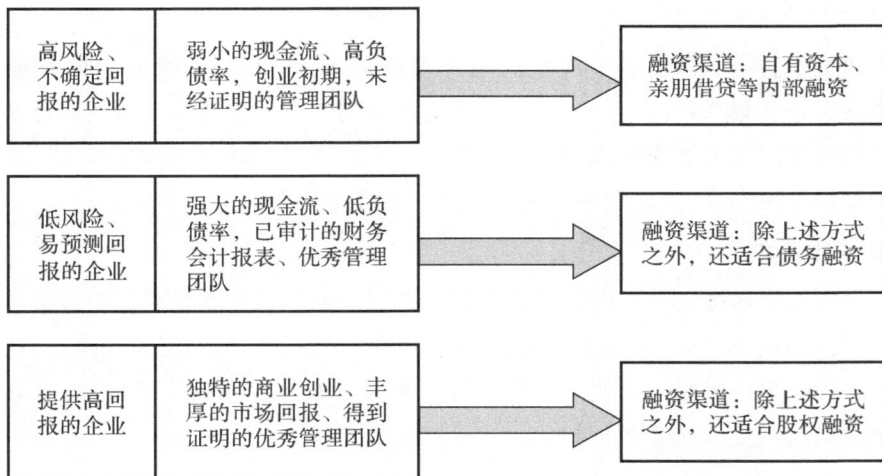

图10-1 创业融资渠道选择

第三节　创业财务风险分析

【学习目标】

1. 了解创业过程中有哪些财务风险；

2. 掌握规避创业财务风险的方法。

创业者要随时关注创业期间的筹资风险和现金流风险,因为在创业初所需的创业资金规模较大,融资渠道较少,如果不能及时解决,非常容易造成创业夭折。

一、筹资风险

筹资风险是指与企业筹资相关的风险,一般是指由于资金供需情况、宏观经济环境等因素的变化,企业筹集借入资金给财务成果带来的不确定性。

1. 创业企业筹资风险的主要来源

（1）创业企业投资利润率和借入资金利息率的不确定性。当企业投资利润率高于借入资金利息率时,企业使用一部分借入资金,可以因财务杠杆的作用提高自有资金利润率;当企业投资利润率低于借入资金利息率时,企业使用借入资金将使自有资金利润率降低,甚至发生亏损,严重的则因资产负债率过高或不良资产的大量存在,导致资不抵债而破产。

（2）创业企业经营活动的成败。创业企业筹资经营,其还本付息的资金最终来源于创业企业的收益。如果创业企业经营管理不善,长期亏损,那么就不能按期支付债务本息,这样就给其带来偿还债务的压力,也可能使信誉受损,不能有效地再去筹集资金,导致其陷入财务风险。

（3）负债结构。借入资金和自有资金比例确定是否适当,与企业财务上的利益和风险也有着密切的关系。在财务杠杆作用下,当投资利润率高于利息率时,企业扩大负债规模,适当提高借入资金与自有资金之间的比率,就会增加企业的权益资本收益率。反之,在投资利润率低于利息率时,企业负债越多,借入资金与自有资金比例越高,企业权益资本收益率也就越低,严重时企业会发生亏损甚至破产。同时,负债规模一定时,债务期限的安排是否合理,也会给企业带来筹资风险。若长、短期债务比例不合理,还款期限过于集中,就会使企业在债务到期日还债压力过大,资金周转失灵,影响企业的正常生产经营活动。

2. 筹资风险的防范

（1）建立有效的风险防范机制。创业企业必须立足市场,建立一套完善的风险预防机制和财务信息网络,及时地对财务风险进行预测和防范,制定适合创业企业实际情况的风险规避方案,通过合理的筹资结构来分散风险。如通过控制经营风险来减少筹资风险,充分利用财务杠杆原理控制投资风险,使企业按市场需要组织生产经营,及时调整产品结构,不断提高企业的盈利水平,避免由于决策失误而造成的财务危机,把风险减少到最低程度。

（2）确定适度的负债数额,保持合理的负债比率。负债经营能获得财务杠杆利益,同时企业还要承担由负债带来的筹资风险损失。为了获取财务杠杆利益的同时避免筹资风险,企业一定要做到适度负债经营。企业负债经营是否适度,是指企业的资金结构是否合理,即企业负债比率是否与企业的具体情况相适应,以实现风险与报酬的最优组合。在实际工作中,如何选择最优化的资金结构,是复杂和困难的,对一些生产经营好、产品适销对路、资金周转快的企业,负债比率可以适当高些;对于经营不理想、产销不畅、资金周转缓慢的企业,其负债比率应适当低些,否则就会使企业在原来商业风险的基础上,又增加了筹资风险。

(3)根据创业企业实际情况,制定负债财务计划。根据创业企业一定资产数额,按照需要与可能安排适量的负债。同时,还应根据负债的情况制定出还款计划。如果举债不当,经营不善,到了债务偿还日无法偿还,就会影响企业信誉。因此,企业利用负债经营加速发展,就必须从加强管理、加速资金周转上下功夫,努力降低资金占用额,尽力缩短生产周期,提高产销率,降低应收账款,增强对风险的防范意识,使企业在充分考虑影响负债各项因素的基础上,谨慎负债。

二、现金流风险

现金流风险指的是新创企业在企业运营过程中出现资金短缺而导致损失的可能性。新创企业成败的关键因素之一在于是否成功地获取所需的资金,建立和完善采购、产品递送、会计、收款等日常财务营运系统,使得不断增加的资金在可控的范围,能为企业成长服务。

1. 现金流短缺的原因

(1)在经营活动产生的现金流量中,一方面,销售产品获得的现金是最主要的现金流入来源。新创企业在产品市场开拓上遇到的困难,包括销量低迷、需求不稳定、行业发育速度不足以支持企业的发展等,都会直接影响到现金流入的稳定性和充足程度。而且出现实际现金流入过少的原因不一定是产品销量和需求低,而是居高不下的应收账款。另一方面,对于资金捉襟见肘的新创企业而言,新引人才和控制人工成本实际支出是一对必须处理的矛盾。当新创企业与成熟企业竞争优秀人才时,遥远的愿景远没有现实的激励来得直接和有效。这种物质激励上的高额支出便成为现金流短缺的另一个原因。

(2)投资活动产生的现金流量中,需要特别关注投资回收金额与投资支出的匹配情况。新创企业在创业构想短期实现的激励下,容易有扩大投资的冲动。

(3)融资活动产生的现金流量中,新创企业的融资渠道相对单一,可选择的融资方法较少,容易在现金流饥渴的驱动下,接受筹资资本较高的资金。如果新创企业经营活动的收益率低于筹资成本,这样的融资活动给原本现金流就短缺的企业雪上加霜。

(4)融资计划没有远见,后续工作不充分。对于研究开发新创产品的新创企业来说,融资取得成功后,企业会按照原来的计划,投入资金、人才等进行近期的产品开发。如果创业者仅仅考虑近期的资金需要,没有考虑企业长远的资金需求,也没有长远的财务预测和财务计划,等到研发过程结束后,产品市场可能并未按照创业者的计划成长起来,前期的投资成果无法得到市场的认可和回报。此时已经没有充裕资金来进行市场拓展工作,再次融资为时已晚,市场先机有可能被竞争对手抢去。创业企业陷入市场和资金的双重困境中。

2. 防范现金流风险的方法

(1)构筑严密的企业内控体系。构筑内控体系,通过费用支出结构分析以及支出的必要性和经济性分析,采取相应措施改善费用支出的效果。在企业一线"供产销"过程中融入相互牵制、相互制约的制度,建立以防为主的监控防线。

（2）用收付实现制的会计原则来管理现金流。收付实现制是在付出和收到现金时入账,与现金流量一致,利于现金流量管理。创业者必须时刻关注现金流量表,仔细分析预算的现金流量与实际的现金流量的差距,采取有针对性的措施改善现金流状况。

（3）变短期激励为长期激励,缓减短期现金流压力。高额的短期激励方式不仅会增加企业现金流的负担,而且不具备对员工的长期约束效果。从人才的选择职业风险来看,进入新创企业相比进入成熟企业来说要承担更大的风险,这种风险主要来自新创企业未来发展的不确定性。因此,员工通常会要求高于成熟企业的回报,包括物质方面的回报和学习、能力增长等自身成长方面的回报。新创企业不仅需要为员工规划清晰的发展前景,还必须支付相对较高的人工成本。为缓减短期现金流压力,可采取变短期激励为长期激励的策略。

实　　训

【实训指导】

训练项目:模拟创业融资活动。

【实训目标】

通过实训,学生正确理解创业融资的意义、方式、渠道及融资的技巧。

【实训内容和组织】

模拟召开创业融资说明会,班长负责布置创业融资说明会的会场布置工作。

1. 负责按老师要求将代表投资商手中投资金额的投票制作好并交由各团队组长分放;

2. 负责指定人员进行融资额统计,并将统计结果交由主持人公布;

3. 负责指定计时员进行计时,每个团队陈述时间不超过8分钟,距离结束还有1分钟时,计时员需向陈述人提醒剩余时间;

4. 负责将各团队创业陈述PPT统一拷贝到教师电脑里。

投资商(由全体同学及教师组成)参与融资说明会应做到如下几点:

1. 阅读课前教师发送到群里的提问环节资料,了解投资商在投资中最关注的问题,以确保在投资商提问环节能明确提出针对性强的,有质量的问题;

2. 在其他团队进行项目陈述时,认真倾听,做好记录,做好提问准备;

3. 在投资商提问环节向创业团队提出问题或建议,所提问题要求针对性强;

4. 对各团队创业项目进行评估,并从本组外的其他几个项目中选定一个,作为本人的投资项目,不得弃权;

5. 团队回答投资商提问(3～5分钟);

6. 投资商投票(每位投资商持5万元,只能投给3个公司,不得弃权)(3分钟);

7. 班长统计各团队融资金额,并交主持人公布(3分钟);

8. 主持人公布本次创业融资会各团队融资结果(2分钟);

9. 教师小结。

【成果与检测】

根据每个团队的融资额进行小组排序。

习　　题

一、简答题

1. 企业的融资方式有哪些?
2. 企业的主要融资渠道有哪些?
3. 风险资本该如何退出投资?

二、论述题

融资方式与融资渠道应该如何很好地结合?

三、案例题

阅读下列案例,结合点评,写一份案例分析报告。

案例:创业者众筹融资案例

众筹的概念被人们所熟知最早是由于美国的 Kickstarter 这一众筹平台的兴起。玩法很简单,由创业者或者创意人把自己的产品原型或创意提交到平台,发起募集资金的活动,感兴趣的人可以捐献指定数目的资金,然后在项目完成后,得到一定的回馈,如这个项目制造出来的产品。有了这种平台的帮助,任何有想法的人都可以启动一个新产品的设计生产。

在国内,类似的产品创意式众筹平台也如雨后春笋般地成长起来,如名时间、积木等。但因为中美国情差异,国内产品创意式众筹网站成规模的很少,平台上往往人少、钱少、创意少,创业股权式的众筹在中国反而有了不少案例,也获得了社会的极大关注。对于绝大部分创业者来讲,创业股权式众筹的先锋式尝试可以帮助他们有效地找到资金。下面就这两年国内出现的三个众筹案例进行分析。

案例一:凭证式众筹——美微创投

2012 年 10 月 5 日,淘宝出现了一家店铺,名为"美微会员卡在线直营店"。淘宝店店主是美微传媒的创始人朱江,原来在多家互联网公司担任高管。

消费者可通过淘宝店拍下相应金额会员卡,但这不是简单的会员卡,购买者除了能够享有"订阅电子杂志"的权益,还可以拥有美微传媒的原始股份 100 股。从 10 月 5 日到次年 2 月 3 日中午 12∶00,美微传媒进行了两轮募集,一共 1 191 名会员参与了认购,总数为 68 万股,总金额人民币 81.6 万元。至此,美微传媒两次一共募集资金 120.37 万元。美微传媒的众筹式试水在网络上引起了巨大的争议,很多人认为有非法集资嫌疑,果然还未等交易全部完成,美微的淘宝店铺就于 2 月 5 日被淘宝官方关闭,阿里对外宣称淘宝平台不准许公开募股。证监会也约谈了朱江,最后宣布该融资行为不合规,美微传媒不得不像所有购买凭证的投资者全额退款。按照证券法,向不特定对象发行证券,或者向特定对象发行证券累计超过 200 人的,都属于公开发行,都需要经过证券监管部门的核准才可。

案例点评:

在淘宝上通过卖凭证和股权捆绑的形式来进行募资,可以说是美微创投的一个尝试,虽然说因为有非法集资的嫌疑最后被证监会叫停,但依旧不乏可以借鉴的闪光点。主要闪光点是门槛低,即使几百块也可购买。但主要问题在于目前受政策限制。建议在长远政策放开之前,以相对小范围的方式合规式地筹集资金。比如股东不超过 200 人,比如从淘宝这样的公开平台转移到相对更小的圈子。如果希望筹措到足够资金,可设立最低门槛,并提供符合最低门槛的相应服务和产品以吸引投资者。该模式比较适合大众式的文化、传媒、创意服务或产品。

案例二:会籍式众筹——3W 咖啡

互联网分析师许单单这两年风光无限,从分析师转型成为知名创投平台 3W 咖啡的创始人。3W 咖啡采用的就是众筹模式,向社会公众进行资金募集,每个人 10 股,每股 6 000 元,相当于一个人 6 万。那时正是玩微博最火热的时候,很快 3W 咖啡汇集了一大帮知名投资人、创业者、企业高级管理人员,其中包括沈南鹏、徐小平、曾李青等数百位知名人士,股东阵容堪称华丽,3W 咖啡引爆了中国众筹式创业咖啡在 2012 年的流行。几乎每个城市都出现了众筹式的 3W 咖啡。3W 很快以创业咖啡为契机,将品牌衍生到了创业孵化器等领域。

3W 的游戏规则很简单,不是所有人都可以成为 3W 的股东,也就是说不是你有 6 万就可以参与投资的,股东必须符合一定的条件。3W 强调的是互联网创业和投资圈的顶级圈子,而没有人是会为了 6 万未来可以带来的分红来投资的,更多是 3W 给股东的价值回报在于圈子和人脉价值。试想如果投资人在 3W 中找到了一个好项目,那么多少个 6 万就赚回来了。同样,创业者花 6 万就可以认识大批同样优秀的创业者和投资人,既有人脉价值,也有学习价值。很多顶级企业家和投资人的智慧不是区区 6 万可以买的。

案例点评:

会籍式的众筹方式在去年中国创业咖啡的热潮中表现地淋漓尽致。会籍式的众筹适合同一个圈子的人共同出资做一件大家想做的事情。比如 3W 这样开办一个有固定场地的咖啡馆方便进行交流。其实会籍式众筹股权俱乐部在英国的 MiNT Club 也表现地淋漓尽致。MiNT 在英国有很多明星股东会员,并且设立了诸多门槛,曾经拒绝过著名球星贝克汉姆,理由是当初贝克汉姆在皇马踢球,常驻西班牙,因此不符合条件。后来 MiNT 在上海开办了俱乐部,也吸引了 500 个上海地区的富豪股东,以老外圈为主。

创业咖啡注定赚钱不易,但这和会籍式众筹模式无关。实际上,完全可以用会籍式众筹模式来开餐厅、酒吧、美容院等高端服务性场所。这是因为现在圈子文化盛行,加上目前很多服务场所的服务质量都不尽如人意。比如食品,可能用地沟油。通过众筹方式吸引圈子中有资源和人脉的人投资,不仅是筹措资金,更重要的是锁定了一批忠实客户。而投资人也完全可以在不需经营的前提下拥有自己的会所、餐厅、美容院等,不仅可以赚钱,还可以在自己朋友面前拥有更高的社会地位。

案例三:天使式众筹——大家投

一年前,在一个朋友聚会中认识了大家投网站的创始人李群林,他极力推荐他想创建的网站——众筹式的天使平台。我不认为他有机会做成,因为李群林并不是互联网投资人喜欢投资的那种明星创业者。很多知名的天使投资人都拒绝了他的请求,但李群林并没有轻易放弃,他不断在微博上发表并宣传资金的理念,结识真正对他认可的粉丝和朋友。经过两个月的艰苦努力,他引起了深圳创新谷孵化器的注意,愿意做他项目的领投人。不久他又吸引了11个人的投资,总共12个投资人,每人出资最高15万,最低3万。除创新谷孵化器是机构外,更多的投资人是没有专业投资经营的个人。大家投网站最后出让20%的股份。

大家投网站模式是这样的,当创业项目在平台上发布项目后,吸引到足够数量的小额投资人(天使投资人),并凑满融资额度后,投资人就按照各自出资比例成立有限合伙企业(领投人任普通合伙人,跟投人任有限合伙人),再以该有限合伙企业法人身份入股被投项目公司,持有项目公司出让的股份。而融资成功后,作为中间平台的大家投则从中抽取2%的融资顾问费。

如同支付宝解决电子商务消费者和商家之间的信任问题,大家投将推出一个中间产品叫"投付宝"。简单而言,就是投资款托管,对项目感兴趣的投资人把投资款先打到由兴业银行托管的第三方账户,在公司正式注册验资的时候再拨款进公司。投付宝的好处是可以分批拨款,比如投资100万,先拨付25万,根据企业的产品或运营进度决定是否持续拨款。

对于创业者来讲,有了投资款托管后,投资人在认投项目时就需要将投资款转入托管账户,认投方可有效,这样就有效避免了以前投资人轻易反悔的情况,会大大提升创业者融资效率;由于投资人存放在托管账户中的资金是分批次转入被投企业的,这样就大大降低了投资人的投资风险,投资人参与投资的积极性会大幅度提高,这样也会大幅度提高创业者的融资效率。

案例点评:

该模式比较适合成长性较好的高科技创业融资。投资人对项目模式要有一定理解,有最低投资门槛,且门槛较高。对于创业者来讲,依旧需要依靠自己的个人魅力进行项目的推荐并期望遇到一个专业的领投人。对于明星创业者,或者明星创业项目,不适合用该模式,而应该选择和大的投资机构接洽。这个模式可以由在一个专业圈子有一定影响力的创业者,结合社交网络来进行募资,把信息传递给更多身边同样懂行的或者愿意信任他的有一定资本能力的投资者。

从"大家投"自己募集资金的案例可以让我们发现一件有趣的事情,即最有可能给你天使投资的不是微博上你关注的大V,而是关注你的小号粉丝。大家投的12个投资人中,有投资经验的只有5个人。这有点像美国人所说的最早的种子资金应该来自于3F——Family(家庭)、Friends(朋友)和Fool(傻瓜)。社交媒体的出现,使得普通人的个人感召力可以通过社交媒体传递到除朋友外的陌生人,使得获得更多资源资金的支持变成可能。

资料来源:www.100ec.cn/detail-6177300.html

第十一章　创业企业竞争战略

【案例导入】

农夫山泉换标背后的竞争战略思考

2012年,品牌"换标"成为风尚。李宁、七喜、农夫山泉(简称"农夫")都很有些"改良"的派头,也有不少人围绕换标事件展开自己的看法。多是这个改得好看了,那个不好看了,这个时尚了,那个更土了。这个改得看不出来了,那个改了不如不改,不外乎围绕"美学"和"识别"的观点展开自己的评论。

换标背后的事,企业绝不会为了换标而换标,也绝非仅仅因为时尚因素而换标,换标只是企业所有战略调整"浮出水面"的部分,我们不能单单就"浮出水面"部分的调整来看换标的成败,看戏不能光看"热闹",必须潜下心来看"门道"。

如果从企业战略的"深度"来评判换标的成败,就有意思了!

农夫:为了统战而"虚焦"。其实从农夫的"实景"LOGO到"写意"LOGO(见图11-1),我们能看到农夫在"调焦",把焦距调成了"虚焦"。这是为什么呢?如果单从美学角度来争执这个问题,简直是吹毛求疵。我们得弄清楚原来农夫LOGO的风景是哪里?不用问大家都知道是农夫曾经拿来大谈特谈的"千岛湖",而现在的LOGO里的山水是哪里的呢?我想恐怕大家都猜不出来了。这个"虚焦"后的山水,已经不特指千岛湖了,而是泛指所有山水。为何农夫要"泛化"自己的水源优势,所以我们要明白农夫在瓶装水上的竞争战略,农夫跟康师傅、娃哈哈等瓶装水的重要区别在于,农夫强调的是"水源"优势。康师傅坦承自己的水源是自来水,康师傅占据了瓶装水市场的16%份额,靠的就是就地取材,广用自来水为"原料"。作为一个铺货率这么高的瓶装水,必须就地取材、就地建厂,降低生产以及物流成本,才能支撑起康师傅水的"平又靓"。而农夫就不行了,他们都说自己是"大自然的搬运工"了,就不能用自来水了。我们知道农夫的水源取自千岛湖,但农夫这个"搬运工"要想把杭州的水搬到全国各地,成本实在划不来。在相似价位上的竞争已经完全没有优势了。康师傅可以就地取材——用自来水,而农夫也得就地取材啊,但农夫又不能丢弃"水源优势"的战略定位,所以农夫的办法就是在全国各地"圈"水源。目前,连同千岛湖农夫已经"圈"了四个水源,分别是杭州千岛湖、东北长白山、湖北丹江口、广东河源万绿湖。这个"虚焦"的山水,就是代表的这四个以及以后更多的"优质水源"。而老的LOGO上更多的指千岛湖。农夫的LOGO经历这次的"调焦",从近景(千岛湖)调到远景(所有优质水源),表面上是LOGO的更改,本质上是一次大的战略转移,并且战略转移往往是不动声色的,所以我们就看到了农夫近乎是不宣而战,没打任何招呼就换上了,达到了"随风潜入夜,润物细无声"的效果。

"农夫山泉"（原包装）　　　　新包装（2010）

图 11-1　农夫山泉新旧 LOGO

资料来源：https://edu.qq.com/a/20120601/000267_1.htm

第一节　竞争战略概述

【学习目标】

1. 了解创业企业战略特征；

2. 理解创业企业战略选择和企业核心竞争力；

3. 掌握创业要思考的战略问题。

哈佛商学院著名教授迈克尔·波特说过："我经常听说大公司、大型集团需要考虑它们的商业战略。相反，小公司、创业型企业，不需要战略，它们能通过其他途径取得成功。在我看来，这是完全落后的想法。"创业是一个充满不确定性的过程，它不仅需要梦想、自信、眼光、忍耐、奋斗、创新等创业精神和能力，更需要一套完整的方法来整合创业实践和经验，增强创业过程中的战略管理能力，降低不确定性，提高企业成功的概率。

一、创业战略的重要性

1. 战略的定义

战略一词最早是军事方面的概念。春秋时期，著名军事家孙武总结战争经验写成的《孙子兵法》，就蕴含着丰富的战略管理思想，至今仍广为流传。在西方，战略（strategy）一词来源于希腊语"strategos"，原意为"将军指挥军队的艺术"。近代，战略从军事领域延伸到政治、经济、科技与社会领域。商场如战场，将战略思想运用于企业经营管理之中，就产生了企业战略这一概念。

一般而言，战略是泛指重大的、全局性的、规律性的或决定全局的谋划。但是，不同年代的管理学家或战略实践者，对企业战略给予了不同的定义。1965 年，美国经济学家安索夫（H.I. Ansoff）所著的《企业战略论》一书问世后，战略这一概念开始被广泛应用。哈佛大学教授迈克尔·波特（Michael Porter）提出"战略是公司为之奋斗的一些终点与公司为达到它们而寻求的途径的结合物"。这一定义强调了企业战略的计划性、全局性和整体性方面的属性。

近年来，由于企业内外环境的快速多变，许多成功的企业战略是在事先没有明确计划的情况下产生的。明茨伯格(H.Mintzberg)将战略定义为"一系列或整套的决策或行动方式",这套方式包括刻意安排的(或计划性)战略和任何临时出现的(或非计划性)战略。这一定义强调了企业大部分战略是事先的计划和突发应变的组合,即企业战略的另一方面属性——应变性、竞争性和风险性。

2. 创业企业战略的特征

新创企业的战略在制定过程、表达形式、传递方式等方面与成熟企业有着很大差别,新创企业的战略在许多方面都表现出自己更为本质的特征。

(1)战略选择更依赖于创业团队的能力与资源禀赋。新创企业的战略选择更加依赖于创业团队的技术能力与资源禀赋,而成熟企业的战略选择空间受到领导者的个人能力影响却相对较小。例如郭士纳可以不懂计算机却为 IBM 制定了成功的转型战略,但外行领导内行的局面在新创企业里面很难维持。创业者的能力、资源禀赋,甚至是性格特征都会对初创企业的战略选择带来巨大的影响,不论是有意还是无意,企业家都会使他的公司打上自我的烙印。这一明显特征对于创业团队的组建与团队的工作方式有着重大的影响。

(2)战略调整更具有柔性。用"小就是美"这句话来形容创业企业在战略调整方面的相对优势再恰当不过了。船小好掉头,新创企业在战略选择上虽然缺少更多的空间,但在战略调整方面却享受更多的自由。新创企业与大企业相比,它的优势就在于高层管理者更贴近客户,更容易感受到市场上发生的变化,而且比大企业能够做出更为迅速的反应,能够用小企业的反应速度来抗击大企业的经济规模。

(3)战略沟通更具有投资导向性。大企业的战略沟通是普遍难题。高层管理者的战略意图很难落实到执行层,决策层与执行层往往形成博弈局面。由于新创企业管理层级少,结构简单,所以公司战略比较容易通过各种正式和非正式的渠道被员工了解,与员工的整个战略沟通相对简单。相反,新创企业的战略在与外部投资人进行沟通时往往会遇到比较大的阻力,这种战略沟通上的障碍时常会影响投资人与创业者之间的信任关系。

二、创业者的战略思考

大前研一在《企业家的战略性头脑》一书中介绍了企业家如何进行战略方面的思考,能够帮助创业者建立战略思维。

1. 创业者如何思考战略问题

(1)价值链。价值链指的是企业构造价值过程的各个环节,一个新的主意、一个新的产品或者一个新的商业模式,最终能否转化成一个持续发展的企业,关键在于这项新的产品与服务能否使得企业在整个价值链的环节中获得更为有利的竞争地位。初创企业必须审视战略方向,考虑企业到底要在整个价值链环节中获得什么样的地位?是依靠企业的技术优势成为整条价值链的创新源泉,还是依靠企业的渠道优势成为整条价值链规模经济的来源?总之,初创企业必须为获得价值链中的位置而努力,无论这种位置是主导地位还是附属地位。

(2)时间与空间。时间与空间是战略决策中两个重要的变量,任何一家企业在进行战略决策时,都是在特定的时间与空间中思考机会与资源的匹配问题。由于与成熟企业相比,初创企业无论是在资源禀赋还是抵抗风险方面都存在明显的劣势,所以初创企业在进行战略部署的时候更应该注重对时间与空间概念的应用。

对于技术驱动型的初创企业而言,战略决策中市场切入时间点非常重要,因为某个创意能够获得技术上的突破,但往往市场的发育形成速度滞后,第一个发现机会的企业可能在没有迎来产业的黄金时期就因现金问题而胎死腹中,成熟企业则利用优势资源篡夺了这个新兴市场。中国产业界流行的"只能做先驱,不能做先烈"的说法深刻地揭示了时间与战略选择之间的关系。

对于销售驱动型的初创企业而言,通常都会依赖创始人对某特定区域市场的资源与理解,迅速成为区域市场的领导者,再利用区域市场成功的经验、资源与品牌向其他市场扩张,最终获得全国乃至更大市场,有的成功了,有的则连根据地都丧失了。影响这些企业获得不同结果的一个重要因素就是空间在战略扩张中的应用手法不同。

(3)竞争与合作。竞合的概念最早是由耶鲁管理学院拜瑞·J.内勒巴(Barry J.Nalebuff)和哈佛商学院亚当·M.布兰登勃格(Adam M.Brandenburger)于20世纪90年代中期提出的。竞合就是竞争中求合作,合作中有竞争,是在新的商业环境下出现的新的商业规则,是一种新的竞争观念和范式。在这种商业规则下,许多企业都开始用合作来考虑自己与竞争对手、与供应商以及消费之间的关系。创业者要善于嫁接外部的资源,要学会在合作中竞争、在竞争中合作的战略思想,最终实现四两拨千斤的效果。

(4)经验曲线。这是20世纪60年代波士顿咨询公司提出的一个重要战略概念。在大多数情况下,竞争者的累积经验之比与市场份额之比十分接近。如果总的增值成本随累积经验的增加而有规律地下降,那么竞争者就会出现与市场份额成比例的系统成本差异。经验曲线的概念对理解企业之间的竞争有着重要的意义。竞争优势非常重要,而通过精心管理,企业是能够取得和掌握竞争优势的。市场份额是一项特别有价值的资产,不应该轻易转让。这个概念有利于理解定价和生产能力之间的决策依据。定价要能弥补产品开发成本,在成长性行业中,要用足生产能力。降价须先发制人,率先扩充生产能力则能"买到"市场份额,降低相对成本,并使竞争者对这一行业兴趣大减。

(5)增长方式。通常认为企业有两种增长方式:一是通过内延式的业务积累战略实现扩张;二是通过收购、兼并、重组等外延式的手段获得高成长。在传统经济环境里,外延式的扩张通常是成熟企业进入新的产业和新的市场采取的增长手段;而新创企业由于资源所限,内延式扩张是其主要的发展手段。但在新经济的产业环境里,资本市场对产业发展的影响越来越大,企业积累财富的速度也越来越快,初创企业也可以通过资本力量在寻找增长方式方面逐渐地采用外延式的手段。

2.创业企业战略选择

企业战略选择一般分为三个层面:公司层战略、业务层(事业层)战略和职能层战略。公司层战略寻求决策公司应当从事什么事业,以及计划从事什么事业;业务层战略寻求决定组织应当如何在每项事业展开竞争;职能层战略寻求如何支持事业层战略。与成熟企业的战略规划不同,新创企业的战略主要集中在业务层面的竞争战略领域。这是因为新创企业的经营重点是使新产品或服务迅速打开市场,获取企业成长需要的各种资源。

三、构建创业企业核心竞争力

1990年,美国密歇根大学商学院教授普拉哈拉德(C.K.Prahalad)和伦敦商学院教授哈默尔(G.Hamel),在《哈佛商业评论》上发表的论文《企业核心竞争力》(*The CoreCompetence of the Corporation*)中,正式提出了"核心竞争力"(Core Competence)概念。

他们认为,随着世界的发展变化、竞争的加剧、产品生命周期的缩短以及全球经济一体化的加强,企业的成功不再归功于短暂的或偶然的产品开发或灵机一动的市场战略,而是企业核心竞争力的外在表现。此后核心竞争力的概念迅速被企业界和学术界所接受,综合学者们的观点,核心竞争力是指一个企业拥有或控制的可以持续产生独特竞争优势的资源和能力。企业核心竞争力的识别标准有五个。

(1)价值性。这种能力首先能很好地实现顾客所看重的价值,如能显著地降低成本,提高产品质量,提高服务效率,增加顾客的效用,从而给企业带来竞争优势。

(2)稀缺性。这种能力必须是稀缺的,只有少数的企业拥有它。

(3)不可替代性。竞争对手无法通过其他能力来替代它,它在为顾客创造价值的过程中具有不可替代的作用。

(4)难以模仿性。核心竞争力还必须是企业所特有的,并且是竞争对手难以模仿的,也就是说它不像材料、机器设备那样能在市场上购买到,而是难以转移或复制的。这种难以模仿的独特性能为企业带来超过平均水平的利润。

(5)持久性。企业核心能力具有持久性,它一方面维持企业竞争优势的持续性,另一方面又使核心能力具有一定的刚性。

北京大学张维迎教授把企业核心竞争力的特点通俗地概括为"偷不去,买不来,拆不开,带不走,溜不掉"。"偷不去"是指别人模仿你很困难,如你拥有的自主知识产权——品牌、文化。"买不来"是指这些资源不能从市场上获得,人们认为人才是企业的核心竞争力,这通常指的是团队,一般情况下单个的人才不能算作核心竞争力。"拆不开"是指企业的资源、能力有互补性,分开就不值钱,合起来才值钱。"带不走"是指资源的组织性,而个人的技术、才能是可以带走的,因此,拥有身价高的人才也不意味着有核心竞争力。"溜不掉"是指需要不断提高企业的持久竞争力,今天拆不开、偷不走的资源,明天就可能被拆开、偷走。

总之,创业者在战略管理中,在充分考量自身实力和外部环境的基础上,不仅要选择竞合的竞争战略,而且要构建创业企业的核心竞争力,方能在激烈的市场竞争中立于不败之地,保持长盛不衰。

第二节　成本领先战略

【学习目标】

1. 了解成本领先战略的概念及实施或本领先战略的条件;
2. 理解成本领先战略的优点和风险;
3. 掌握成本领先战略实施条件和开发成本优势的途径。

一、成本领先战略的概念

成本领先战略是指企业在生产和管理过程中尽其所能地节约成本,以低于竞争对手的成本在竞争过程中获得成本领先。成本领先战略以低成本来获得持久的竞争优势。成本领先企业只要能保持同行业平均或接近平均的价格水平就能增强其市场占有率,获得较高收益。

沃尔玛为什么能成为 500 强之首?人们找到的理由中有规模经营、成本管理、人力资源、科技应用和价格策略等许许多多的原因,其实沃尔玛的全部文化可以简单地概括为一个字"廉"。要做到这个"廉"说难很难,说简单也很简单,其实就是要变换一种核算方式。"尽可能少的成本付出"与"减少支出、降低成本"在概念上是有区别的。"尽可能少的成本付出",不等同于节省或减少成本支出。它是运用成本效益观念来指导新产品的设计及老产品的改进工作。在对市场需求进行调整分析的基础上,如果能够认识到在产品的原有功能基础上新增某一功能,会使产品的市场占有率大幅度提高,那么,尽管为实行产品的新增功能会相应地增加一部分成本,只要这部分成本的增加能提高企业产品在市场的竞争力,最终为企业带来更大的经济效益,这种成本增加就是符合成本效益观念的。

成本领先战略适用于以下情况:在市场竞争中价格竞争占有主导地位的行业,例如在钢铁、煤炭、石油、水泥、化肥、木材等行业中,所有企业生产的都是标准化产品,产品差异较小,价格竞争成为市场竞争的主要手段,该战略的使用效果显著。购买者从一个销售商向另一个销售商的转移成本很低或几乎没有,则购买者倾向于价格更低的销售者。成本领先战略的理论基础有两个。

(1)规模经济效益,即单位产品成本随生产规模增大而下降。

(2)学习曲线效应,即单位产品成本随企业累积产量增加而下降。

这主要是因为随着产品累积数量的增加,职工生产经验更丰富,生产技术更为熟练,使劳动生产率提高,因而使单位产品成本下降。同时,随着产量的增加,职工被更有效地组织管理起来,因而提高了劳动生产率,使单位产品成本下降。

二、实施成本领先战略的条件

实施成本领先战略必须满足以下四个条件。

(1)该战略适用于大批量生产的企业,产量要达到经济规模,这样才会有较低的成本。

(2)要有较高的市场占有率,就要严格控制产品定价和初始亏损,以此来创立较高的市场份额。

(3)企业必须使用先进的生产设备,因为先进的设备使生产效率提高,能使产品成本进一步降低。由于有较高的市场占有率,就有可能赢得较高的利润,同时又可以此利润对设备投资,进一步购买更先进的设备,以维护成本领先的地位。应当说,这种再投资往往是保持低成本状态的先决条件。由于使用先进的生产设备,使得生产批量加大,其经济规模加大,经济规模加大后,就要求市场占有率再提高,市场占有率提高后,企业收益进一步增加,于是又可从收益中拿出一部分资金再投资到更先进的生产设备,如此循环下去,这就是实施成本领先战略的条件。

(4)要严格控制一切费用开支,全力以赴地降低成本,最大限度地减少研究开发、服务、推销、广告及其他一切费用。

三、成本领先战略的优点和风险

1. 成本领先战略的优点

低成本企业在行业中有明显的优势:可以低价位与竞争对手展开竞争,扩大销售,提高市场占有率,获得高于同行业平均水平的收益;可以在与客户的谈判中争取到更大的生存空间;有较强的原材料上涨的价格承受能力;可以依托低成本所形成的竞争优势,形成进入障碍,限制新的加入者;可以削弱弱势产品的竞争力量。具体而言,企业采用成本领先战略主要有以下优点。

(1)在与竞争对手的竞争中,由于成本领先,企业可用低价格优势从竞争对手中夺取市场占有率,扩大销售量,因而在同行业中可以赚取更多的利润。在争取顾客的竞争中,产品的低价格使原先没有使用该产品的顾客也开始使用,使已经使用竞争对手同类产品的顾客转向使用本企业的产品,使低成本企业不仅巩固并维护了市场地位,而且进一步扩大了市场占有率。

(2)在争取供应商的竞争中,由于企业有低成本优势,相对于竞争对手对原材料、零部件价格上涨的承受能力,能够在较大的边际利润范围内承受各种不稳定经济因素所带来的影响。由于成本领先,企业对原材料或零部件的需求量大,因而企业须获得廉价的原材料或零部件,同时也便于和供应商建立稳定的合作关系。

(3)在与潜在进入者的竞争中,低成本企业由于采取低价格而提高了进入壁垒,使新进入者不致构成对低成本企业的威胁。

(4)在替代品的竞争中,低成本企业可用削减价格的办法稳定现有顾客的需求,使之不被替代产品代替。当然,如果企业要较长时期地巩固企业现有竞争地位,还必须在产品及市场上有所创新。

(5)面对强有力的中间商要求降低产品价格的压力,采用成本领先战略的企业在进行交易时,握有更大的主动权。

2.成本领先战略的风险

风险与收益并存,采用成本领先战略虽然有许多好处,但也存在着很多风险。

(1)企业投资较大,因为企业必须具有先进的生产设备,才能高效率地进行生产。

(2)社会技术变化导致产品生产工艺有了新的突破,使企业过去大量投资和由此产生的高效率一下子丧失了优势,使竞争对手比较容易以更低成本进入该行业,造成对原有企业的威胁。

(3)企业高层领导把过多的注意力集中于低成本战略,可能导致企业忽视顾客需求特性和需求趋势的变化,忽视顾客对产品差异的兴趣,忽视顾客对价格降低的敏感性;企业拘泥于现有战略的选择,就很有可能被采用产品差异化战略的竞争对手击败。

(4)由于企业大量投资于现有技术及现有设备,因而对新技术的采用及技术创新反应迟钝。同时,由于使用专用设备,因而资产专用性很强,退出壁垒很高,原设备的巨额投资成了企业战略调整的巨大而顽固的障碍,使企业不愿为战略调整而付出巨大代价,企业由此陷入被动。

因此,企业不能太集中于成本的降低而削弱了企业的可持续发展能力,学者们提出"战略成本"概念以解决此问题。企业必须采取重大措施确保成本优势的持久性。同时企业不能"一叶障目",以致产品其他方面(如产品性能、质量、差异化等)情况的恶化。

四、开发成本优势的途径

成本领先战略要求一如既往地建立起高效、大规模的生产设备,在经验的基础上全力以赴地降低成本,抓紧成本与管理费用的控制,以及最大限度地减少研究开发、服务、推销、广告等方面的成本费用。为了达到这些目标,就要在管理方面对成本给予高度的重视。尽管质量、服务以及其他方面也不容忽视,但贯穿于整个战略中的思想是使成本低于竞争对手。要获得成本优势,企业价值链上的累积成本必须低于竞争对手的累积成本,达到这个目的的途径有四个。

1. 控制成本驱动因素

控制成本驱动因素是指通过对产品构成成本的各个要素进行控制和改善,以达到降低成本的目的。主要可从以下几个方面着手降低成本。

(1)规模经济或不经济。价值链上某项具体活动常常会受到规模经济或规模不经济的约束。如果某项活动的开展,规模大的比规模小的成本更低,以及如果公司能够将某些成本(如研究与开发费用)分配到更大的销售量上,那么就可以获得规模经济。对那些容易受到规模经济或规模不经济制约的活动进行敏锐的管理是节约成本的一个主要方法。

(2)学习及经验曲线效应。开展某项活动的成本可能因为经验和学习的经济性而随时间下降。

(3)关键资源的投入成本。开展价值链活动的成本部分取决于企业购买关键的资源投入所支付的成本。对于从供应商那里购买的投入或价值链活动中所消耗的资源,各个竞争厂商所承担的成本并不完全相同,一家企业对外购投入成本的管理通常是一个很重要的成本驱动因素。

(4)与企业中或行业价值链中其他活动的联系。如果一项活动的成本受到另一项活动的影响,那么,在确保相关的活动以一种协调合作的方式开展的情况下,就可以降低成本。

(5)在企业内部同其他组织单元或业务单元进行成本分享。一个企业内部的不同产品线或不同业务单元通常共同使用一个订单处理和客户账单处理系统,通常使用相同的销售力量、相同的仓储和分销设施,通常依靠相同的客户服务和技术支持队伍。这种类似活动的合并和兄弟单位之间的跨部门的资源分享可以带来重要的成本节约。成本共享有助于获得规模经济,有助于缩短掌握一项技术的学习曲线,有助于促进生产能力更充分地使用。

(6)垂直一体化对外部寻源所具有的利益。部分或全部一体化进入供应商或前向渠道联盟可以使一个企业绕开有谈判权利的供应商或购买者。如果合并或协调价值链中紧密相关的活动能够带来重大的成本节约的话,那么前向或后向一体化就有很大的潜力。相反,有时对某些职能活动进行外部寻源或业务外包,让外部的专业厂商来做或许更便宜,因为他们利用了现有技术和规模,开展这些活动的成本会更低。

(7)生产能力利用率。生产能力利用率是价值链中的一个很大的成本驱动因素,因为它本身附带了巨大的固定成本。生产能力利用率的提高可以使得承担折旧和其他固定费用的生产量扩大,从而降低单位固定成本。业务的资本密集度越高或固定成本占总成本的比重越高,这个成本驱动因素的重要性就越明显,因为生产能力利用不足就会使单位成本遭受很大的损失。在这种情况下,寻找生产运作接近年度满负荷运转的途径是获取成本优势的又一个源泉。

(8)战略选择和经营运作决策。企业内部的各种管理决策可以使得公司的成本降低或者上升。

2. 改造企业的价值链

价值链是指企业产品从开始设计到投入生产,直至最后交付到顾客手中这一整个过程中的价值增值过程。通过改造企业价值链的结构降低成本,是指通过寻找革新性的途径来改造企业价值链中的过程,省略或者跨越那些创造极少价值或成本高昂的价值活动,更经济地为顾客提供产品,以带来更大的成本优势。企业通过改造价值链来获得成本优势的主要途径有以下几个。

(1)简化产品设计,利用计算机辅助设计技术,减少零部件,将各种模型和款式的配件标准化,转向"易于制造"的设计方式。

(2)削减产品或服务的附加,只提供基本无附加的产品或服务,从而削减产品的多用途特性。

(3)转向更简单的、资本密集度更低的,或者更简便、更灵活的技术过程(计算机辅助设计和制造,既能够包容低成本效率,又能够包容产品定制性柔性制造系统)。

(4)寻找各种途径来避免使用高成本的原材料和零部件。

(5)使用"直接到达最终用户"的营销和销售策略,从而削减批发商和零售商那里通常很高的成本费用和利润。

(6)将各种设施重新布置在更靠近供应商和消费者的地方,以减少入厂和出厂成本。

(7)抛弃那种"针对每一个人"的经营方式,将核心集中在有限的产品或服务上,满足目标购买者特殊的但是却很重要的需求,以消除产品或服务中的各种变形所带来的活动和成本。

(8)再造业务流程,去掉附加价值很低的活动。

(9)利用电子通信技术,减少打印和复印成本,通过电子邮件加快通信,通过使用电视会议减少差旅成本,通过企业的内部网络来传播信息。

(10)加强客户关系管理(CRM),通过网址和网页同顾客建立联系。

3.建立注重成本的企业文化

成功的低成本企业是通过不厌其烦地寻求整个价值链上的成本节约来获得成本优势的,所以必须建立注重成本的企业文化,使节约每一分钱的观念深入人心,成为一种自觉的行动。员工广泛地参与成本控制,不断地将自己的成本同某项活动的最优秀成本展开标杆学习,深入地审查运作费用和预算要求,制定各种不断降低成本的方案。

4.实现规模经济

规模经济是指在技术水平不变时,单位产品的成本随着累计产量的增加而下降。企业可以通过兼并、市场扩张或市场营销活动来扩大规模,从而降低产品的成本。

另外,大量的实证研究表明,在给定的设备条件下,随着累计产量的上升而得到的是生产和管理经验的上升,因为熟能生巧,从而使单位成本下降。在很多行业中,累计产量每翻一番,单位成本就下降 20%。

第三节 差异化战略

【学习目标】

1. 了解差异化战略的概念;

2. 理解差异化战略的实施条件、优点与风险;

3. 掌握差异化战略的实施途径。

一、差异化战略的概念

差异化战略是企业通过对客户提供具有独特价值的产品或服务,并获取更高溢价的经营方式。企业经营的差异化表现在多个方面,如产品或服务本身、客户服务、品牌名声和渠道等。最理想的情况是公司使自己在几个方面都能与众不同,例如,卡特彼勒推土机公司不仅以其经销网络和优良的零配件供应服务著称,而且以其极为耐用的产品久负盛誉。产品质量对于大型设备至关重要,因为大型设备使用时发生故障的代价是昂贵的。需要指出的是,差异化并不意味着公司可以忽视成本,但此时成本不是公司的首要战略目标。

这种战略的指导思想是:在价值链的某些环节上,企业提供的产品与服务在产业中具有独特性,即具有与众不同的特色,这些特色可以表现在产品设计、技术特性、产品名牌、产品形象、服务方式、销售方式、促销手段等某一方面,也可以同时表现在几个方面。这种产品由于具有与众不同的特色,因而赢得一部分用户的信任,使同产业内的其他企业一时难以与之竞争,其替代品也很难在这个特定的领域与之抗衡。

总之,产品差异化使同一产业内不同企业的产品减少了可替代性,这意味着产业市场垄断因素的增强。

二、实施差异化战略的实施条件

实施差异化战略有六个条件。

(1)企业要有很强的研究开发能力。企业要具备一定数量的研发人员,要求这些研发人员要有很强的市场意识和创新眼光,及时了解客户需求,不断地在产品设计及服务中创造出独特性。

(2)企业在产品或服务上要具有领先的声望,具有很高的知名度和美誉度。

(3)企业要具有很强的市场营销能力,要使企业内部的研究开发、生产制造、市场营销等职能部门之间有很好的协调性。

(4)顾客对产品的需求与使用经常变化,企业要及时应对。

(5)行业内有多种可使产品或服务有差异化的方式或方法,且顾客认为这些差异有价值。

(6)只有少数竞争对手会采取与本企业类似的差异化行动。当企业能较迅速地实施差异化战略或竞争对手在进行模仿过程中要付出高昂的代价时,差异化战略将会获取更好的效果。

三、差异化战略的优势与风险

1. 差异化战略的优势

(1)设置进入的障碍。企业在差异化的基础上,拥有了一定的消费群体。由于产品和服务的特色,赢得了消费者群体的信任和忠诚,便为潜在竞争者设置了较高的进入障碍。潜在的竞争者若要与企业进行竞争,则要克服这种差异化所带来的独特性。

(2)降低替代品的威胁。替代品能否代替现有的产品,主要取决于两种产品的性价比。如果企业的成本领先战略可以通过价格优势提高现有产品的性价比,降低替代品的威胁,则企业的产品差异化战略同样可以通过性能优势来提高现有产品的性价比,降低替代品的威胁,在一定程度上不被替代品所代替,以保持自己的竞争地位。

(3)增强讨价还价的能力。企业具有差异化的优势,可以为企业带来较高的边际收益,增强企业对供应者讨价还价的主动性和灵活性。同样,企业差异化的优势在增强购买者对产品品牌忠诚度的同时,也降低了购买者对产品价格的敏感程度,因而削弱了购买者讨价还价的能力。

(4)保持领先的地位。企业的差异化优势主要体现在与行业内的竞争对手的比较上。企业面对日新月异的市场挑战,能不断适应市场的需求,在提供产品和服务的差异上一直领先于行业内的竞争者,拥有一批老顾客和吸引一批新的顾客群体,从而保持企业在行业内的领先地位。

2.产品差异化的风险

(1)差异化的成本过高。企业要保持产品和服务的差异化,一般情况下,都要以成本的增加为前提。因此,企业如果采用产品差异化战略不能有效控制其限度和范围,便有可能使实施产品差异化战略所取得的利润中的相当一部分被成本的上升抵消,以致造成企业利润的滑坡。

(2)竞争对手的模仿。当企业的产品和服务具有差异化的优势时,竞争对手往往会采取合法的模仿,形成与企业相似的差异化优势,给企业的经营活动造成困难。这种情况会随着产业的成熟而不断发生。尤其是企业对自己新开发的具有某种特殊功能的产品未能加以保护,更有可能被竞争对手抢先申请专利保护和抢先仿制,从而给企业造成难以预料的损失。

(3)顾客爱好的转移。一般情况下,实施差异化战略的企业,其关注点是消费群体对产品和服务的特殊需求。如果形成差异的成本高出一定的限度,超过消费群体所能接受的价格范围,便可能导致消费群体敬而远之,使原有的消费群体的爱好发生转移。这样势必影响企业的市场竞争地位。

四、实现差异化战略的途径

1.产品质量差异化

产品质量差异化是指企业向市场提供竞争对手不具有的高质量产品,通过高质高价获得比竞争对手更多的利润。例如,海尔电冰箱以开箱合格率100%的高质量进入市场,从而树立起了独特的产品质量形象。

2.产品可靠性差异化

产品可靠性差异化是与产品质量差异化相关的一种战略,其核心就是要保证企业产品的绝对可靠性,甚至在出现意外故障时,也不完全丧失其使用价值。例如,以高质量、高可靠性闻名世界的奔驰汽车公司,每年用30辆新车,以最高速度碰撞专设的钢筋混凝土水泥板,并测试车中模拟人的伤亡情况,不断提高奔驰车的安全可靠性。尽管奔驰车的售价比一般轿车高出1倍以上,但经久不衰的销售量还是给企业带来了高收益。

3.产品外观差异化

产品的外观主要表现在产品的外形设计、款式、色彩等方面。顾客接触产品,是从其外观质量再到内在质量的。外观有特色的消费类产品,往往能刺激顾客的消费欲望,使其对产品形成良好的第一印象。

4.产品销售服务差异化

服务是企业产品的延伸,包括送货上门、安装、调试、维修保证等,企业向顾客提供的产品必须通过这一层次的活动,才能使产品充分发挥其功能,受到消费者的欢迎。如果更深入地分析,就会发现顾客购买消费品所关心的实质内容是产品所提供的服务,因此企业向顾客提供的产品,应该是包括各种服务承诺的完整产品。

5. 产品创新差异化

对于一些拥有雄厚研究开发实力的高科技企业,实行以产品创新为主的差异化战略,不仅可以保持企业在科技上的领先地位,而且可以增强企业的竞争优势和获利能力。例如,日本松下电器公司研制的超薄录像机的厚度只有 20 毫米,大小相当于一本 32 开的书,使用起来方便轻巧,这种产品对技术的要求非常高,一般企业难以在短期内模仿制造。

6. 产品品牌差异化

产品品牌差异化战略就是通过创名牌产品、保名牌产品,使企业在同行业中富有竞争力。名牌产品是指具有较高知名度和较高市场占有率的产品。名牌不仅是社会对某一产品的评价,而且是对企业整体的评价。名牌是企业实力和地位的象征,一个产品一旦成为名牌,既可以给企业带来利益,也可以给国家带来荣誉。在市场竞争的条件下,名牌战略是企业进行竞争的利器和取胜的法宝,只有勇创名牌的企业才能在竞争中取得胜利。

总之,在企业经营价值链的每一个环节上,凡是能给顾客带来新价值的举措都可能带来一定的差异化优势。

第四节　集中化战略

【学习目标】
1. 了解集中化战略的概念和实施前提;
2. 理解集中化战略的优点和风险;
3. 掌握集中化战略的实施途径与形式。

一、集中化战略的概念

集中化战略强调主攻某个特定的顾客群、某产品系列的一个细分区段或某一个地区市场。低成本战略与差异化战略都要在全产业范围内实现其目标,集中化战略却是围绕着更好地满足特定目标市场这一中心建立的,它所制定的每一项职能策略都要考虑这一目的。

集中化战略有两种形式:集中成本领先和集中差异化。采取集中成本领先战略的企业寻求在目标市场上的成本优势,而实施集中差异化战略的企业则追求在目标市场上的产品差异优势。集中化战略的这两种形式都以所选择的目标市场与产业内其他细分市场的区别为基础。集中成本领先战略在一些细分市场的成本行为中发掘区别,而集中差异化战略则是开发差异化细分市场上客户的特殊需求。这些区别意味着多目标竞争者因服务多个不同的细分市场,而不能使个别细分市场的需求得到满足。因此,采取集中战略的企业可以通过专门致力于这些细分市场而获得竞争优势。

二、实施集中化战略的前提

首先,公司能够以更高的效率、更好的效果为某一狭窄的战略对象服务,从而超过在更广阔范围内经营的竞争对手。公司通过较好地满足特定对象的需要实现了差异化,或者实现了低成本,或者二者兼得。尽管从整个市场的角度看,集中战略未能取得低成本或差异化优势,但它的确在其狭窄的市场目标中获得了一种或两种优势地位。其次,目标集中于一个细分市场或一组细分市场这一做法本身并不足以获取竞争优势。选择的细分市场必须包括有不同需求的买方,或要求有一个不同于服务于其他细分市场的价值链。正是集中战略者的细分市场与其他市场间的区别,造成了目标广泛的竞争对手的次优化,并为采用集中战略的公司带来了持久的优势。

三、集中化战略的优点和风险

1. 集中化战略的优点主要表现在以下几方面

(1)经营目标集中,管理简单方便,可以集中使用企业的人、财、物等资源。

(2)深入钻研以至于精通有关的专业技术,熟悉产品的市场、用户及同行业竞争方面的情况,因此有可能提高企业的实力,争得产品及市场优势。

(3)由于生产高度专业化,因此可以达到规模经济效益,降低成本,增加收益。

这种战略适用于中小企业,能使高度集中的专业化中小企业对国民经济做出重要贡献,成为"小型巨人",即小企业采用单一产品市场战略可以以小补大、以专补缺、以精取胜,成为受大公司欢迎的为其提供配套产品的合作伙伴。

2. 集中化战略的风险

集中化战略面临的风险在以下几方面。

(1)当市场发生变化,技术创新或新的替代品出现时,该产品需求量下降,企业就会受到严重的冲击。

(2)这种企业对环境的适应能力差、经营风险大。应当看到,市场上大多数产品或迟或早终究要退出市场,因此应用此战略应当有应变的准备,做好产品的更新改造工作。

3. 集中化战略风险应对措施

企业采用集中化战略要注意防止来自三方面的风险,并采取相应措施来维护企业的竞争优势。

(1)以广泛市场为目标的竞争对手,很可能将该目标细分市场纳入其竞争范围,甚至已经在该目标细分市场中竞争,它也可能成为该细分市场的潜在进入者,造成了对企业的威胁。这时选用集中战略的企业要在产品及市场营销等各方面保持和加大其差异性,产品的差异性越大,集中战略的维持力也越强。应当指出,正由于集中战略的维持力是建立在差异性基础上的,因此,随着差异性的变化,选用集中化战略的企业的目标细分市场也应该随之做出相应的调整。

(2)该行业的其他企业也采用集中化战略,或者以更小的细分市场为目标,造成了对企业的威胁。这时选用集中化战略的企业要建立防止模仿的障碍,当然其障碍壁垒的高低取决于特定的市场细分结构。另外,目标细分市场的规模也会造成对集中战略的威胁,如果目标细分市场较小,竞争者可能不感兴趣;但如果是在一个新兴的、利润不断增长的较大的目标细分市场上采用集中化战略,其他企业就有可能在更为狭窄的目标细分市场上也采用集中化战略,开发出更为专业化的产品,从而削弱了原选用集中化战略的企业的竞争优势。

(3)集中化战略的细分市场中,因替代品或消费者偏好发生变化,价值观念更新,社会、政治、经济、法律、文化等环境的变化及技术的突破和创新等方面的原因引起目标细分市场的替代,导致市场结构性变化,此时集中化战略的优势也将随之消失。

四、集中化战略实施途径与形式

1. 集中化战略的途径

企业实施集中化战略的关键是选好战略目标。企业要尽可能地选择那些竞争对手最薄弱的目标和最容易受替代产品冲击的目标。在选择目标之前,企业必须确认以下几点。

(1)购买群体在需求上存在差异。

(2)在企业的目标市场上,没有其他竞争对手试图采用集中战略。

(3)企业的目标市场在市场容量、成长速度、获利能力、竞争强度方面具有相对的吸引力。

(4)本企业的资源实力有限,不能追求更大的目标市场。

2. 集中化战略的形式

集中化战略一般有两种形式,即成本集中和差异化集中。这两种形式的集中都是面向企业选定一个特定细分市场,具体有以下几种形式。

(1)产品线的集中战略。对于产品开发和工艺装备成本较高的行业,部分企业可以产品线的某一部分作为经营重点。例如,日本汽车厂商一直将经营重点放在节能小汽车的生产和销售上,而我国的民营企业万向集团则始终以生产汽车产品的零配件万向节为主。

(2)用户集中化战略。企业将经营重点放在特殊需求的顾客群上。例如,当美国耐克公司基本控制跑鞋市场时,阿迪达斯公司则集中力量开发符合 12～17 岁青少年需要的运动鞋,以同耐克竞争。

(3)地区集中战略。企业按照地区的消费习惯和特点来细分市场。企业选择部分地区有针对性地组织生产。例如,青岛海信公司针对农村市场电压不稳定而生产的宽电压电视机,提高了企业的农村市场占有率;海尔公司则根据西南地区农民用洗衣机洗地瓜的特点,开发出既可以洗衣服又可洗地瓜的洗衣机,都是实施的地区集中战略。

实　　训

【实训指导】

训练项目 11.1:研究一家企业竞争战略案例,分析其如何运用成本领先战略。

训练项目 11.2:研究一家企业竞争战略案例,分析其如何运用差异化战略。

训练项目 11.3:选择一家企业竞争战略案例,分析其如何运用集中化战略。

【实训目标】

1. 使学生理解企业竞争战略使用条件。

2. 掌握企业竞争战略实施途径。

【实训内容与组织】

1. 学生自愿组成小组，每组 3～5 人。
2. 组长负责成员的分工与任务的具体安排。

【成果与检测】

1. 书面报告或发言稿。
2. 在班级进行交流，每个小组推荐 1 个人进行介绍。
3. 由教师对学生评估打分。

习　　　题

一、简答题

1. 简述创业企业战略的特征。
2. 简述三层次企业战略。
3. 简述企业核心竞争力的构成。
4. 简述实施成本领先战略的条件。
5. 简述实施差异化战略的条件。
6. 简述实施集中化战略的条件。

二、论述题

1. 创业者如何制定企业发展战略？
2. 成本领先战略的实施途径是什么？
3. 集中化战略的实施途径是什么？
4. 差异化战略的实施途径是什么？

第十二章　创业企业成长管理

【案例导入】

陈天桥退出盛大游戏：一个网游王朝的落幕

如果给中国互联网排个英雄谱的话，陈天桥绝对处于排名靠前的位置。自1999年创立盛大集团开始，陈天桥一直不乏大手笔的操作，尤其是2005年网游免费战略的推出堪称神来之笔。不过现在陈天桥似乎失去了对网游的兴趣。据盛大游戏公告，盛大互动娱乐公司将其所持有的股权全部转让给中银绒业和亿利盛达投资控股公司，其不再持有盛大游戏任何股份，而盛大网络董事长兼CEO陈天桥也正式退出盛大游戏董事会席位，并辞去盛大游戏董事长及其他相关职务。

正所谓成也网游，败也网游。陈天桥虽然依靠网游起家，但其野心是希望打造一个互联网娱乐帝国。无论是早年收购起点，试图入主新浪，推出盒子计划，还是并购酷6，盛大一直努力依托网游构建一个互联网娱乐帝国。一方面这能够分散网游业务的风险，另外一方面能够为网游业务提供多途径的入口。但除了收购起点算得上成功，其他操作或限于种种原因未能成功实施，或未达到预期目的。更重要的是，目前网游面临的环境也出现了大的变化，手游成了业界新宠，而盛大在此方面也失去先机，所以陈天桥的退出也算是无奈之举吧。

陈天桥退出的另一个原因在于资本市场的失意。虽然盛大网游成功登陆纳斯达克，但网游股在美国估值一直不高。因为美国资本市场认为网游与电影一样，产品存在较大的不确定性，强大如迪士尼推出的产品，有像《冰雪奇缘》那样赚得盆满钵满的片子，也有像《异星战场》那样亏得什么都不剩的作品，所以网游股在美国市盈率一般都在10倍以下。而在中国这又是另一番景象，几乎所有涉及网游概念的股票市盈率都是几十倍乃至上百倍，所以盛大、巨人等网游股纷纷私有化并谋求国内上市。因此，陈天桥的退出也有明修栈道，暗度陈仓的意味。

陈天桥退出盛大后将专注于资本投资。在BAT三巨头开始砸钱"买买买"的时候，创业貌似只是后辈的事情，大佬有资本积累，靠投资反而能更快地积累财富。事实上，BAT那样的产业投资尚能鼓舞创业者，而陈天桥这类财务投资，可能给予创业者的只是"钱多"的快感。风投机构已经很多了，陈天桥再去转型金融，这不能不说是一种遗憾。

资料来源：https://games.qq.com/a/20141210/033615.htm

第一节 企业成长规律

【学习目标】

1. 了解新企业成长面临的主要挑战、企业成长各阶段的关键问题；

2. 理解格雷纳的五阶段成长模型、爱迪思十阶段成长模型；

3. 掌握企业成长各阶段管理重点。

对于创业者，要想将新创企业做久、做强，需要掌握企业成长客观规律，预见和处理企业特定阶段面临的挑战，推动企业持续健康成长。

一、新企业成长面临的主要挑战

新创企业成长一定会面临很多挑战，比如创业者只注重创新技术而忽视市场因素极有可能造成技术创新风险，创业企业缺少企业持续成长需要的资金燃料，等等。一般而言，主要有三个方面的挑战。

1. 不确定性

创业企业成长面临的最大挑战是不确定性。新企业创建意味着组织的创立和诞生，这是企业生命周期中最危险、失败率最高的阶段。因为从外部环境到内部条件，新企业都面临极大不确定性。从外部环境看，新企业的生存和发展受到顾客、政府管制、技术、供应商等各种不确定力量的影响，面临是否具有"合法性"（Legitimacy）问题。所谓合法性，是指在特定社会系统内对一个实体的行动是否合乎期望以及恰当性、合适性的一般认识和假定，包括管制合法性、规范合法性和认知合法性。从内部条件看，新创企业能否健康成长还受到团队合力、员工状况、执行力、文化等各种因素的影响，而这些内部因素对一个新创企业来说就构成了极大不确定性。

2. 复杂性

伴随着企业的成长，新创企业会吸引各种组织的注意力，需要与越来越多的顾客及供应商建立关系。同时，新创企业需要更多的员工和资金，企业内部的管理工作似乎变得多且复杂，需要更好的管理制度和内部流程，但创业者常常会"救火式"地应付各种工作和部门之间的协调配合。总之，新创企业快速成长会增加企业整体管理的复杂性。

企业的快速成长吸引了众多的竞争对手，改变了行业内的竞争状况。行业内的大企业可以凭借资金、技术优势，并依靠其固有的销售网络等条件向成长中的中小企业发起挑战。众多竞争对手的加入使顾客及供应商具有更多的选择，提高了顾客及供应商的竞价能力，这迫使成长中的中小企业不得不调整市场战略以赢得新顾客和维持顾客，快速进行地域扩张，而地域扩张会受到各地文化、法律和市场环境的影响。这些情况都增加了企业活动所面临的不确定性，进而使企业面临的经营环境变得更加复杂。

3. 新进入缺陷

新进入缺陷(Liability of Newness)这一概念最早由斯汀科姆(Stinchcombe)于 1965 年提出,指新创企业刚成立时存在功能缺陷,包括初始资源匮乏,没有深思熟虑的发展战略,组织体系和管理结构尚未建立,外部影响力弱,等等,类似于新生儿因刚出生没有发育齐全而出现的功能障碍或缺陷。斯汀科姆总结指出,产生新进入缺陷有四个方面的原因。

(1)新企业需要承担更多的企业内部和外部的新角色、新任务。在新角色到位和任务执行期间,新企业容易犯大错误,因而需要一定的学习成本,尤其是某些创新程度很高的新企业,没有现成的样板可以参考和借鉴,新企业必须摸索,并开展试验,导致"学费"可能更高。

(2)新企业缺乏行业经验和稳定的客户。为了获得尽可能好的绩效,需要界定企业的新角色、建立内外部关系和制定薪酬体系,但这需要花费很大的精力和较多时间,并且会出现冲突和暂时无效率的问题。而创造新的岗位和方法来运作新企业,可能会受到现有的创造力和资源的制约,这就影响了新企业业绩表现的稳定性。

(3)新企业的成员往往都是由新人组成的,成员之间的信任基础较为薄弱,进而会影响员工为了适应新企业价值体系、组织目标和行为规范而调整自己态度与行为的学习过程。此外,一个新的组织和外部环境中的组织打交道,就像两个陌生人之间开始交往一样,这使得新企业的交易成本非常高昂。

(4)当新企业刚开始运作的时候,往往与顾客、供应商等利益相关者尚未确立稳定的联系,不易与已有固定资源关系的既有企业展开竞争。

归纳起来,缺乏稳定的企业内部流程和建立企业内部流程高昂的成本是新进入缺陷的根源,这些缺陷导致新企业在社会筛选过程中同既有企业相比处于明显劣势。

二、企业成长的一般规律

关于企业成长规律的研究,经济学界和管理学界都取得了丰硕的研究成果,提出了企业生命周期理论。该理论认为,如同人的寿命一样,企业的创建和成长过程也存在生命周期规律。各个学者结合企业实践提出了许多企业生命周期模型,对企业成长所经历的阶段以及各阶段的特征予以不同的划分和描述。这些理论对于创业者学习掌握企业成长规律、提高企业成长管理能力具有重要意义。在此,重点介绍两个最具代表和影响力的企业成长模型:拉里•格雷纳(Larry E•Greiner)的五阶段成长模型和伊查克•爱迪思(Ichak Adizes)十阶段成长模型。

1. 格雷纳的五阶段成长模型

哈佛大学教授拉里•格雷纳提出企业成长五阶段成长模型,认为企业每个阶段都由前期演进和后期的变革或危机部分组成。这些变革和危机加速了企业向下一阶段的跃进。每个阶段的演进期都有其独特的管理方式,而变革期则由公司面临的居支配地位的管理问题形成。该模型概述了组织成长的五个阶段,见图 12-1。

第一阶段:通过创造力推动企业成长。指企业开创期通过创业者激发的好创意、想法,生产一个好的产品,服务于某一个市场,从而使企业得到成长。但是,因创意而成长的企业,到了一定阶段,会面临缺乏领导的危机。因为从零开始的创业者,一般都身先士卒、事必躬亲。但是,创业者忽视了指导别人怎么干,指导别人如何成长,企业一切以"人治"为主,缺乏领导和管理,组织内部的运行机制尚未形成。

第二阶段:通过指导推动企业成长。企业成长的第一阶段遇到了缺乏领导的危机,如果创业者能通过改变领导作风度过这个危机的话,企业就继续成长到第二阶段。在这个阶段,企业需要具有较高专业造诣、能力很强的专业经理,创业者不应整天忙于具体业务,而是应从具体事务中解脱出来,成为教练,即分配一些时间用来指导培训员工如何做事,如何做人,如何管人管事。但是,此阶段后期会面临企业自主自立权危机,即管理规范、流程复杂、控制严格、经理强势,导致员工自主空间很少,只会做事,不会决策,人才外流严重。

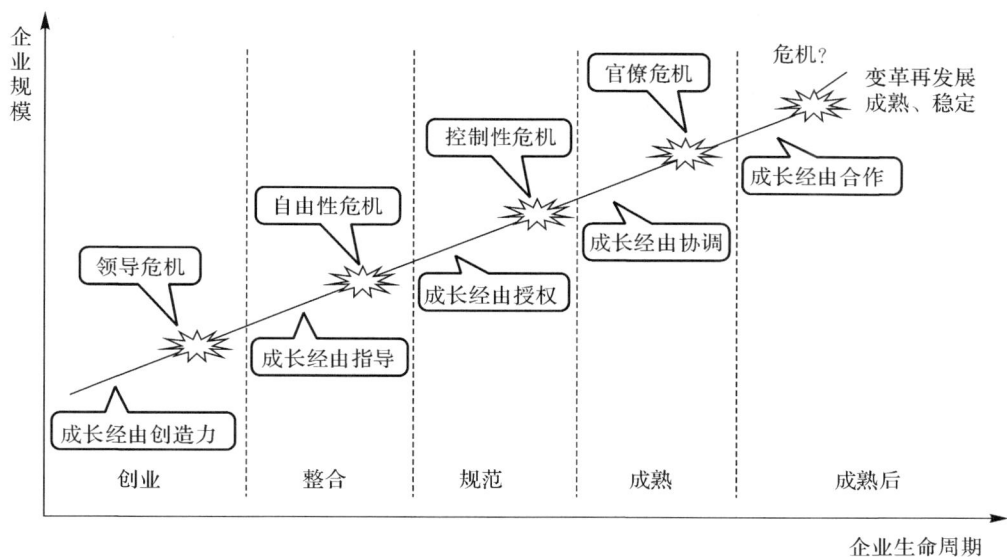

图 12-1　格雷纳的五阶段成长模型

第三阶段:通过授权推动企业成长。这个阶段企业通过授权给予员工足够的决策空间,不需要每一件事情都请示老板怎么做,员工获得很大的自主权,从而推动了企业的成长。但是,随着授权的发展,很快又会出现新的危机。授权导致了企业的各位经理各行其是,各部门或分公司拥兵自重,出现山头主义、各自为主的局面。企业面临缺乏控制的危机,这种危机导致企业大而不强,企业的整体竞争力无法有效提升。

第四阶段:通过协调推动企业成长。面对第三阶段公司面临的缺乏控制的危机,在第四阶段企业需要开展综合的管理改革,理顺经营机制,对组织进行变革。比如,增加协调部门,以便各部门、各分公司的资源和工作能协调一致,统筹安排。同时,管理层要优化战略、流程和费用控制来制约授权带来的失控。如果这些协调工作做好了,企业将因协调成功而继续成长。但是,企业因协调成长到一定阶段的时候,一般又会出现官僚危机。这种官僚作风表现在各部门只是简单照章行事,不负责任,只顾局部利益,不顾全局利益。比如,有些问题部门就可以解决,但却要等到整个系统去协调解决;有些事情下面就可以做决定,偏要等到上面开会协调,这样底下的人就可以完全不负责任。

第五阶段:通过合作推动企业成长。企业遇到官僚危机的时候,就需要通过合作来解决问题。管理层要推动内部的精诚团结,加强部门之间的合作,培养学习型组织。当然,随着企业的成长,还会面临新的危机,企业需要不断变革。

格雷纳的成长模型显示,在企业成长的过程中,往往推动企业在现阶段成长的动力又是阻碍企业在下一阶段进一步成长的最大障碍。因此能否突破这种阻碍是企业能否进入下一阶段而达到成长目的的关键。通过对那些生死攸关因素的变革,企业可以获得再次发展的新生。这种通过演进和变革相互作用的成长历程是该模型的主要特征之一。

2. 爱迪思的十阶段成长模型

在众多的企业生命周期模型中,爱迪思提出的阶段划分最为细致(见图 12-2),在理论界和实践界有着广泛的影响。爱迪思在《企业生命周期》一书中把企业的成长过程划分为成长和老化两大阶段,共 10 个时期,其中成长阶段从孕育期开始,经历婴儿期、学步期、青春期、盛年期,直到稳定期。稳定期是企业成长的巅峰,到达这一时期后,往往意味着企业进入老化阶段,企业的老化阶段一般要经历贵族期、官僚期,然后进入死亡期。

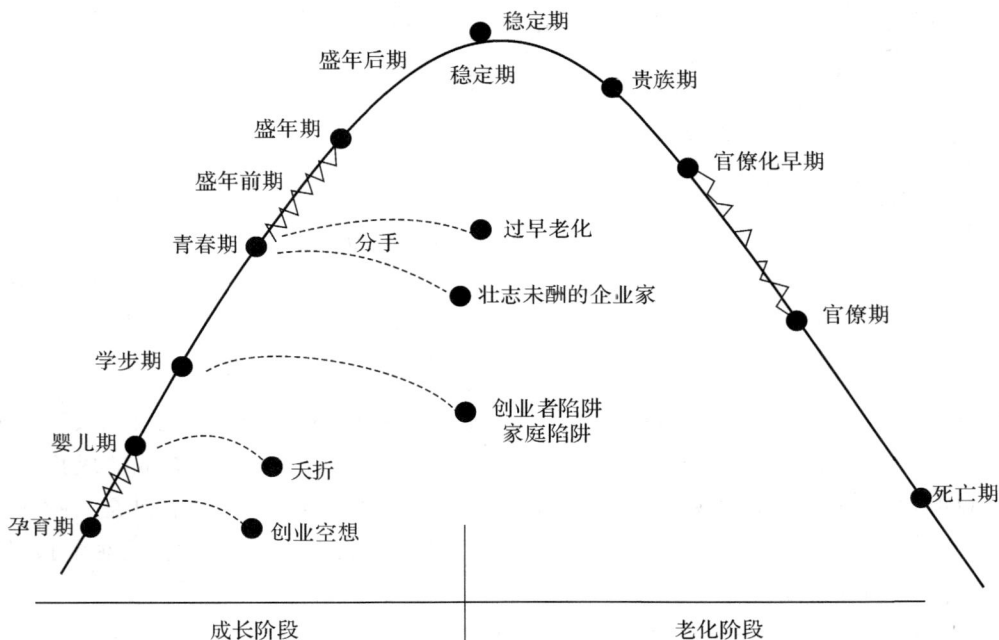

图 12-2 爱迪思的十阶段成长模型

资料来源:伊查克·爱迪思. 企业生命周期[M]. 北京:中国社会科学出版社,1977.

在生命周期的不同阶段,企业存在不同的问题,有其特殊性(见表 12-1)。每一个阶段向另一个阶段转换时,问题就产生了。为了学会新的行为模式,企业就必须放弃旧的行为模式。当企业努力从旧的行为模式转变到新的行为模式时,企业的各种问题都是正常的。企业凭借自己内在的能量就可以解决正常性的问题,不正常问题则需要外部干预。企业成长意味着具备了处理更大、更复杂问题的能力。创业家的职责就是对企业进行管理,使之能够进入下一个更富有挑战性的生命阶段,将企业引向盛年,并延长盛年期。

表 12-1　企业成长阶段各时期特点

时　　期	特　　点
孕育期	企业尚未诞生,仅仅是一种创业意图
婴儿期	行动导向,机会驱动,因此缺乏规章制度和经营方针;表现不稳定,易受挫折,管理工作受危机左右;不存在授权,管理上唱的是独角戏;创业者成为企业生存的关键
学步期	企业已经克服现金入不敷出的困难局面,销售节节上升,企业表现出快速成长的势头。但企业仍是机会优先,被动的销售导向,缺乏连续性和重点,因人设事
青春期	企业得以脱离创业者的影响,并借助职权的授予、领导风格的改变和企业目标的替换而再生。"老人"与新来者之间、创业者与专业管理人员之间、创业者与公司之间、集体目标与个人目标之间的冲突是这一时期的主要问题
盛年期	企业的制度和组织结构能够充分发挥作用;视野的开拓与创造力的发挥已制度化;注重成果,企业能够满足顾客需求;能够制订并贯彻落实计划;无论从销售还是盈利能力来讲,企业都能承受增长所带来的压力;企业分化出新的婴儿企业,衍生出新的事业
稳定期	企业依然强健,但开始丧失灵活性。表现为对成长的期望值不高;不努力占领市场和获取新技术;对构筑发展愿景失去了兴趣,对人际关系的兴趣超过了对冒险创新的兴趣
贵族期	大量的资金投入到控制系统、福利措施和一般设备上;强调的是做事的方式,而不问所做的内容和原因;内部缺乏创新,企业把兼并其他企业作为获取新的产品和市场的手段;资金充裕,成为潜在的被并购的对象
官僚期	强调是谁造成了问题,而不去关注应该采取什么补救措施;冲突和内讧层出不穷;注意力集中到内部的争斗,忘记了顾客
死亡期	制度繁多,行之无效;与世隔绝,只关心资金;没有把握变化的意识;顾客必须想种种办法,绕过或打通层层关节才能与之有效地打交道

资料来源:张玉利,薛红志,陈寒松,等.创业管理[M].4版.北京:机械工业出版社,2017.

第二节　企业成长的危机管理

【学习目标】

1. 了解危机管理概念、危机处理的技巧;

2. 理解创业初期危机管理的主要内容;

3.掌握危机预防的五种方式。

商海行船,不可能一帆风顺,或有惊涛骇浪,或遇暗礁险滩。对于企业来说,危机无时不在。创业企业更是如此,必须充分认识危机管理的重要性。

一、危机管理概念

危机管理是企业为应对各种危机情境所进行的规划决策、动态调整、化解处理及员工培训等活动过程,其目的在于消除或降低危机所带来的威胁和损失。

危机本身既包含了导致失败的根源,又蕴藏着成功的种子。实际上,企业发生危机,是企业面临危险与机遇的分水岭。危机是一种挑战,是对企业管理素质的考验和挑战。出色的企业管理者可以使濒临绝境的企业转危为安,从危机中找到商机。

斯蒂文·芬克的危机生命周期理论(也称为 F 模型)认为,危机因子从出现到处理结束的过程中,有四个显著阶段:第一阶段是征兆期(Prodromal),线索显示有潜在的危机可能发生;第二阶段是发作期(Breakout or Acute),具有伤害性的事件发生并引发危机;第三阶段是延续期(Chronic),危机的影响持续,同时也是努力清除危机的过程;第四阶段是痊愈期(Resolution),危机事件已经解决。

二、危机预防

俗话讲:"防火胜于救火,防灾胜于救灾。"危机管理最有效的措施是危机的预防。如果危机处于征兆期就把它化解掉,企业就可以避免损失。总的来说,危机预防有以下五种方式。

1.加强自我诊断

企业诊断是从繁杂的咨询服务中分离出来的,对企业经营活动进行全面诊断,提出改进方案。企业诊断分自我诊断和委托专家诊断,通常是两种结合起来使用。

企业进行自我诊断主要根据两点:一是看结果与年度目标的差异,不论是没有完成目标还是超额完成,如果差异大,那就要进行差异分析,看是什么原因造成的,从而采取相应措施;二是针对不在计划之内的突发的事件、问题,主要采取"5W1H"(Who、Where、When、What、Why、How)模式来探讨和分析情况,并着手解决。

但很多时候,企业自己既是病人又充当医生,容易产生"误诊"。所以当企业觉得"身体不适"时,尤其是情况较为严重时应当聘请外部的诊断机构和咨询机构来为自己做诊断。通常包括三个阶段:一是对企业经营状况进行调查研究;二是提出改善企业经营的具体方案;三是指导企业实施诊断方案。创业企业常常没有资金聘请外部专业机构来做诊断,主要依靠创业团队的自我摸索和诊断。当创业企业引入天使投资人或者 VC(创业资本)机构后,可以免费获得这些经验丰富的投资人的诊断和建议。

2.建立危机预警系统

市场是变化的,但也是有规律的。一切事物在变化之前肯定有前兆,创业者要学会细致、敏锐和持之以恒地观察和发现异常,由此捕捉危机事件的征兆,并对这些征兆信号进行分析和判断,及时进行必要的防范,确保企业的某些薄弱环节不至于转变为危机。这一阶段的危机管理工作最突出的就是信息管理。企业危机信息系统就是要求企业在历史数据及对市场客观判断的基础上,对未来市场做出预测和分析。为了使企业决策层和大多数员工在危机始发时能更快、更准确地做出反应,企业必须建立一套预警系统来帮助创业团队和员工应急准备,以应付危机的发生,防患于未然。

3. 凝聚人心的企业文化

同样的危机,有的公司是同仇敌忾,而有的公司却是树倒猢狲散,这就是企业文化在危机管理中的体现。尤其是创业企业,未来不确定性大,面临危机和困难的可能性大,需要所有团队成员和员工齐心协力、同舟共济。如果在企业文化中没有凝聚人心的文化导向,一旦发生危机,并不是危机使企业倒下,而是企业自己让自己倒下了。

4. 加强内部控制

控制就是检查企业日常工作是否按既定的计划标准和方法进行,发现偏差,分析原因,进行纠正,以确保组织目标的实现。对于新创企业,要特别注意对以下三方面的内部控制:成本控制、业务流程控制和风险控制。

5. 变革管理

企业发展永远处在多变的环境当中,科技日新月异,全球化、信息化等因素时时都在驱动企业进行变革。企业通过变革管理,成功地让公司脱胎换骨,以主动应战来规避危机,这是常见的手段。

三、危机处理

危机事件往往时间紧,影响面大,处理难度高。因此,危机处理过程中要注意以下事项。

(1)沉着镇静。危机发生后,当事人要保持镇静,采取有效的措施隔离危机,不让事态继续蔓延,并迅速找出危机发生的原因。

(2)策略得当。即选择适当的危机处理策略。

1)危机中止策略。企业要根据危机发展的趋势,审时度势,主动中止承担某种危机损失。例如,关闭亏损工厂、部门,停止生产滞销产品。

2)危机隔离策略。由于危机发生往往具有关联效应,一种危机处理不当,就会引发另一种危机。因此,当某一危机产生之后,企业应迅速采取措施,切断危机同企业其他经营领域的联系,及时将爆发的危机予以隔离,以防扩散。

3)危机利用策略。即在综合考虑危机的危害程度之后,造成有利于企业某方面利益的结果。例如,在市场疲软的情况下,有些企业不是忙着推销、降价,而是眼睛向内,利用危机造成的危机感,发动职工提合理化建议,搞技术革新,降低生产成本,开发新产品。

4)危机排除策略。即采取措施,消除危机。消除危机的措施按其性质分有工程物理法和员工行为法。工程物理法以物质措施排除危机,如投资建新工厂、购置新设备,来改变生产经营方向,提高生产效益。员工行为法是通过公司文化、行为规范来提高士气,激发员工创造性。

5)危机分担策略。即将危机承受主体由企业单一承受变为由多个主体共同承受。如采用合资经营、合作经营、发行股票等办法,由合作者和股东来分担企业危机。

6)避强就弱策略。由于危机损害程度强弱有别,在危机一时不能根除的情况下,要选择危机损害小的策略。

(3)应变迅速。以最快的速度启动危机应变计划。应刻不容缓,果断行动,力求在危机损害扩大之前控制住危机。如果初期反应滞后,就会造成危机蔓延和扩大。

（4）着眼长远。危机处理中,应更多地关注公众和消费者的利益,关注公司的长远利益,而不仅仅是短期利益。应尽量为受到危机影响的公众减少或弥补损失,维护企业良好的公众形象。

（5）信息通畅。建立有效的信息传播系统,做好危机发生后的传播沟通工作,争取新闻界的理解与合作,这也是妥善处理危机的关键环节,主要应做好以下工作:一是掌握宣传报道的主动权,通过召开新闻发布会以及使用互联网、电话传真等多种媒介,向社会公众和其他利益相关人及时、具体、准确地告知危机发生的时间、地点、原因、现状,公司的应对措施等相关的和可以公开的信息,以避免小道消息满天飞和谣言四起而引起误导与恐慌。二是统一信息传播的口径,对技术性、专业性较强的问题,在传播中尽量使用清晰和不产生歧义的语言,以避免出现猜忌和流言。三是设立24小时开通的危机处理信息中心,随时接受媒体和公众访问。四是要慎重选择新闻发言人。正式发言人一般可以安排主要负责人担任,因为他们能够准确回答有关企业危机的各方面情况。如果危机涉及技术问题,就应当由分管技术的负责人来回答。如果涉及法律,那么,企业法律顾问可能就是最好的发言人。新闻发言人应遵循公开、坦诚、负责的原则,以低姿态、富有同情心和亲和力的态度来表达歉意,表明立场,说明公司的应对措施。对不清楚的问题,应主动表示会尽早提供答案。对无法提供的信息,应礼貌地表示无法告之并说明原因。

（6）要善于利用权威机构在公众心目中的良好形象。为增强公众对企业的信赖感,可邀请权威机构（如政府主管部门、质检部门、公关公司）和新闻媒体参与调查和处理危机。

（7）危机的善后总结。危机总结是整个危机管理的最后环节。危机所造成的巨大损失会给企业带来必要的教训。所以,对危机管理进行认真系统的总结十分必要。危机总结可分为四个步骤:第一,调查。指对危机发生原因和相关预防处理的全部措施进行系统调查。第二,评价。指对危机管理工作进行全面的评价,包括对预警系统的组织和工作内容,危机应变计划,危机决策和处理等各方面的评价,要详尽地列出危机管理工作中存在的各种问题。第三,整改。指对危机管理中存在的各种问题综合归类,分别提出整改措施,并责成有关部门逐项落实,以免重蹈覆辙。第四,危机恢复管理。针对危机处理过程中发现的问题,开展一系列的企业形象恢复管理活动,改变公众对企业的印象并增加其对企业未来的信息。

四、初创企业的危机管理

在企业不同的成长阶段,所面对的外部环境和内部条件不同,企业可能遭遇的危机是不同的。处在初创期的企业,犹如一个婴儿,生命还很脆弱,会面临各种足以让企业夭折的危机。

1. 初创企业面对的危机

初创企业面临的危机总体上讲,主要表现为生存危机。此时,如果对市场的潜在需求判断失误,就可能造成战略制定不当,导致战略危机;如果产品缺乏有效的市场基础还可能引发技术创新危机;一旦融资出现困难,很可能导致财务危机;而如果团队成员之间产生分歧,可能导致团队和人才危机等。

总之,企业初创期的关键是生存,而生存的关键是吸纳顾客、开发市场。初创企业必须在某一个细分市场中有所建树,把产品或服务卖出去,或者获得大量的用户。从这个意义上说,市场拓展危机是初创期企业面临的最大危机。

2.初创企业的生存危机管理

理想很丰满,现实很骨感。创业者在设计商业模式、描绘事业前景及预测市场销售的时候,都会过于乐观。由于新企业所提供的产品或服务,对市场而言是陌生的,消费者能否接受新产品或服务具有极大的不确定性。如果创业者调动了各种资源,采取了各类销售攻势,但是新创企业的销售业绩仍达不到目标,甚至无法支持企业维持最低运转水平的现金流,那么此时初创企业可能就面临市场危机了。化解危机的办法如下。

(1)用创业激情点燃美好愿景。创业企业面临很多不确定性,创业道路充满荆棘,可能遭遇的危机一次又一次,需要创业者把明确的价值观、美好的愿景,用热力四射的激情描绘出来,用百倍的精神力量感染团队和员工为企业愿景持之以恒地坚持和努力工作。创业者面临的市场危机可能是因为消费者对新产品或服务有一个接受过程,市场还没有培育成熟,需要冷静地观察等待。"大浪淘沙,剩者为王",创业者要凭借不朽的信念坚持到最后,足智远谋,不在乎一时一事的得失,用激情最终点燃美好愿景。

(2)建立市场监测及策略调整机制。在积累了市场开拓的经验后,新创企业的创业团队必定会随着外部环境和内部资源条件的变化修正最初的设想,创业企业刚性的市场营销系统必然会受到内外部环境负面的反馈。因此,为了避免市场拓展危机,创业者需要建立市场监测及策略调整机制,即在企业运营过程中定期重复分析市场,保持对关键市场信号的敏感度,结合产品试销推广阶段反馈,不断试错,不断调整先期制定的市场策略。

(3)放弃及等待策略。"有所为有所不为"这句话不仅大公司在进行多元化战略时需要时刻牢记,新创企业在选择业务内容时也可以作为参考。如果新创企业清楚自己提供的产品或服务不仅与短期市场需求不符,而且与三五年内的市场需求也不可能接轨,那么就有必要终止对现有产品或服务的人力、物力和财力的投入;如果新创企业能够确定现有产品短期内不符合市场需求,但不能判断出三五年是否能适应市场的变化,那么暂时停止或大幅减少对现有产品或服务的投入,等待市场趋势的明朗不失为一种理性的选择。

(4)与强者联合规避市场风险。新创企业在创业实践过程中还会遇到一种情况,那就是虽然短期内市场对它们提供的产品或服务的需求不够明显,但是经过一定时间的投入和培育,消费者的需求就会被唤起。当然,需求被唤起之后,企业的经营业绩取决于当时的经营实力和资源情况。在这种背景下,借助行业中强势企业的力量,借船出海,是最为有效、便捷的方法之一。

第三节　创业企业文化的塑造

【学习目标】

1.了解企业文化的概念;

2.理解创业企业文化塑造要素和目标;

3.掌握创业企业文化塑造的核心内容。

当一个企业刚开始只有几个人的时候,实际上靠的更多的不是管理,也不是文化,而是老板的个人魅力和员工的个人能力;当企业发展到几十人,上百人的时候,单凭老板的个人魅力已经越来越感到吃力了,这个时候,企业制度管理的作用就发挥出来了;但到了几百人、上千人,甚至更大规模的时候,老板的个人魅力、制度管理等都有了不同程度的局限性,这时企业文化的作用就能充分展示出来了。所以，有一句话："小企业看老板，中企业看制度，大企业看文化"，是有道理的。在新的历史发展阶段，创业企业文化对于推动经济发展以及如何进一步改善创业环境、倡导有效的创业企业文化具有重要意义。

一、什么是企业文化

企业文化属于与一个社会的整体文化、宏观文化相对应的亚文化、微观文化的范畴，主要是指企业在自己的历史发展中，在长期的生产、建设、经营、管理实践中逐步培育形成的、占主导地位的，并为全体员工所认同和遵守的共同的价值观、制度规范、行为和作风等的总和。

创业企业文化不仅是一种意识，而且是一种统一的意识，是一种能够区别其他企业而特有的标致性的统一的意识，只有这样的企业文化才是真正的企业文化。企业文化对企业员工和企业经营业绩产生巨大的作用，特别是当市场竞争激烈的时候更是如此，这种文化的影响甚至大于企业管理研究和经营策略研究的文献中经常出现的那些作用因素——经营策略、企业组织结构、企业管理体制、企业财务分析手段以及企业管理领导艺术等。

企业文化渗透于企业的一切活动之中，又超脱于企业的一切活动之上。企业发展的灵魂是企业文化，塑造积极健康、向上的企业文化，就等于企业有了源源不断的发展动力。企业培育属于自己的企业文化，是一个长期的、艰苦的过程，必须有新的思路、新的方法，必须有助于实施顾客关心的核心价值，令竞争对手难以模仿，以促进企业进一步发展。

二、创业企业文化的塑造要素

随着企业的发展，构建和培育先进的、独特的企业文化成为创业者关注的问题。企业文化已成为各企业寻求长期共存、永久发展的理念。一个企业要永远向前发展，必须要有自己的企业文化、理念和行动纲领。企业文化建设是企业的长期行为，靠短期突击不能奏效。企业在建设企业文化的过程中，首先要科学地确定企业文化的内容，充实它的构成，同时宣传倡导，贯彻落实，积极强化，持之以恒。企业文化像一面旗帜，指引着企业和每一个员工的行动方向。

塑造创业企业文化由种子要素、催化要素、品质化要素、物质化要素及习俗化要素五大要素组成。

1. 种子要素

种子要素是指企业的价值观。企业精神是企业价值观的核心，它是企业在长期的生产经营活动中逐步形成的，并经过企业家有意识的概括、总结、提炼而得到确立的思想成果和精神力量。企业精神这一概念本身就是把企业人格化了，它是企业传统、经历、文化和企业领导人的管理哲学共同孕育的，集中体现了一个企业独特的、鲜明的经营思想和个性风格，反映着企业的信念和追求，也是企业群体意识的集中体现。企业精神具有号召力、凝聚力和向心力，是一个企业最宝贵的经营优势和精神财富。

2. 催化要素

催化要素是指企业的教育培训及规章制度。对于任何种子要素来说，它的价值观、精神境界、理想追求，如仅仅是个人头脑中的思想，它实际上并没有作为种子要素发挥作用。它们必须展示出来，充分地推广开来，变成全体员工认同的群体意识，才能作为企业文化的种子要素，真正发挥作用。

3. 品质化要素

品质化要素是指存在于员工中的各种要素,如文明素养、道德素养等,也指员工中普遍牢固树立的各种意识,如自主意识、参与意识、协调意识、集体意识、服务意识、质量意识、顾客意识、竞争意识、创新意识。品质化要素是种子要素在催化要素的作用下,在每个员工心中萌发、生成的过程,也是价值观念、精神境界、理想追求的认同过程,是一个长期、潜移默化的过程,是一个宣传与灌输的过程。

4. 物质化要素

物质化要素是指企业文化形成过程中使人们的思想激情转化为热情的行动,创造出能够体现出自己理想追求的物质产品。这就是精神转化为物质,精神是一种动力,物质的产生使企业有较好的经济效益,从量变到质变,推动了企业的发展,从而促进物质文明和精神文明共同发展。

5. 习俗化要素

习俗化要素是指企业的习惯、传统、仪式等。仪式是会议、奖励、庆典等在一定文化背景下人们可以普遍接受的方式,和习惯紧密相连的程序。企业需要各种各样的仪式来传播和维护企业文化,将隐形的企业文化通过有形的物质形态表现出来,积极强化企业习俗和礼仪等各项行为,同时充分挖掘和发挥内部员工的积极性,为企业注入活力,如年度庆典、年终奖等。

三、创业企业文化塑造的目标

企业文化的塑造必须把握以下四个方面。

1. 切合实际

企业文化的塑造没有模式可抄,它需要针对企业的"高矮胖瘦"来"量体裁衣"。一方面要切合企业的价值观,根据企业自身的特点选择合适的文化模式,同时把握好价值体系与其他文化要素之间的协调性,使企业核心价值观能够体现企业的宗旨、管理战略和发展方向。另一方面要强化员工对企业文化的认同感,并准确反映员工的心态,使企业文化被员工认可、接纳和遵循。

2. 突出重点

许多企业原有文化不足的一点就是泛泛而谈,缺乏重点。要提升企业文化,一定要明晰重点。企业以盈利为目的,企业文化也应包含功利性的目的,即哪些方面可以提高企业经营管理水平,提升企业效益,增进企业竞争力,这些方面就是思考与企业文化结合,并成为提升企业文化的重点。如"顾客满意第一"的企业文化,就是为了服务顾客、取悦顾客,为企业赢得效益。

3. 领先一步

提升企业文化既不能好高骛远,制定出不切实际的方略,又不能故步自封,缺乏发展眼光,而应该像给青年选大一号的衣服一样,既合身又留有余地,既适合企业现实情况,又为企业的发展与文化的配备融合留有一定的发展空间。所以,企业文化要有前瞻性,要适度地领先。

4. 巩固发展

企业要生存发展、要做强做大,应树立"建百年企业"的理想。例如 GE 公司经过几十年不断地分析归纳、提炼定格,形成了如"憎恨官僚主义"等独特的企业文化,以成就了 GE 的强盛不衰。企业提升文化,也应该在"建百年企业"的理想的基础上,为今后一段时间的事业进步与发展提供理论指导和精神支持。同时,还要针对内外环境不断变化,对企业文化进行相应的调整更新、丰富发展,以适合"百年大计"的企业文化。

四、创业企业文化塑造的核心内容

企业文化都能为企业提供源源不断的竞争力。企业文化作为核心能力,应该至少具备两个特点:第一,该企业文化能为企业带来持续发展的竞争力;第二,该企业文化具有足够的独特性。成功的企业都有自己的企业文化,在培育企业文化时要注重以下核心内容。

1. 创新文化

创新是永恒的主题。在企业文化中,创新的地位无疑是重要的。创新包括对现有的束缚企业发展的机制进行改革,包括改变企业的用人方式,包括在企业经营管理中不断地总结提高等。创新,要在管理上、技术上和制度上创新。

(1)管理创新。对于任何一个企业来讲,都没有一个固定不变的模式,当今社会处于一个科技产业和信息产业迅猛发展的时代,这就要求企业管理工作也要相应跟着发生根本的变化,企业经营决策、人事管理、质量管理、知识管理、财务管理、销售管理、技能管理等都要跟着发生相应的变革和创新。

(2)技术创新。技术创新是企业形成竞争优势的关键,哪个企业拥有领先的核心技术,该企业就向成功迈了一大步。

(3)制度创新。制度创新是企业文化的重要内容,培育创新的企业文化,同样需要制度不断创新。如民营企业大多是家族企业,为了适应现代企业管理的需要,凡是具有一定规模的民营企业,都应该从自身的实际出发,从壮大自身力量、强化竞争力着手,走公司制的道路,这是民营企业制度创新的方向所在。

2. 以人为本的管理文化

企业文化是指在企业生存和发展过程中所体现出来的人与人之间的关系,以及公认的价值观和行为准则。企业之间的竞争在于人才之间的竞争,在当今的竞争社会,谁拥有了人才,谁就拥有了与竞争对手相抗衡的资本。现代企业管理的一个最重要的特征就是重视人的作用,强调以人为本的管理思想。以人为本的管理思想,并不是简单地以某个人或某群人为本,而是以员工、顾客和社会公众为本,将三者有机结合起来,充分考虑企业在三者之间的位置;不是简单地以物质鼓励为本,而是以塑造人、培养人为本,既为人才提供发展机遇,也为企业培养有用之才;不是以短期重视人才为本,而是以长期重视人才为本。从最开始的"人治"进化到"法制",然后走向"人本管理",让员工在潜移默化中去接受企业、赞同企业、维护企业。

3. 服务文化

服务文化是一种鼓励优质服务的文化。拥有这种文化的企业可以为内部顾客、外部顾客提供相同的服务,组织中的每个人都将为外部顾客提供优质服务视为最基本的生活方式和最重要的价值之一。强有力的服务文化可以让员工具有清晰的行为规范,以正确的方式服务,并持续以恰当的方式处理各种情况,当顾客有预料之外的需求时,员工可以清楚地知道如何服务。员工在认可企业的服务文化后,他们就不会轻易地退出,顾客也会对服务感到满意。员工跳槽率下降,服务导向的价值观和积极的服务态度就越有可能传递到组织中的新人身上。服务文化的建设不可能一蹴而就,需要坚持不断、协调一致的努力,培养服务文化,把组织从旧的运作方式转变为新的方式,并把这种服务导向的文化维护下去。通常企业给顾客留下的好印象容易淡化,而坏印象却能深深印记。失去一个顾客不多,但当企业做强做大时,失去的就可能是十个、百个、千个顾客,从而失去企业赖以生存的基础。服务文化是企业文化提升的重点,必须常抓不懈。

4. 危机文化

一将功成万骨枯,市场竞争如大浪淘沙。今天,企业面临的竞争更加剧烈,国内大企业开始发难,要挤压中小型企业,挤占市场份额,而国外的企业巨头也虎视眈眈,越来越多"鲇鱼"加入中国趋于饱和的"游泳池"市场。企业要生存,不能成为金枪鱼,只能成为鲇鱼;企业要发展,一定要成为富有竞争力的大鲇鱼。优胜劣汰,弱肉强食,企业要在危机感中,在忧患意识下,不断鞭策、激励自己,顽强地生存,积极发展。

5. 学习文化

企业要获得成功,必须成为学习型组织。"木桶理论"说明了一个道理:企业中素质最低的员工一定程度上代表了整个企业的水平。所以,要构建学习型的企业文化,改善薄弱环节,促进企业员工综合素质的提高,进而提高企业的竞争力,增强企业的生命力。

实　　训

【实训指导】

训练项目 12.1:研究一家企业成长案例,用格雷纳模型或爱迪思模型分析。
训练项目 12.2:研究一家企业危机案例,分析其如何进行危机管理,度过难关。
训练项目 12.3:选择一家知名的企业,分析其如何塑造企业文化。

【实训目标】

1. 使学生理解企业成长规律。
2. 掌握企业危机管理基本方法。
3. 掌握企业文化塑造基本方法。

【实训内容与组织】

1. 学生自愿组成小组,每组 3～5 人。
2. 组长负责成员的分工与任务的具体安排。

【成果与检测】

1. 书面报告或发言稿。
2. 在班级进行交流,每个小组推荐 1 个人进行介绍。
3. 由教师对学生评估打分。

习　题

一、简答题

1. 简述企业成长各阶段的特点。
2. 简述格雷纳模型。
3. 简述爱迪思模型。
4. 简述创业企业文化塑造的核心内容。

二、论述题

1. 新创企业成长面临的主要挑战有哪些？
2. 新创企业如何进行危机管理？
3. 如何预防创业危机？

第十三章　新企业创立的法律法规

【案例导入】

职业经理人的创业之路

王向荣,职业经理人,从事医药行业运作近 10 年,经朋友介绍,加盟北京康仁医药公司(以下简称"康仁公司"),被任命为负债医药项目的总经理。经过 3 个月的市场磨合,王向荣率领的团队在半年之后,就成为医药市场的一匹黑马,业内侧目。

然后逐渐地,职业经理人与老板之间的矛盾开始凸显,王向荣离开了公司,出去创立了自己的公司——北京康达医药公司(以下简称"康达公司")。康达公司的公司机制与康仁公司很是雷同,各大部门主管与行政人员,有的是从康仁公司带过来的,有的是市场另行招聘的。

康达公司的策略基本上就是复制康仁公司的成功之路。康达公司的营销策略都是在康仁公司的基础上有针对性地予以改进,如建立省级代理商方面,康达公司在全国以省级为单位,设立各大省级区域经理,下辖各市县级代理经销商,康仁公司只对省代负责,省代对市县代负责。产品选择上,康达公司在市场上寻找康仁公司现在正在操作的品种如法炮制,在原来客情关系的基础上,加大广告支持的力度。通路上,康达公司按原来王向荣的操作手法,在占有一线城市市场的同时,通路向全国二三线市场与第三终端倾斜,可轻松实现盈利。

各种市场营销策略都制定并顺利实施,1 个月过去了,全国市场铺货率达 30%,回款额500 万;2 个月过去了,全国市场铺货率达 50%,回款额 800 万;6 个月过去了,全国市场铺货率停滞不前,回款额也低于 500 万。康达公司在半年之内,几乎倾其所有,回款仍不足以支持公司全国的运营费用,利润率更是免谈。

王向荣每天忙于公司宏观层面的事情,对于微观的市场操作,没有及时地跟进监督,因此,对于目前的现状一时也难以把握其命脉。

王向荣决定改革,撤掉一些办事不力的大区经理,更换一些代理经销商,对基层业务一线人员进行清理后另行再聘。在改革的两个月时间里,原来开辟的市场逐渐萎缩,市场回款额每况愈下,随着资金链的断裂,康达公司起家时的一些信用债务也陆续出现危机,财务吃紧,人心涣散,康达公司陷入举步维艰的地步,最后宣布倒闭了。

资料来源:https://club.1688.com/threadview/33909881.html

第一节　新创企业的法律组织形式

【学习目标】

1. 了解个体工商户的法律组织形式;

2．了解个人独资企业的法律组织形式；

3．掌握合伙企业、有限责任公司的法律组织形式。

在市场经济条件下，企业是法律上和经济上独立的经济实体。任何一个企业都要依法建立。投资人在创建一个企业时，都面临企业的法律形式选择问题。企业的法律形式分为三种：个人独资企业、合伙企业、公司制企业。

创业者新创办的企业一般都是小型企业，从工商部门的统计数据来看，个体工商户、个人独资企业、合伙企业、有限责任公司四种法律形式是我国当前创办企业最常见的企业法律形式。对于大学生创业，登记注册的企业法律形式基本上也就以上四种。

一、个体工商户

公民在法律允许的范围内，依法经核准登记，从事工商业活动的为个体工商户。个体工商户的字号名称在申请登记管辖机关范围内同一行业中不得重名。个体工商户的字号名称一般应体现所属行业，字号名称前冠以区县地点，直接冠市名的须经市级工商行政管理部门核准后方可使用。个体工商户可以个人经营，也可以家庭经营。个人经营的，以个人全部财产承担民事责任；家庭经营的，以家庭全部财产承担民事责任。除以上形式外，个体工商户也可以个人合伙形式经营，即由两个以上公民自愿组成，共同出资，共同劳动经营，但从业人数不得超过8 人。

1．法律特征

个体工商户是从事工商业经营的自然人或家庭。自然人或以个人为单位，或以家庭为单位从事工商业经营，均为个体工商户。根据法律有关政策，可以申请个体工商户经营的主要是城镇待业青年、社会闲散人员和农村村民。此外，国家机关干部、企事业单位职工，不能申请从事个体工商业经营。

自然人从事个体工商业经营必须依法核准登记。个体工商户的登记机关是县以上工商行政管理机关。个体工商户经核准登记，取得营业执照后，才可以开始经营。个体工商户转业、合并、变更登记事项或歇业，也应办理登记手续。个体工商户只能经营法律、政策允许个体经营的行业。

2．设立条件

《个体工商户条例》（国务院令第596 号）规定，有经营能力的国内城乡居民以及国家政策允许的其他人员，如中国香港、澳门居民可以申请从事个体工商业经营，依法经核准登记后为个体工商户。

3．经营范围

个体工商户可以经营工业、手工业、建筑业、交通运输业、商业、饮食业、服务业、修理业及其他行业。

二、个人独资企业

个人独资企业是指依照《中华人民共和国个人独资企业法》（以下简称《个人独资企业法》）规定，在中国境内设立，由一个自然人投资，财产为投资人个人所有，投资人以其个人财产对企业债务承担无限责任的经营实体。

1. 法律特征

在组织结构形式上，个人独资企业是由个人创办的独资企业，其投资者是一个自然人。国家机关、国家授权投资机构或国家授权的部门、企业、事业单位等都不能作为个人独资企业的设立人。

在责任形态上，投资者个人以其个人财产对企业债务承担无限责任。投资人若以家庭共同财产作为个人投资的，以家庭共有财产对企业债务承担无限责任。这是个人独资企业区别于有限责任公司和股份有限公司等企业形式的基本特征。

从性质上看，个人独资企业是非法人企业。个人独资企业没有独立的资产，企业的财产就是投资人的财产，企业的责任就是投资人的责任。因此，个人独资企业无独立承担民事责任的能力。个人独资企业虽然不具备法人资格，但能够以自己的名义从事民事活动。

2. 设立条件

(1)投资人为一个自然人，而且只能是中国公民。

(2)有合法的企业名称。个人独资企业不能使用"有限""有限责任"或"公司"字样。个人独资企业的名称可以是厂、店、部、中心、工作室等。

(3)有投资人申报的出资。设立个人独资企业，投资人可以用货币出资，也可以用实物、土地使用权、知识产权或其他财产权利出资。以家庭共同财产作为个人出资的，投资人应当在设立登记申请书上予以说明。

(4)有固定的生产经营场所和必要的生产经营条件。

(5)有必要的从业人员。

3. 经营方式

经营方式是指经登记机关核准登记的个人独资企业经营活动所采用的方式或方法。一般有自产自销、代购代销、来料加工、来样加工、来件装配、零售、批发、批零兼营、客运服务、货运服务、代客储运、装卸、修理服务、咨询服务等。代理销售、连锁经营是新产生的经营方式。国家允许个体工商户和私营企业采取的经营方式，个人独资企业均可以采用。

4. 可以从事的业务行业

个人独资企业是私营企业，凡是个体工商户和私营企业可以从事的行业，个人独资企业均可从事；凡是国家禁止个体工商户和私营企业从事的行业、经营的商品，个人独资企业也不得从事和经营。个体工商户和私营企业可以从事的行业有工业、商业、交通运输业、建筑业、饮食服务业、修理业、科技咨询以及文化娱乐业等，个人独资企业也可以从事这些行业。国家有关法律、行政法规规定，个体工商户和私营企业不得从事下列行业：军工业、邮电通信业、铁路运输业、金融保险业等，个人独资企业也不可以从事这些行业。

5. 个人独资企业对投资人的限制

根据《个人独资企业法》规定，法官、检察官、警察、公务员、现役军人不能作为个人独资企业投资人。

6. 对投资人出资的规定

个人独资企业是无限责任形式的企业，企业投资人不仅要以其出资对企业承担责任，还要以个人的其他财产承担无限责任。《个人独资企业法》规定，设立个人独资企业应当有投资人申报的出资。个人独资企业的出资额由投资人自愿申报,投资人不必向登记机关出具验资证明,登记机关也不审核投资人的出资是否实际缴付。个人独资企业投资人应当在申请设立时明确是以个人财产出资还是以其家庭财产作为个人出资。

三、合伙企业

合伙企业是指依照《中华人民共和国合伙企业法》在中国境内设立的,由各合伙人订立合伙协议,共同出资、合伙经营、共享收益、共担风险,并对合伙企业债务承担无限连带责任的营利性组织。

1. 合伙企业的主要特征

合伙企业以合伙协议作为成立的法律基础。合伙协议是调整合伙关系、规范合伙人相互权利义务、处理合伙纠纷的基本法律依据,对全体合伙人具有约束力,是合伙得以成立的法律基础。

合伙企业须由全体合伙人共同出资,合伙经营。出资是合伙人的基本义务,也是其取得合伙人资格的前提条件。合伙人必须合伙参与经营活动,从事具有经济利益的营业行为。

合伙人共负盈亏,共担风险,对外承担无限连带责任。合伙人既可以按其对合伙企业的出资比例分享合伙盈利,也可按合伙人其他办法来分配合伙盈利。当合伙企业财产不足以清偿合伙债务时,合伙人还需要以其他个人财产清偿债务,即承担无限责任,而且任何一个合伙人都有义务清偿全部合伙债务,即承担连带责任。

合伙制企业的数量不如个人独资企业和公司制企业多,一般在广告、商标、咨询、会计师事务所、法律事务所、股票经纪人、零售商业等行业较为常见。

2. 合伙企业的设立条件

(1)有两个以上的合伙人,并且都是依法承担无限责任者。人数上限没有限定。合伙人只能是自然人,不能是法人。

(2)有书面合伙协议。合伙协议应当载明的事项有:合伙企业的名称和主要经营场所的地点;合伙目的及合伙企业的经营范围;合伙人的姓名及其住所;合伙人出资的方式、数额和缴付出资的期限;合伙企业的解散与清算;违约责任。

(3)有各合伙人实际缴付的出资。可以是货币、实物、土地使用权、知识产权或其他财产权利出资,甚至可以用劳务出资。对出资的评估作价可以由合伙人协商确定,无需验资。

(4)有合伙企业名称。合伙企业在其名称中不得使用"有限"或者"有限责任"字样。

(5)有经营场所和从事合伙经营的必要条件。

四、有限责任公司

有限责任公司是指股东以其出资额为限对公司承担责任,公司以其全部资产对公司的债务承担责任的法人企业。

股份有限公司由于注册资本要求较高,且需经省级改府部门的批准,不为一般的创业者所采用。合伙或个人独资公司因创业者需承担无限责任,选择这两种企业形式的也较少。有限责任公司内部的法律关系界定得比较清楚,规范起来也相对容易,企业以注册资本对外承担责任,投资者不负连带责任。因此,有限责任公司是绝大多数创业者所乐于采用的组织形式。有限责任公司的介绍具体见本章第二节。表 13 - 1 列出了几种不同形式的公司间的对比,供参考。

表 13 - 1　几种企业法律组织形式的对比

组织形式	有限责任公司	合伙企业	个人独资企业
法律依据	公司法	合伙企业法	个人独资企业法
法律基础	公司章程	合伙协议	非法人经营主体
法律地位	企业法人	非法人营利性组织	非法人经营主体
责任形式	有限责任	无限连带责任	无限责任
投资者	无特别要求,自然人皆可	完全民事行为能力的自然人,法律、行政法规禁止从事营利活动的人除外	完全民事行为能力的自然人,法律、行政法规禁止从事营利活动的人除外
注册资本	不再限制公司设立时股东(发起人)的首次出资比例	协议约定	投资者申报
出资方式	法定:货币、实物、工业产权、非专利技术、土地使用权	约定:货币、实物、土地使用权、知识产权或其他财产权利、劳务	投资者申报
出资评估	必须委托评估机构	可协商确定或评估	投资者决定
财产权性质	法人财产权	合伙人共同共有	投资者个人所有
出资转让	股东过半数同意	一致同意	可继承
经营主体	股东不一定参加经营	合伙人共同经营	投资者或其委托人
事务决定权	股东会	全体合伙人或从约定	投资者个人
事务执行	公司机关、一般股东无权代表	合伙人权利同等	投资者或其委托人
利亏分担	投资比例	约定,未约定则均分	投资者个人
解散程序	注销并公告	注销	注销
解散后义务	无	五年内承担责任	五年内承担责任

第二节　法人制度与公司治理结构

【学习目标】

1. 掌握法人人格的概念与特征;

2. 了解法人人格制度的作用;

3. 理解公司治理结构的含义、作用，能合理选择公司治理结构；

4. 重点掌握有限责任公司的公司治理结构。

法人是具有民事权利能力和民事行为能力，依法独立享有民事权利和承担民事义务的组织。按不同标准，对法人可以作不同的分类。大陆法系与英美法系对法人的分类有所不同。《中华人民共和国民法通则》将法人分为企业法人、机关法人、社会团体法人、事业单位法人。本节中将重点介绍企业法人。

一、法人人格制度

1. 法人人格的概念与特征

所谓人格，是民事权利主体的资格。法人人格是指公司作为法人具有的独立人格，即能以法人自己的名义独立进行民事活动，享有民事权利和承担民事义务，并以法人自己的独立的财产承担民事责任的法律资格。

法人人格具有以下法律特征（以有限公司和股份公司为视角）：

(1)法人是独立于其成员的法律实体。这是法人人格的最基本内容。

(2)法人具有独立的权利能力和行为能力。

(3)法人财产与其成员财产相分离。公司具有独立财产是法人人格不可或缺的要素和标志之一。

(4)法人独立责任与成员有限责任。即公司对其自身的债务负责，其成员仅以其出资额为限对公司负责。

2. 有限责任

有限责任是法人人格制度的核心。正是这种公司成员承担有限责任和公司独立责任使法人人格得到了充分体现，被誉为现代公司制度的基石。有限责任包含两个层面：一是法人内部，股东以其出资额或股份为限对企业债务承担有限责任；二是法人外部，法人以其全部资产为限对企业债务承担有限责任。

3. 法人人格制度的作用

法人人格制度具有以下积极作用：

(1)赋予公司以权利能力，排除公司股东个人意志的干预，使公司能便捷地参与法律关系，为股东谋取利益。

(2)成为公司债权人与股东之间的一道屏障或面纱，并将二者隔开。债权人的债权只能以公司的财产为总担保，通常不能直接追索到公司面纱背后的股东。在此意义上，股东承担有限责任。

(3)使债权人明确地知道交易对象及交易风险的大小，从而自由地做出选择，并对法人人格完善与否进行监督。

法人人格制度本是调节股东利益与债权人利益的平衡器，但实际运作的结果却往往使本应平衡的法人人格制度中的利益体系向股东或控制股东一方倾斜。其原因如下：法人人格制度的本质在于股东和公司的人格完全分离，但事实上，股东和公司的人格并不能完全地分离。尤其在"资本多数决"的原则下，大股东极易将公司作为交易的工具，只追求其自身利益的无限满足，影响了法人人格的独立；法人人格制度中隐藏着一种道德风险，即将风险经营所产生的成本转移给债权人。这在企业资本不充分时，而使无辜的非自愿债权人承担投资人从事风险经营损失时表现得尤为明显。

4. 法人人格否认制度

公司法人人格否认制度在英、美、法国家被称为"揭开公司面纱""刺破公司的面罩"，德国称为"直索理论"，日本称为"法人人格形骸化理论""透视理论"。它是指当公司的法人人格被公司的股东滥用时，为阻止公司独立人格的滥用和保护公司债权人利益及社会公共利益，法院基于公平正义的价值理念，根据具体法律关系中的特定事实，可否认公司与其背后的股东各自独立的人格及股东的有限责任，令股东对公司债权人或公共利益直接负责，对公司法人的债务承担连带责任的一种法律制度。

二、公司治理结构

1. 公司治理结构的含义

公司治理结构（Corporate Governance Structure），或称法人治理结构，是一种对公司进行管理和控制的体系，是指由所有者、董事会和高级执行人员即高级经理三者组成的一种组织结构。现代企业制度区别于传统企业的根本点在于所有权和经营权的分离，或称所有与控制的分离，从而需要在所有者和经营者之间形成一种相互制衡的机制，用以对企业进行管理和控制。现代企业中的公司治理结构正是这样一种协调股东和其他利益相关者关系的一种机制，它涉及激励与约束等多方面的内容。简单地说，公司治理结构就是处理企业各种契约关系的一种制度。例如，董事会、经理层、股东和其他利害相关者的责任和权利分布，而且明确了决策公司事务时所应遵循的规则和程序。公司治理的核心是在所有权和经营权分离的条件下，由于所有者和经营者的利益不一致而产生的委托——代理关系。公司治理的目标是降低代理成本，使所有者不干预公司的日常经营，同时又保证经理层能以股东的利益和公司的利润最大化为目标。建立公司治理结构的目的在于提高整个公司的效率。

2. 公司治理结构的作用

公司治理结构要解决以下涉及公司成败的三个基本问题：

（1）如何保证投资者（股东）的投资回报，即协调股东与企业的利益关系。在所有权与经营权分离的情况下，由于股权分散，股东有可能失去控制权，企业被内部人（即管理者）所控制。这时控制了企业的内部人有可能做出违背股东利益的决策，侵犯了股东的利益。这种情况引起投资者不愿投资或股东"用脚表决"的后果，会有损于企业的长期发展。公司治理结构正是要从制度上保证所有者（股东）的控制与利益。

（2）企业内各利益集团的关系协调。这包括对经理层与其他员工的激励，以及对高层管理者的制约。这个问题的解决有助于处理企业各集团的利益关系，又可以避免因高管决策失误给企业造成的不利影响。

（3）提高企业自身抗风险能力。随着企业的发展不断加速，企业规模不断扩大，企业中股东与企业的利益关系、企业内各利益集团的关系、企业与其他企业关系以及企业与政府的关系将越来越复杂，发展风险增加，尤其是法律风险。合理的公司治理结构，能有效缓解各利益关系的冲突，增强企业自身的抗风险能力。

3. 公司治理结构的选择

西方的公司治理结构通常有英美模式、欧洲大陆模式等。英美重视个人主义的不同思想，在企业中的组织以平等的个人契约为基础。股份有限公司制度制定了这样一套合乎逻辑的形态，即依据契约向作为剩余利益的要求权者并承担经营风险的股东付与一定的企业支配权，使企业在股东的治理下运营，这种模式可称为股东治理模式。它的特点是公司的目标仅为股东利益服务，其财务目标是"单一"的，即股东利益最大化。

在股东治理结构模式下，股东作为物质资本的投入者，享受着至高无上的权力。它可以通过建立对经营者行为进行激励和约束的机制，使其为实现股东利益最大化而努力工作。但是，由于经营者有着不同于所有者的利益主体，在所有权与控制权分离的情况下，经营者有控制企业的权利。在这种情况下，若信息非对称，经营者会通过增加消费性支出来损害所有者利益，至于债权人、企业职工及其他利益相关者会因不直接参与或控制企业经营和管理，其权益也必然受到一定的侵害，这就为经营者谋求个人利益最大化创造了条件。日本和欧洲大陆尊重人和，在企业的经营中，提倡集体主义，注重劳资的协调，与英美形成鲜明对比。在现代市场经济条件下，企业的目标并非唯一地追求股东利益的最大化。企业的本质是系列契约关系的总和，是由企业所有者、经营者、债权人、职工、消费者、供应商组成的契约网，契约本身所内含的各利益主体的平等化和独立化，要求公司治理结构的主体之间应该是平等、独立的关系，契约网触及的各方称为利益相关者，企业的效率就是建立在这些利益相关者基础之上。为了实现企业整体效率，企业不仅要重视股东利益，而且要考虑其他利益主体的利益，需要一个采取不同方式的对经营者的监控体系。具体讲就是，在董事会、监事会当中，要有股东以外的利益相关者代表，其目的旨在发挥利益相关者的作用。这种模式可称为共同治理模式。

1999年5月，由29个发达国家组成的经济合作与发展组织（OECD），正式通过了其制定的《公司治理结构原则》，它是第一个政府间为公司治理结构开发出的国际标准，并得到国际社会的积极响应。该原则旨在为各国政府部门制定有关公司治理结构的法律和监管制度框架提供参考，也为证券交易所、投资者、公司和参与者提供指导，它代表了OECD成员国对于建立良好公司治理结构共同基础的考虑。

（1）公司治理结构框架应当维护股东的权利。

（2）公司治理结构框架应当确保包括小股东和外国股东在内的全体股东受到平等的待遇；如果股东的权利受到损害，他们应有机会得到补偿。

（3）公司治理结构框架应当确认利益相关者的合法权利，并且鼓励公司和利益相关者为创造财富和工作机会以及为保持企业财务健全而积极地进行合作。

（4）公司治理结构框架应当保证及时、准确地披露与公司有关的任何重大问题，包括财务状况、经营状况、所有权状况和公司治理状况的信息。

（5）公司治理结构框架应确保董事会对公司的战略性指导和对管理人员的有效监督，并确保董事会对公司和股东负责。

从以上几点可以看出，这些原则是建立在不同公司治理结构基础之上的，该原则充分考虑了各个利益相关者在公司治理结构中的作用，认识到一个公司的竞争力和最终成功是利益相关者协同作用的结果，是来自不同资源提供者特别是包括职工在内的贡献。

实际上，一个成功的公司治理结构模式并非仅限于股东治理或共同治理，而是吸收了二者的优点，并考虑本公司环境，不断修改优化而成的。当然，这并不否认公司治理结构理论上的分类。

三、有限责任公司的公司治理结构

有限责任公司的治理结构是指有限责任公司内部权力分配的一种法律形式,即"三会一总"的框架结构,这是法人公司最常见的、法定的组织机构并立形式。"三会"分别为股东会、监事会、董事会。股东会是公司最高权力机构,选举产生董事会成员和监事会成员,是非常设机构;董事会是公司日常权力执行机构,是常设机构;监事会是公司监督机构,也是常设机构。在董事会的领导下,设立总经理一职,向董事会负责,主要从事公司的日常经营管理。

1. 股东会

公司股东依法享有资产收益、参与重大决策和选择管理者等权利。股东按照实缴的出资比例分取红利,公司新增资本时,股东有权优先按照实缴的出资比例认缴出资。但是,全体股东约定不按照出资比例分取红利或者不按照出资比例优先认缴出资的除外。股东有权查阅、复制公司章程、股东会会议记录、董事会会议决议、监事会会议决议和财务会计报告、公司账簿。有限责任公司股东会由股东组成,股东会是公司的权利机构,依照《中华人民共和国公司法》(以下简称《公司法》)行使职权。

按照《公司法》相关规定,股东会可行使下列职权:

(1)决定公司的经营方针和投资计划;

(2)选举和更换非由职工代表担任的董事、监事,决定有关董事、监事的报酬事项;

(3)审议批准董事会的报告;

(4)审议批准监事会或者监事的报告;

(5)审议批准公司的年度财务预算方案、决算方案;

(6)审议批准公司的利润分配方案和弥补亏损方案;

(7)对公司增加或者减少注册资本做出决议;

(8)对发行公司债券做出决议;

(9)对公司合并、分立、变更公司形式、解散和清算等事项做出决议;

(10)修改公司章程;

(11)公司章程规定的其他职权。对前款所列事项股东以书面形式一致表示同意的,可以不召开股东会会议,直接做出决定,并由全体股东在决定文件上签名、盖章。

2. 董事会

有限责任公司董事会,按照《公司法》相关规定,其成员为3~13人。有限责任公司董事会成员中可以有公司职工代表。董事会中的职工代表由公司职工通过职工代表大会、职工大会或者其他形式民主选举产生。董事会设立董事长1人,可以设副董事长。董事长、副董事长的产生办法由公司章程规定。股东人数较少或者规模较小的有限责任公司,可以设一名执行董事,不设立董事会。执行董事可以兼任公司经理。执行董事的职权由公司章程规定。董事会决议的表决,实行一人一票制。

按照《公司法》相关规定,董事会对股东会负责,行使下列职权:

(1)召集股东会会议,并向股东会报告工作;

（2）执行股东会的决议；

（3）决定公司的经营计划和投资方案；

（4）制定公司的年度财务预算方案、决算方案；

（5）制定公司的利润分配方案和弥补亏损方案；

（6）制定公司增加或者减少注册资本以及发行公司债券的方案；

（7）制定公司合并、分立、变更公司形式、解散的方案；

（8）决定公司内部管理机构的设置；

（9）决定聘任或者解聘公司经理及其报酬事项，并根据经理的提名决定聘任或者解聘公司副经理、财务负责人及其报酬事项；

（10）制定公司的基本管理制度；

（11）公司章程规定的其他职权。

3. 监事会

按照《公司法》相关规定，有限责任公司设立监事会，其成员不得少于三人。股东人数较少或者规模较小的有限责任公司，可以设 1～2 名监事，不设立监事会。监事会应当包括股东代表和适当比例的公司职工代表，其中职工代表的比例不得低于 1/3，具体比例由公司章程规定。监事会中的职工代表由公司职工通过职工代表大会、职工大会或者其他形式民主选举产生。监事会设主席一人，由全体监事过半数选举产生。董事、高级管理人员不得兼任监事。

按照公司法相关规定，监事会和不设监事会的公司可行使下列职权：

（1）检查公司财务；

（2）对董事、高级管理人员执行公司职务的行为进行监督，对违反法律、行政法规、公司章程或者股东会决议的董事、高级管理人员提出罢免的建议；

（3）当董事、高级管理人员的行为损害公司的利益时，要求董事、高级管理人员予以纠正；

（4）提议召开临时股东会会议，在董事会不履行《公司法》规定召集和主持股东会会议职责时召集和主持股东会会议；

（5）向股东会会议提出提案；

（6）依照《公司法》第一百五十二条规定，对董事、高级管理人员提起诉讼；

（7）公司章程规定的其他职权。监事可以列席董事会会议，并对董事会决议事项提出质询或者建议。监事会、不设监事会的公司的监事发现公司经营情况异常，可以进行调查，必要时，可以聘请会计事务所等协助其工作，费用由公司承担。

4. 经理

按照《公司法》相关规定，有限责任公司可以设经理，由董事会决定聘任或者解聘。经理对董事会负责，行使下列职权：

（1）主持公司的生产经营管理工作，组织实施董事会决议；

（2）组织实施公司年度经营计划和投资方案；

（3）拟定公司内部管理机构设置方案；

（4）拟定公司的基本管理制度；

（5）制定公司的具体规章；

(6)提请聘任或者解聘公司副经理、财务负责人；

(7)决定聘任或者解聘除应由董事会决定聘任或者解聘以外的负责管理人员；

(8)董事会授予的其他职权，如公司章程对经理职权另有规定的，则从其规定。经理列席董事会会议。

5. 公司董事、监事、高级管理人员的任职资格

按照公司法相关规定，有下列情形之一的，不得担任公司的董事、监事、高级管理人员。

(1)无民事行为能力或者限制民事行为能力。

(2)因贪污、贿赂、侵占财产、挪用财产或者破坏社会主义市场经济秩序，被判处刑罚，执行期满未逾五年，或者因犯罪被剥夺政治权利，执行期满未逾五年。

(3)担任破产清算的公司、企业的董事或者厂长、经理，对该公司、企业的破产负有个人责任的，自该公司、企业破产清算完结之日起未逾三年。

(4)担任因违法被吊销营业执照、责令关闭的公司、企业的法定代表人，并负有个人责任的，自公司被吊销营业执照之日起未逾三年。

(5)个人所负数额较大的债务到期未清偿。

第三节　新创企业的注册登记流程

【学习目标】

1. 了解新创企业的注册登记流程；

2. 掌握工商登记需要准备的材料。

进行工商注册登记是开办企业的法定程序。只有依照程序进行工商注册登记，企业经营活动才是合法的，才能受到法律保护。随便开店办厂，属于非法经营。创办者应当主动到当地工商管理局注册分局办理工商注册手续。

一、公司核名（1~3 个工作日）

需要准备材料：

(1)填写《企业名称核准登记表》，3~5 个备用，到工商局上网（工商局内部网）核查是否有重名，如果有重名，则名称不能使用。

(2)全体投资人签署的《商事主体名称预先核准申请书》。

(3)全体投资人签署的《指定代表或者共同委托代理人的证明》及指定代表或者共同委托代理人的身份证件复印件。

(4)应标明指定代表或者共同委托代理人的权限、授权期限。

(5)投资者的资格证明或者自然人的身份证明。

(6)法律、法规、规章规定应当提交的其他有关文件。

(7)确定公司注册资本（认缴制，不需要验资），约定认缴期限 30 年。

(8)确立公司经营范围；查询经营范围入口。

(9)市工商局终审领取《名称预先核准通知书》。

(10)组织机构代码证原件及复印件。

(11)房屋租赁合同(印花税贴右上角注销)复印件。

二、办理工商登记设立 (6～8 个工作日)

需要准备材料：

(1)公司法定代表人签署的"公司设立登记申请书"；

(2)董事会签署的"指定代表或者共同委托代理人的证明"；

(3)由发起人签署或由会议主持人和出席会议的董事签字的股东大会或者创立大会会议记录(募集设立的提交)；

(4)全体发起人签署或者全体董事签字的公司章程；

(5)自然人身份证复印件；

(6)董事、监事和经理的任职文件及身份证复印件；

(7)法定代表人任职文件及身份证复印件；

(8)住所使用证明；

(9)"企业名称预先核准通知书"。

三、篆刻公司印章(1 个工作日)

需要准备材料：

1.营业执照副本原件及复印件；

2.法人身份证原件及复印件；

3.委托人身份证原件及复印件。

需要篆刻的印章：

1.企业公章；

2.企业财务章；

3.企业法定代表人个人印鉴。

之后在办理其他相关程序时,一定要带企业篆刻的公章、财务章、法人个人印鉴。

四、办理企业组织机构代码证 (3～5 个工作日)

需要准备材料：

1.营业执照副本原件及复印件；

2.企业法人身份证原件及复印件；

3.经办人身份证原件及复印件；

4.企业公章。

五、办理税务登记证 (5～6 个工作日)

需要准备材料：

1.企业营业执照副本原件及复印件；

2. 组织机构代码证原件及复印件；

3. 房屋租赁合同(印花税贴右上角并画线注销)复印件。

六、银行开设公司基本户(7～10 个工作日)

需要准备材料：

1. 企业营业执照副本原件及复印件；

2. 组织机构代码证原件及复印件；

3. 税务登记证原件及复印件；

4. 公章、法人个人印鉴、财务章；

5. 签订扣税协议。

七、企业核税(3～5 个工作日)

需要准备材料：

(1)提交营业执照、组织机构代码证、税务登记证、开户许可证、法人身份证、股东身份证、公章、财务章、扣税协议、CA 证书、租赁协议、租赁发票、办税员身份证。

(2)申请领购发票：如果公司是销售商品的，应该到国税去申请发票，如果是服务性质的公司，则到地税去申请发票。

专栏：新注册一家小公司没业务，可以不用记账、报税么？

有人认为，注册一家新公司，没有开展业务，就可以不记账、不报税，是这样么？根据相关法律法规，公司一旦注册成立，记账、报税就是必须活动。

工商局、税务局已经于 2015 年 6 月 1 日与中国人民银行个人信用征信系统联网，公司未注销的情况下，必须做账报税，否则法人及股东将有信用污点。

新公司领取营业执照时，自签发之日起 30 日内要办理税务登记，当月建账。企业会计要根据原始的票据凭证为企业做账。公司营业执照批下来后，首月建完账后，次月开始进行纳税申报。不管有没有赚钱，也不管有没有生意，每个月都要根据运营情况做账，然后根据账本向税务局做税务的申报。

如果公司不按要求，不做账报、不报税，将会被税务局罚款；企业长期不报税，税务局将上门查账，且发票机会被锁，对外申办业务全部限制，如银行开户、进驻商城等。总之，新注册公司不做账、不报税，公司经营将处处受限，并承担法律后果。

一般而言，新注册公司暂时没有开展业务，可以参考零报税方法。新注册的小公司业务虽然还没有正常开展，但仍然会产生各种费用，会计应记好各种账目，按规定在正常报税期进行申报，没销货，销售报表上销售收入这栏就填零，其他据实填写即可。

新公司报税可有两种途径：一是办理了网上申报手续且取得了报税 U 盾的，可以上网申报；二是如果公司尚未领到报税的 U 盾，就需要先到办税大厅领取申报的各种报表，填写好后再送去大厅让工作人员帮忙申报。

新公司没有开展业务也要进行正常的记账、报税活动。依法纳税是企业应尽的法律责任与义务。

实　　训

【实训指导】

训练项目:模拟成立公司

【实训目标】

1.掌握有限责任公司的法律规定,公司的设立及组织机构,公司董事、监事、高级管理人员的资格和义务;掌握公司运作的基本程序和要求;熟悉公司日常法律实务的内容。

2.有运用公司法处理公司日常法律实务的协调能力和理解运用公司法的分析能力。

3.培养口头表达能力、写作能力、创新能力、合作意识和维权意识。

【实训内容和组织】

根据《公司法》规定,模拟成立一家有限责任公司。

1.3~5人自愿组成一组,搜索设立企业的程序及条件,准备设立公司。

2.每组根据情况,通过网络或图书查阅下列相关资料:《公司法》《公司登记管理条例》等。

3.到当地工商行政管理部门咨询相关事项,模拟成立一家注册资本在 30 000 元以上的有限责任公司。

4.公司成立至少应虚拟完成资本过户、建立符合规定的组织机构、制定公司章程、准备申请文件。

【成果与检测】

书面或电子版的公司设立登记应提交文件。

实训评价表

被考评人				
考评地点				
考评内容				
	考核内容	标准(100分)	单项得分	综合评价
公司设立条件具备	公司名称符合要求	10		
	组织机构健全	20		
	公司章程规范、合法	30		
公司设立程序合法		10		
文件资料齐全		20		
汇报表达		10		

习　　题

一、简答题

1. 新创企业的法律组织形式有哪些？
2. 什么是法人人格？法人人格具有哪些特征？
3. 什么是公司治理结构？公司治理结构有什么作用？
4. 简单描述新创企业的注册流程。

二、论述题

新创企业应该如何选择适合于自己的法律组织形式？

参 考 文 献

[1]　成静卫."商人"教师俞敏洪[N].中国证券报,2006-09-18(A14).

[2]　丁栋虹.创业管理:企业家的视角[M].北京:机械工业出版社,2012.

[3]　吕薇,田杰棠,沈恒超.创业创新增强经济发展新活力[N].光明日报,2015-11-25(7).

[4]　孙博洋.大众创业万众创新:你我都是中国经济增长新引擎[DB/OL].[2019-10-04].
　　　http://finance.people.com.cn/n/2015/0305/c1004-26643284.html.

[5]　张玉利,薛红志,陈寒松,等.创业管理[M].4版.北京:机械工业出版社,2017.

[6]　梁巧转,赵文红.创业管理[M].北京:北京大学出版社,2007.

[7]　孙光雨.刘强东:互联网+风口上的京东传奇整理[M].北京:中国商业出版社,2015.

[8]　李天宇.创业的九大品质[J].劳动保障世界,2008(2):26-27.

[9]　徐本亮.创业,识别你的机会[J].商界,2006(4):9.

[10]　张帏,姜彦福.创业管理学[M].北京:清华大学出版社,2018.

[11]　李迎.雷军组建小米团队的那些事[DB/OL].(2018-10-23)[2020.05.10]. https://
　　　baijiahao.baidu.com/s? id=16150197787448129445&wfr=spider&for=pc.

[12]　搜狐网.亿唐网为何会垮[DB/OL].(2011-12-02)[2020.03.20].http://roll.sohu.
　　　com/20111202/n327603859.shtml.

[13]　多商网.最萌的商业模式[DB/OL].[2019-09-27].http://www.ecduo.cn/baike/
　　　article-6237.html.

[14]　赵礼强,荆浩,马佳,等.电子商务理论与实务[M].2版.北京:清华大学出版社,2019.

[15]　数英网.短视频时代已经到来,看3个品牌的3个案例的营销改变[DB/OL].[2020-05
　　　-20].https://www.digitaling.com/articles/40564.html.

[16]　丁忠明.大学生创业启程[M].北京:机械工业出版社,2018.

[17]　川崎.创业的艺术[M].李旭大,译.北京:当代中国出版社,2006.

[18]　科米萨,林内贝克.僧侣与谜语:一位硅谷企业家的创业智慧[M].张莉,译.北京:机械工
　　　业出版社,2007.

[19]　博耶特,博耶特.创业者:世界上最卓越的商业头脑[M].马丽莉,译.海口:海南出版
　　　社,2003.

[20]　张维迎,盛斌.企业家:经济增长的国王[M].上海:上海人民出版社,2014.

[21]　万妮娜.基于创业经验视角下的创业过程研究[D].长春:吉林大学.2009.

[22]　赫里斯,彼得斯.创业学[M].5版.王玉,译.北京:清华大学出版社.2004.

[23]　蒂蒙斯,斯皮内利.创业学[M].周伟民,吕长春,译.北京:人民邮电出版社,2005.

[24]　赫里斯,彼得斯,谢泼德.创业学[M].9版.蔡莉,葛宝山,译 北京:机械工业出版
　　　社,2017.

[25]　陈震红,董俊武.创业风险的来源和分类[J].财会月刊,2003(12):56-57.

[26] 张竹筠,付首清.创业风险[M].北京:科学出版社,2004.

[27] 钟宪瑞.商业模式创新与管理[M].北京:经济管理出版社,2017.

[28] 罗宾斯.管理学[M].7 版.孙健敏,译.北京:中国人民大学出版社,2004.

[29] 木志荣.创业管理[M].北京:清华大学出版社,2018.

[30] 徐君,王冠,秦建辉,等.企业战略管理[M].3 版.北京:清华大学出版社,2019.

[31] 梅强.创业管理[M].北京:经济科学出版社,2019.

[32] 魏兆连,刘占军.网络营销[M].北京:机械工业出版社,2016.

[33] 杨路明,陈曦,罗裕梅,等.网络营销[M].2 版.北京:机械工业出版社,2018.

[34] 甘志兰.网络零售经营实务[M].北京:中国人民大学出版社,2014.

[35] 张发凌.新手开网店一本就够[M].北京:人民邮电出版社,2014.

[36] 李海刚.新媒体营销密码[M].北京:电子工业出版社,2016.

[37] 张颜增.短视频爆粉秘籍[M].北京:中国友谊出版公司,2019.

[38] 刘东明.新媒体短视频全攻略[M].北京:人民邮电出版社,2018.

[39] 张文锋,黄露.新媒体营销实务[M].北京:清华大学出版社,2018.

[40] 张光辉,戴育滨,张日新.创业管理概论[M].大连:东北财经大学出版社,2006.

[41] 刘国新,王光杰.创业风险管理[M].武汉:武汉理工大学出版社,2004.

[42] 龚荒.创业管理:过程 理论 实务.[M].北京:清华大学出版社,2011.

[43] 杨江.案例解析之李宁、七喜、农夫山泉换标背后[DB/OL].(2012-06-01)[2020-02-03].https://edu.qq.com/a/20120601/000267_1.htm.

[44] 周洪美.陈天桥退出盛大游戏:一个网游王朝的落幕[DB/OL].[2019-12-10].https://games.qq.com/a/20141210/033615.htm.

[45] 阿里巴巴网.创业失败案例分析[DB/OL].[2020-05-20].https://club.1688.com/threadview/33909881.html.

[46] 贺尊.创业学概论[M].北京:中国人民大学出版社,2011.

[47] 刘平,李坚.创业学:理论与实践[M].北京:清华大学出版社,2009.

[48] 左仁淑.创业学教程:理论与实务[M].北京:电子工业出版社,2014.

[49] 张秀娥.创业管理[M].厦门:厦门大学出版社,2012.

[50] 陈德智.创业管理[M].2 版.北京:清华大学出版社,2007.

[51] 夏清华.创业管理[M].武汉:武汉大学出版社,2007.